浙江省普通高校"十三五"新形态教材

Marriage and Law

婚恋与法律

康莉莹 / 主　编

王　婷　陈建胜 / 副主编

ZHEJIANG UNIVERSITY PRESS
浙江大学出版社

图书在版编目(CIP)数据

婚恋与法律 / 康莉莹主编. — 杭州：浙江大学出版社，2019.12
ISBN 978-7-308-19302-3

Ⅰ. ①婚… Ⅱ. ①康… Ⅲ. ①中华人民共和国婚姻法－高等学校－教材 Ⅳ. ①D923.9

中国版本图书馆 CIP 数据核字(2019)第 137320 号

婚恋与法律

康莉莹 主 编

责任编辑	葛 娟	
责任校对	陈 欣	杨利军
封面设计	春天书装	
出版发行	浙江大学出版社	
	（杭州市天目山路 148 号 邮政编码 310007）	
	（网址：http://www.zjupress.com）	
排 版	杭州朝曦图文设计有限公司	
印 刷	杭州高腾印务有限公司	
开 本	710mm×1000mm 1/16	
印 张	14	
字 数	267 千	
版 印 次	2019 年 12 月第 1 版 2019 年 12 月第 1 次印刷	
书 号	ISBN 978-7-308-19302-3	
定 价	45.00 元	

前　　言

对甜蜜爱情、美满婚姻和幸福家庭的追求,是人类永恒的主题;从恋爱到缔结婚姻、建立家庭,是人生的必经阶段;事业的成功,往往与美满的婚姻家庭密切相连。《婚恋与法律》是一本以恋爱婚姻类型化为对象,从法律学、心理学、社会学和伦理学等多角度进行分析、解读婚恋现象,先立项为校级通识课程,再立项为省级课堂教学改革项目,又获立项为省普通高校新形态教材项目,并有着近六年课堂教学素材积累的集独创性、科学性、技术性、规范性于一体的适合婚恋通识教育的研究之作。

一、本教材编写背景

1."互联网＋教育"新形态背景下教材建设的新要求。"互联网＋教育"背景下要求高校教师利用信息技术创新教材形态,充分发挥新形态教材在课堂教学改革和创新方面的作用,不断提高课程教学质量。本教材获 2017 年浙江省普通高校新形态教材项目立项,编写本教材完全契合"互联网＋教育"新形态背景下教材建设的新要求。

2.通识课程建设的需要。"婚恋与法律"于 2013 年立项为浙江财经大学校级通识课程,并于 2015 年获得浙江省级课堂教学改革项目立项(已结项),这为教材编写提供了研究支持。依据《浙江财经大学通识教育课程实施意见》第六项规定:"课程与教材或阅读书目,及学习参考资料等配套使用。"同时根据《关于组织开展 2017 年浙江省普通高校新形态教材建设项目申报工作的通知》,有省级教改项目及通识课程建设的教材属于同等条件下优先评选的新形态教材。因此,编写出版该教材,不仅能满足非法学专业学生的婚恋法律通识教育和课堂教学需求,也符合浙江省高教学会教材建设专业委员会和浙江财经大学通识课程规范建设要求。

3.市场婚恋法律教材稀缺。针对婚恋与法律通识教育的教材目前市场上几乎没有,本教材的撰写出版可以说填补了婚恋与法律通识教育教材市场的一个空白。因为本教材是婚恋通识教材,受众群体广泛,通过公开发行,为社会大众提供婚恋精神食粮。

二、本教材编写的意义

1.有助于学生学习通识课程。随着教育信息化水平的提升及教育教学改革的不断推进,传统的课堂教学模式及学习方式正在发生变化,以纸质教材为媒介的课堂教学载体已不能适应当前的教学发展需要。针对婚恋与法律通识教育教材稀缺的现状,设计"纸质教材+数字多媒体资源"的新形态一体化教材,实现同一主题内容的不同媒介表现形式,有助于提高婚恋与法律通识教育教学效果,满足学生线上线下双轨学习需求和利用教学媒体高质量实施课堂教学的要求。

2.有助于通识课教学研究。通识教育(general education)是以培养学生成为贯通型"全人"为目的的教育。通识教育有别于专门教育,需要我们不断地进行教学研究。"婚恋与法律"获得浙江省普通高校新形态教材项目立项,将《婚恋与法律》通识教育教材不同于法学专门教育的教学内容编写出版,充分证明任课教师具备较强的婚恋与法律专业能力,丰富的婚恋通识教育教学成果积累和感悟,能保证编写婚恋通识教育教材的质量,有助于形成富有婚恋通识教育特色的研究成果。

3.有助于任课教师专业发展。"婚恋与法律"课是教师团队授课,三位老师通过躬行课堂教学实践,已汇聚了大量的教学素材和资源,包括教学讲稿、课件、章节相关法条、讲课视频、阅读资料、典型案例、婚恋调查问卷、测试作业等数字资源,编写该教材,有助于将教学资源信息化,成果化,同时也有助于编写教师进一步认真钻研恋爱与婚姻理论和实践,熟悉掌握信息技术的运用,提升自己的婚恋与法律理论水平和信息技术经验,获得专业的成长。

三、本教材特色

1.本教材章节体系的独创性和类型化。本教材密切联系现实婚恋生活,与现实中发生的恋爱与婚姻一一对应,科学地归纳十大婚恋类型,分别是:第一章,恋爱与婚姻;第二章,初恋与结婚;第三章,同居恋与事实婚;第四章,异国恋与涉外婚;第五章,异地恋与异地婚;第六章,网络恋与网络婚;第七章,师生恋与老少婚;第八章,同性恋与同性婚;第九章,无性恋与无性婚;第十章,失恋与离婚。按照婚恋类型设计教材章节体系,可谓独树一帜。与其他婚姻法教材完全不同,具有独创性和类型化特点。

2. 本教材内容的科学性和多元化。本教材内容以恋爱婚姻为研究对象,以法律学、心理学、社会学和伦理学等人文社会科学为理论基础,针对多姿多彩的婚恋现象,科学地将恋爱与婚姻类型化并进行明确界定,着重从法律学角度,辅助以心理学、社会学和伦理学知识,较系统地剖析各类婚恋现象的普遍性和特殊性,使读者感悟到恋爱、婚姻与法律的关系,树立正确的恋爱婚姻家庭观和社会主义核心价值观,使本教材具有一定的思想性、科学性和多元化特点。

3. 本教材的信息技术性和立体化。本教材严格按照新形态教材编写要求,通过移动互联网技术,以嵌入二维码的纸质教材为载体,通过嵌入章节相关法条、讲课视频、阅读资料、典型案例、婚恋调查问卷、测试作业等数字资源,融合互联网新技术,实现线上线下结合的教材出版新模式,充分反映现代教育思想,结合教学方法改革,创新教材形态,将教材、课堂、教学资源三者融合,充分实现《婚恋与法律》新形态教材的及时补充、更新教材内容,突显本教材技术性和立体化的特点。

4. 本教材体例的规范性和标准化。本教材体例严格遵循科学规范性原则。本教材共十章,每一章由学习提要、正文、本章结语、本章思考题、设计教学法作业、本章推荐书目等构成;通过二维码技术穿插数字资源;同时本课程的 Blackboard 教学网站已建立,网站资源十分丰富,完全可以满足学生线下辅助学习的需求。本教材参考文献齐全、注释规范科学;文字规范,语言流畅,表达严谨,标点、符号、公式、数据符合国家标准。

婚恋与法律 Blackboard 教学网站

四、本教材编写安排

本教材由浙江财经大学法学院康莉莹担任主编,王婷、陈建胜担任副主编。具体编写情况如下:

康莉莹:第一章第二、三、四节,第二章,第三章,第四章第三、四节,第五章,第七章,第八章第三、四节,第十章第四、五、六节。

王婷:第一章第一节,第六章,第八章第一、二节,第十章第一、二、三节。

陈建胜:第四章第一、二节,第九章。

全书由康莉莹统稿定稿。

因本教材是新形态教材,各位主编除了撰写章节正文,还进行了大量教学辅助资源的编写和录制,主要包括录制讲课视频、编写章节测试作业及答案。具体情况如下。

（一）录制讲课视频

康莉莹：①恋爱中的法律责任；②大学生婚恋权的前世今生；③初恋；④无效婚姻与可撤销婚姻；⑤非婚同居的要件与效力；⑥事实婚姻；⑦异国恋及其影响；⑧处理涉外结婚的法律规定；⑨异地恋的不良情绪及应对；⑩异地婚的危机及防范；⑪师生恋的禁止问题；⑫老少婚易引发的法律问题；⑬同性婚姻的法律模式；⑭无性婚的法律问题；⑮离婚的法律效力；⑯《婚姻法司法解释（三）》重要条款解读。

王婷：①爱的三角形；②网恋的特征；③同性恋 VS 异性恋；④如何摆脱失恋的阴影。

（二）编写章节测试作业及答案

康莉莹：第一、二、三、四、五、七、九章测试作业及答案；

王婷：第六、八、十章测试作业。

最后，本教材得以编写出版，要做以下真诚的致谢：

本教材在编写过程中，参考借鉴了国内外专家、学者的著作和文献，特附参考文献于后，谨此深表感谢！

本教材为浙江省普通高校新形态教材建设项目和浙江财经大学校级重点教材建设项目，获得省财政支持和校级经费支持，使本教材得以顺利出版，在此表示真诚的感谢！本教材的出版还得到浙江大学出版社和浙江财经大学法学院的大力支持，一并表示衷心的感谢！

感谢另外作者的通力合作、兢兢业业，花费近两年的时间全力编写！感谢我们的家人对编写工作的支持、奉献！

尽管我们力求做到精益求精，但因水平所限，本教材难免存在错误、缺憾之处，诚望广大同仁和读者不吝指正。

编者

2018 年 8 月 31 日

目　　录

第一章　恋爱与婚姻

📖 附法条

学习要求

　　通过本章学习,重点掌握爱情、恋爱、婚姻概念的界定,恋爱与爱情的机制及影响因素,恋爱中的心理障碍以及恋爱中的法律责任;婚姻的概念、特征,婚姻的历史类型,婚姻法律规范以及大学生的婚恋权利。

　　恋爱和婚姻是人们一生中伴随时间最长的一件事。从青年时代开始,恋爱、婚姻就陆续走进人们的生活,直到走完漫漫人生旅程。拥有真爱、拥有美满的婚姻是人们毕生的追求。因此,作为婚恋教材,解答什么是恋爱、什么是婚姻是首要问题。在这一章中,将回答什么是恋爱、什么是爱情、什么是婚姻、恋爱的法律责任及婚姻法律规范等基本问题。

第一节　恋爱概述

　　一般认为,恋爱是培养爱情的必要途径。通过恋爱,双方能够充分地交流感情和了解对方。如果双方性格融合,感情发展顺利,就能使相互的情感得到升华,培养出坚实而甜蜜的爱情,从而达到由恋人到爱人的质变,最终两人携手走进婚礼的殿堂。

🎬 爱的三角形

　　研究婚恋问题,首先应该弄清楚爱情、恋爱等概念,有助于进一步分析影响爱情和恋爱的因素等问题。

一、爱情的机制

爱情,之于人类,并不遥远。在漫长的人类发展历史中,大部分时间里,爱情与婚姻关联并不大。人们在婚姻中会考虑政治的、经济的、家庭的原因,可能独独没有爱情(亲密关系)。传统社会科学在解释"爱情"时,一般认为"爱情"其实是一个相对较新的词汇,是几百年前由浪漫的欧洲人引入的。但最近的研究更新了这一观点,越来越多的研究者开始相信,爱的观念、情绪和行为是具有文化普遍性的,是人类共同的体验和表现。有研究针对全球168种文化的调查,用各地情歌的流传、违背父母意愿的私奔现象、报道个人痛苦和渴慕爱情的文化传媒以及描述爱情的民间传说这四种现象,证明爱情存在的广泛性。

(一)爱情的进化

进化心理学领域的一系列研究同时也在证明爱情的普遍性。研究者梅林认为,我们现在所说的爱情其实是我们的祖先情感纽带的现代演绎——男性与女性由此联结成为伴侣,成为父母,然后再通过供养和保护与子女联结,从而让下一代得以生存,基因得以繁衍。作为爱情的重要主题,女性和男性的择偶偏好在某种程度上决定了物种进化的方向。正是我们祖先明智地选择配偶,才获得了这种生存和繁殖上的优势,而这种特殊的偏好也得以继承下来。男性女性因为彼此的生理构造不同,因此在繁衍后代这件事情上,具体想要达成的目的、遇到的困难会有所不同,同样择偶偏好也有所差异①。

女性一生中生产的卵子有限,而且怀孕、分娩、哺乳、抚养、保护以及喂食等行为对于女性来说是不可随意分配的重要繁殖资源,也就是说,女性相对而言在后代的繁衍过程中要付出更多的亲代投资。因此,为了让自己的后代能更好地生存、自己族系的基因能更好地得以传承,女性择偶也会更为谨慎。已有研究表明,女性在长期择偶时会考虑选择有能力投资的配偶(好的经济前景、社会地位、较长的年龄、有抱负/勤奋、体格、力量、运动技能)、愿意投资的配偶(稳定、爱与承诺的线索、积极与孩子互动)、有能力保护自己和子女的配偶(体格、力量、勇气、运动技能)、更适合为人父母的配偶(可靠性、情绪稳定性、亲和力)、匹配的配偶(价值观相近、年龄相仿、人格特征相似)以及健康的配偶(性魅力、对称性、身体健康)。

对于男性而言,自远古以来,进入婚姻的男性往往具有一定的优势,他们有

---

① D. M. 巴斯.进化心理学[M].熊哲宏,张勇,译.华东师范大学出版社,2007:128,160.

可能找到有吸引力的性伴侣,因为与妻子持续的、专属的或支配性的性接触而更确认自己的父亲身份,并且能增加孩子生存和繁殖的成功率。正因为男性的亲代投资较少,因此,他们更趋向于更多的子嗣,让自己的基因得以传承。大量证据表明,男性在选择长期配偶时倾向于选择能够成功养育后代的女性(高生育力和高繁殖力),女性吸引力的标准中最重要的是年轻和健康,包括光洁的皮肤、丰满的嘴唇、小而低的下颚、对称性、洁白的牙齿、没有伤疤和感染以及较低的腰臀比率。

(二)爱情的生理机制

人类的各种特质在进化意义上的传承很大程度上有赖于生理的遗传而一代一代保留下来,爱情也是如此。研究者分别从脑成像研究和神经生化研究中找到了证据。

1.爱情的脑成像研究[①]。对爱情及其相关行为的脑功能成像研究发现,爱情并非是一种特定的情绪,而是一种类似奖赏的激励动机。爱情主要激活脑部的奖赏环路,尤其是腹侧被盖区和尾状核。同时,爱情会抑制与社会判断、负性情绪有关的脑区活动,如外侧前额叶皮层、后扣带皮层、杏仁核等,从而会降低人们对所爱对象的社会判断力。

2.爱情的神经生化机制。心理学家海伦·费希尔(Helen Fisher)认为三个不同的生物系统控制着不同的爱情成分[②]——性欲、吸引力和依恋。首先,性欲由性激素(雄性激素和雌性激素)所调控,激发与人交媾的动机,从而促使人们的繁殖行为。其次,吸引力通过激发浪漫爱情从而促使人们形成亲密关系,神经递质肾上腺素、多巴胺和5-羟色胺共同调节着个体在浪漫关系中的情感转变。具体而言,肾上腺素分泌主要诱发遇到心上人时出现冒汗等生理反应;多巴胺的分泌促使恋爱中的个体精力提升、对睡眠或者食物的需求降低、注意力集中,并且能够在相互关系的细节中寻找到快乐;5-羟色胺能够促使有关爱人的想法不断涌入思维。再次,依恋由神经递质催产素和后叶加压素两种垂体后叶激素所调节,伴侣因此从彼此的长期关系中体验到舒适、安全的情感。

(三)爱情的心理机制

从心理学的角度解析爱情。心理学认为爱情是人际吸引的强烈形式和最高形式。它有广义和狭义之分。广义的爱情是指存在于各种亲近人际关系中的

---

① 付阳,周媛,梁竹苑,等.爱情的神经生理机制[J].科学通报,2012(35).
② 罗兰·米勒.亲密关系[M].6版.王伟平,译.北京:人民邮电出版社,2015:256.

爱,表现为人际关系中的接近、悦纳、共存需要及持续和深刻的同情并引发共鸣的亲密感情。狭义的爱情是指产生在心理成熟的异性个体之间强烈的人际吸引。

1. 爱情的风格。如果从心理学角度将爱情分类,爱情可以分为六种风格:①情爱型,彼此建立深厚的关系,充满激情;②游戏型,视爱情为游戏,玩弄对方感情;③友情型,伴侣倾向于逐渐建立的依恋,然后达成持久的承诺;④狂热型,对伴侣有强烈的依赖和占有欲,充斥着生动的幻想和沉迷;⑤现实型,追求的感情客观而务实,以工作、年龄、宗教等关键指标寻找匹配的伴侣;⑥利他型,把爱情视为责任,愿意单方面给予,不指望任何回报。研究者发现,男性在游戏之爱上的得分高于女性,女性在友谊之爱和现实之爱上的得分高于男性。对爱情持有相似态度的人,更容易成功配对。

2. 爱情的心理过程。就心理过程而言,心理学家关注爱情过程中的唤醒、思维、情感变迁等环节:

首先,高度唤醒的兴奋和欢快是浪漫爱情不可或缺的成分。任何形式的强烈唤醒,都会影响到个体对浪漫爱情的感受。我们可以用情绪的双因素理论来解释,强烈的吸引力来源于生理唤醒(如脸红、心跳等)和信念(相信一个人是引起唤醒的原因)。也就是说,当你认为某个对象会让你体会到心神不宁、仿佛漫步云端,你可能会陷入爱情或者把它解释成甜蜜的爱恋。不同类型的高度唤醒,包括简单的体力活动和恐惧、厌恶、快乐等情绪状态,都能够增强我们对合意伴侣吸引力的感受。

其次,爱情的思维不同于友情。齐克·鲁宾于1973年编制的爱情量表里,爱情的信念包含了亲密、对依赖的需要以及关爱。事实上,在爱情的体验里,付出(即关爱)和回报(即依赖)确实是两个非常重要的层面。另一方面,"爱情是盲目的",这句话很好地概括了陷入爱情当中的思维特征——由于幻想,人们会低估或忽视伴侣的缺点,将伴侣的形象理想化。爱情的对象是迷人的、神秘的、有吸引力,而朋友则并非如此。

再者,爱情是否能持久,一直是人们关心但困惑的问题,而且很难得出一个统一而明确的结论。可以肯定的是,随着时间的流逝,浪漫和激情会减弱。结婚的夫妻之间浪漫爱情会逐渐,有研究指出,结婚仅两年,夫妻相互之间表达的爱意就会减少一半,结婚第四年是离婚最频繁的时间段。这是由于影响爱情的三个重要影响因素——幻想、新奇和唤醒,会随着时间日渐消退。但是,可以肯定的是,在激情消退的同时,亲密和承诺在很多感情中会有所增强,友伴之爱相对更为稳定。因此,心理学家所建议的爱情策略中,有一点非常重要——享受激情,但不要将其作为维持爱情的基础,营造激情,也别忘了培养友情。

（四）爱情的社会学阐释

在社会学领域,爱情可以理解为一种人际关系、一种社会行动、一种社会过程、一种社会制度,也可以是意识形态①。在爱情的过程中,有同化顺应的问题、金钱的问题、道义的问题和权力的问题。根据相互依赖理论,权力建立在对有价值资源控制的基础上,一方拥有资源,或者只要拥有控制人们获得资源的能力,而另一方想要得到这些资源,前者就能从控制的资源上得到权力。而在亲密关系中有"较小利益原则",即对于继续和维持亲密关系利益较小的一方在伴侣关系中拥有更多的权力。换句话说,爱情里投入较少的伴侣通常拥有更多的权力。传统上,男性在亲密关系内外都掌握比女性更多的权力,但随着时代的进步,这一现象在逐渐发生变化。权力的不平等与个体对亲密关系的不满紧密联系,平等的伴侣关系、双方共同决策会使得婚姻更幸福、更少争吵,并且更不容易离婚。

二、恋爱

恋爱,在英文中有"love、to love、love affairs、be serious with each other"等表述《现代汉语词典》认为其是指"男女依恋相爱"。《辞海》中有相近的对于"爱恋"的解释:①爱恋:留恋;②今特指男女相爱的过程。可见,恋爱,是基于男女两性之间的双向行为,是一种社会现象和社会关系。②

（一）恋爱是相互爱恋的情感,意指爱恋、留恋

宋代刘斧在《青琐高议后集·小莲记》里写道③,"公将行,小莲泣告:'有所属,不能侍从。怀德恋爱,但自感恨。'"明代王廷相在《雅述上》里说"生计微则家贫无所恋爱矣。"刘半农先生在《扬鞭集·教我如何不想她》中同样认为,恋爱是一种爱恋的情感,诸如"月光恋爱着海洋,海洋恋爱着月光"。

恋爱这种情感包括以下层面的意思:一是相互的爱恋,不包括暗恋和一厢情愿;二是一种特有的情感,不同于亲情和一般朋友之情,它表现为一种贪恋、朝思暮想、不愿分离,甚至让人陷入寂寞、孤单的情感。

---

① 孙中兴.爱情社会学[M].北京:人民出版社,2017:80.
② 朱宇.当前大学生恋爱问题及规范引导对策研究[D].重庆:西南大学,2011.
③ 《青琐高议》——北宋刘斧撰,施林良校点。该书内容比较庞杂,包括神道志怪、传奇小说、诗话异闻、纪传杂事等。对后代影响较大的是传奇作品,多写男女情爱、家庭婚姻故事,善于描写铺叙,诗文相间,语言秀美。

(二)恋爱是指异性或同性之间相爱的过程

叶圣陶的《线下》直接说:"没有恋爱的结婚就是牢狱,活生生的一男一女就是倒霉的囚徒。"柳青在《创业史》第一部第八章写道:"再没有比恋爱的青年人敏感了,对方一丝一毫的变化,都能感受出来。"这些文学作品中的描述,深刻揭示恋爱是异性或同性之间相爱的过程。

恋爱作为一种相爱的过程,必经的几个阶段:①约会准备阶段:当异性发出邀约,切忌不知所措,必须冷静应对。②初次约会阶段:第一次约会时,应避免夜深时分单独与对方在幽静的地方见面,保持适当的距离,避免对方情不自禁之下超越界限。③正式恋爱阶段:该阶段开始两情相悦,正式交往,但还是应尽量保持矜持,并且遵守一些应有的礼节。如要有时间观念、顾及对方经济能力、不要拿对方与旧情人比较、充分信任对方以及切勿干涉对方的自由等。

(三)恋爱是异性或同性互相尊重的行动表现

即两个人基于一定的信赖条件和正确的人生理想,在各自内心形成的对对方的最真挚的慈悲心,并愿意对方成为自己终身伴侣的最平凡、最平等、最清净、最正觉的感情。

所谓互相尊重的行动是指:如若真爱,未经许可,绝不冒犯;若是两情相悦,自觉自愿,则不在此列。

(四)恋爱,是一种责任

总之,对于恋爱,有不同的阐释解读。本教材认为恋爱是两个恋人基于一定的物质条件和共同的人生理想,在各自内心形成的对对方最真挚的爱情,并渴望对方成为自己终身伴侣最强烈、最稳定、最专一的感情。

三、爱情和恋爱的影响因素

美国研究者 Peter Backus(彼得·巴克斯)博士尝试用数学公式计算爱情,得出的结论是一个男人遇到一个令人心动的女人的概率是二十八万五千分之一,这的确听起来有点让人沮丧。但是在概率之外,确实有一些因素会影响两个人的恋爱和爱情的保持。

(一)匹配

婚恋关系中的匹配涉及相似和互补两个方面,这两个方面不仅会影响两个人之间最初的相互吸引,也会影响两个人关系的进展。匹配的特质涉及身体特征、社会统计学特征、个体心理特征等方面,而且相似匹配的证据远多于互补[①]。

1.相似性。个体会选择在身高、身体质量指数(BMI)和身体吸引力方面与自己相似的对象;关系稳定的伴侣在年龄、受教育程度、社会地位、收入、宗教等方面具有不同程度的相似性;伴侣在态度、价值观、能力、人格特质等方面都表现出"同类相吸"的现象,并且更可能和睦相处,拥有幸福的婚姻。实际上,感知到的相似性比实际的相似影响更大。研究者亨德里克提出了"共享意义系统"的概念,认为伴侣双方分享的相似性越高就越能引发相互吸引力,并能衍生出促进感情的各种积极因素[②]。

2.互补性。即取长补短,在某种程度上,"异性"确实会"相吸",而且也可以互相弥补对方的不足。互补性涉及伴侣双方不同的行为,比如说支配和顺从——一方自信并提供帮助和建议,而另一方则乐于顺从和接纳。然而,在一段关系中互补性要发挥恰到好处的作用,是需要时间来适应和培养的。而且,相比较而言,我们大多数情况下还是更喜欢相似的人,因为这样更有可能得到预期的报偿,更能满足我们的需求。

(二)沟通和冲突

无论是爱情的建立还是维护,沟通都是必不可少的,它决定了彼此相爱的程度以及感情的走向。

1.沟通。如果把沟通分成非言语沟通和言语沟通两部分,那么能增进感情的非言语沟通包括了合宜的面部表情(如微笑)、身体语言(如姿态、身体倾斜度、目光接触等)、对对方的表情足够敏感、适当的身体接触(如亲吻、拥抱、性行为等)以及亲密的互动空间和距离;而相爱的言语沟通策略包括自我表露(向他人透露个人信息)、积极倾听(倾听、关注、理解和复述)、精确表述(指出特定行为而非抱怨对方人格)、尊重和认同(关心和尊重对方观点并承认其合理性)。

2.自我表露。在所有的沟通技巧中,自我表露尤为重要。具体而言,自我表露是向他人告知你的感觉、态度、经历等个人情况。自我表露对于疏泄压力、抚平精神创伤都有非常积极的作用,是个体心理健康、甚至身体健康的重要影响因素。而在亲密关系中,自我表露还包含一定的隐私性的、亲密性的信息,甚至要承担分享信息的风险,它是爱情三角中建立亲密感不可分割的部分。在关系的

---

①　张秋丽,孙青青,郑涌.婚恋关系中的相似性匹配及争议[J].心理科学,2015(3).

②　苏珊·亨德里克.因为爱情:成长中的亲密关系[M].洪菲,译.北京:世界图书出版公司,2014:46.

最初阶段,自我表露产生的良性互动则是建立感情关系的关键性一步;随着感情的发展,自我表露会产生正面推动作用,还有助于提高爱情满意度和感情的持续时间;即使在双方感情冷淡甚至彼此厌恶的阶段,自我表露可以软化或者修复情侣之间的消极互动。因此感情要想历久弥新,不仅需要经常沟通,还需要有深度意义的发自内心的沟通,比如"我想……""我觉得……""我经历过……"。

3.冲突。当亲密关系中的两方所希望的不一致时,就会引发不安和麻烦,进一步发展即演变成冲突。冲突的解决与否,也许能决定爱情是走向消亡还是涅槃重生。在亲密关系中,冲突是不可避免的。一方面是由于任何两个人在情绪和偏好上都会有差异,目标及发出的行为也会时常出现对立;另一方面,亲密关系的双方总会交织着一定的张力,比如说双方关于个人自主性(自由)和联系性(亲密)的追求。事实上,冲突能暴露潜在的问题和矛盾,如果处理得当,有助于避免问题恶化,也可以理解为促进亲密感的必不可少的手段。戈特曼教授建议处于冲突中的伴侣双方不仅需要自我控制,而且做到"三不要"——不要退避、不要消极、不要陷入负面情感的漩涡,他同时提出了四种冲突管理策略:保持镇定,绝不反击,感同对方,积极处理。

(三)依恋风格

发展心理学家鲍尔比提出的依恋理论,认为婴儿是天生的关系寻求者,会向其抚养者(满足其需要的对象)寻求亲近,而抚养者对婴儿亲近愿望的回应以及提供保护和安慰的能力,能预测婴儿早期的依恋类型。而"内部工作模型"决定了依恋关系中关于自己和他人的预期、对依恋对象的可获得性所产生的一系列期望以及自己与照料者之间的互动等表征,将成为未来所有亲密关系的范型。薛佛等人据此将成年人与恋人交往的不同方式界定出三种依恋风格:安全型、回避型和焦虑型。安全型依恋的个体将他们的爱情描述为友好的、温暖的、信任的和支持的,因此会相信爱情的存在和长久的可能性;回避型依恋的个体认为浪漫关系缺少温暖、友好互动和情感卷入,认为爱会随时间推移而消退;焦虑型依恋的个体往往会很快坠入爱河,甚至饥不择食,并认为爱情关系令人感到魂牵梦绕、激情并伴随强烈的身体吸引、结合的愿望,但会提及与伴侣之间强烈的嫉妒、愤怒以及被拒绝、抛弃的忧虑。显然,不同的依恋风格会影响亲密关系中的互动和结果。这三类具体描述如下:

安全:我发现自己比较容易与他人接近,并且与他们相互依赖时感到舒适。我不担心被遗弃或者与人过于亲近。

回避:当接近他人时,我感到有些不舒服;我发现完全信任、依赖他人是困难的。与任何人过于亲近时，我感到紧张，他人经常希望我在自感舒适的基础上与其更加亲密。

焦虑：我发现他人难以像我希望的那样接近我。我经常担心伴侣不是真的爱我或者不愿意与我在一起。我很想亲近我的伴侣，但这有时会把人吓跑[1]。

（四）个人特质

个人特质会影响人们一生的人际交往行为。有一些个人特质在最初建立亲密关系时会比较受欢迎，比如热情、真诚、性格开朗等等，具备这些特质的人会比较有吸引力。有研究表明，存在一种"犯错误效应"，即人们喜欢有能力的人，尤其当你是一个有能力但犯点小错误的人，因为这样会显得更加平易近人。

如果用五大人格理论将人格特质分解成开放性（表现出想象、审美、情感丰富、求异、创造、智能等特质）、外倾性（表现出热情、社交、果断、活跃、冒险、乐观等特质）、尽责性（胜任、公正、条理、尽职的）、宜人性（表现出信任、直率、利他、依从、谦虚、移情等特质）、神经质（表现出焦虑、敌对、压抑、自我意识、冲动、脆弱等特质）等五大核心特质[2]，结果发现，对亲密关系有积极意义的特征包括外向、宜人和尽责。虽然尽责的人有时候墨守成规，小时候并不一定受欢迎，但进入婚姻中会成为值得依赖和信守承诺的伴侣。而神经质特质较突出的人，往往因为敏感、焦虑和易怒，在亲密关系中会有更多的消极情绪，并且容易起冲突。有研究表明，伴侣双方订婚时的神经质得分对于婚姻生活的满意度和幸福程度有 10% 的预测作用。

研究者 Helen Fisher 根据脑研究的成果，将个体的气质类型分成四类[3]：探索者（explorer）、建设者（builder）、指导者（director）与协商者（negotiator）。探索者崇尚自由、好奇、乐观、富有创造性；建设者喜欢有规律的生活、小心谨慎且有条理、循规蹈矩、尊重权威与传统、同时任何事都会反复考虑各种选项和后果；指导者理性、意志坚定、追求真理、乐于竞争、好决断；协商者注重关系，照顾到别人的感受、善于表达共情，且富有想象力。气质决定了我们天生会爱什么类型的人——探索者与建设者喜欢和自己相似的人，而指导者与协商者这两种气质相反的人会互相吸引。

---

① 罗伯特·J. 斯腾伯格，凯琳·斯腾伯格. 爱情心理学[M]. 李朝旭，等译. 北京：世界图书出版公司，2010：41.

② 彭聃龄. 普通心理学[M]. 4 版. 北京：北京师范大学出版社，2012：503.

③ Helen Fisher, Anatomy of Love: A Natural History of Mating, Marriage, and Why We Stray[M]. New York, NY: W. W. Norton & Company, 2016.

四、恋爱心理障碍及调整

恋爱的理想目标是创造和谐美满婚姻,如何通过恋爱来实现婚姻的理想目标,恋爱期间的心理因素十分重要。恋爱失败,很多是由于心理障碍造成的。以下主要说明较典型的五大恋爱中常见的心理障碍,需要调整。

📖 你属于哪种气质类型

(一)个人主义心理

也被称为自我中心心理。有这种心理的人,只要求恋人围着自己转,听自己的话,为自己服务,迎合自己的性格需要,而不顾对方的需求、兴趣、爱好和价值。因而也就很难得到异性的爱。有这种心态的人,需要改变只顾自己的价值观念,同时学会关心、尊重别人,才能具备恋爱成功的基本条件。

(二)过于理想化心理

也被称为求全心理。有这种心理的人把恋人过于理想化,择偶标准定得很高,超出实际可能性,导致择偶范围缩小,减少恋爱的成功率。特别是大龄青年,求全心理更为突出,结果一再耽误。有这种恋爱心理的人需要从理想化回到现实中来,及时调整恋人标准为时未晚。

(三)自卑心理

自卑心理容易主要表现为孤立、不合群,不愿在公开场合露面,不愿与异性交往,常常自闭在家等。遇到理想异性时因担心对方看不起自己,不敢大胆追求而失去时机。有自卑心理的人需要振作精神,树立自信、自强的心理,不畏挫折,勇往直前。

(四)从众心理

有这种心理的人表现为对恋人的看法缺乏主见,别人说好则好,别人说不好就会觉得不理想,往往因随波逐流而断送了自己的爱情。有这种心理的人,充分听取他人建议是好的,但要认真地分析,独立判断,自己拿主意。

(五)男权心理

其实男权心理男女都有,有这种心理的男性认为要比女性强,女性也认为男性应该比女性强,女方要求男方的地位、文化水平要比自己高些,而男方地位、文化水平低于女方时,则没有勇气去追求女方。克服这种心理的关键在于青年男女要真正领悟爱情的真谛,树立男女平等的思想。

第二节　恋爱中的法律责任

法律责任是指因违反了法定义务或合同义务,或不当行使法律权利、权力所产生的,由行为人承担的法律后果。具体包括民事责任、行政责任、刑事责任等。

恋爱中的法律责任

从法律的角度来说,单独具体规范恋爱中男女双方权利义务的法律规范是没有的。一般认为恋爱是彼此之间的感情处理方式,只涉及个人道德水准和素质问题,不受到法律规范的约束。但是深究则不然,恋爱过程中涉及的法律问题很多,违法现象普遍存在。我们主要从民事责任和刑事责任两个方面谈谈恋爱中的法律责任。

一、恋爱中的民事责任[①]

恋爱中的民事责任是指恋爱双方违反了民事义务所应承担的民事法律后果。

(一)恋爱中赠送的财物能否返还问题

恋爱期间赠予的财物一般包括三种:一是彩礼;二是房、车、金银珠宝首饰贵重物品;三是互赠的小礼物。

1.彩礼返还问题。"彩礼"并非一个规范的法律用语,它是我国几千年来的婚嫁风俗,根源于西周时确立并为历朝所沿袭的"六礼"婚姻制度。婚前给付彩礼的现象在我国还相当盛行,已经形成了当地的一种约定俗成的习惯。其目的是男方希望与女方缔结婚姻关系,所以被称为附条件的赠予。人民法院审理彩礼纠纷案件的案由按照有关规定称为"婚约财产纠纷"。对于彩礼是否返还,根据《最高人民法院关于适用〈中华人民共和国婚姻法〉若干问题的解释(二)》第

---

① 民事责任是法律责任中的一种,它是指民事活动中的主体,因实施了民事违法行为,基于法律规定而应承担的民事法律责任。承担民事责任的方式主要有:停止侵害;排除妨碍;消除危险;返还财产;恢复原状;修理、重做、更换;赔偿损失;支付违约金;消除影响、恢复名誉;赔礼道歉;等等。

10条规定：①双方没有结婚的，所附条件没有达到，应当返还彩礼；已经结婚又离婚的，除未共同生活以及导致给付人生活困难②的情况外，原则上不再返还。

2.恋爱期间自愿赠予的房、车、金银珠宝首饰贵重物品的返还问题。法院在审理此类案件时，一般会根据当地经济水平、双方收入水平及财产价值的大小综合考虑是否返还。对于价值较大财物以及对给付人具有较大的特殊纪念意义的财物或者因为给付对给付人的生活造成影响或困难的，虽然是自愿给的，会支持给付人的返还请求。

3.互赠小礼物的返还问题。对于给付的价值不大的财物，属于礼尚往来，按一般赠予处理，不予支持返还。

4.双方共同消费的返还问题。对于双方共同消费的一方的支出，不予支持返还。

(二)未婚生育子女权利如何保障问题

首先，男女双方恋爱期间未婚同居所生子女，与婚生子女享有同等权利。《婚姻法》第25条规定："非婚生子女享有与婚生子女同等权利，任何人不得加以危害和歧视。"依据该条法律规定，确保恋爱期间未婚生育子女与婚生子女享有同等权利，包括抚养权、受教育权以及继承权等等。其次，未婚生育子女具体抚养问题。若孩子出生后双方仍保持恋爱同居关系，双方都对子女有抚养教育义务，并不依赖于有无婚姻关系这一法律事实，双方应亲力亲为，共同对孩子尽亲生父母的养育责任。若孩子出生后双方不再保持恋爱关系，因双方当事人未婚身份地位，对此，可参照《婚姻法》第37条规定："离婚后，一方抚养的子女，另一方应负担必要的生活费和教育费的一部或全部，负担费用的多少由双方协议；协议不成时由人民法院判决。"

---

① 《最高人民法院关于适用〈中华人民共和国婚姻法〉若干问题的解释(二)》第10条规定："当事人请求返还按照习俗给付的彩礼的，如果查明属于以下情形，人民法院应当予以支持：(一)双方未办理结婚登记手续的；(二)双方办理结婚登记手续但确未共同生活的；(三)婚前给付并导致给付人生活困难的。适用前款第(二)、(三)项的规定，应当以双方离婚为条件。"

② 何为生活困难：《婚姻法司法解释(二)》第27条对"生活困难"的含义做出了这样的解释："《婚姻法》第42条所称'生活困难'，是指依靠个人财产和离婚时所分得的财产无法维持当地基本生活水平。"据此，"生活困难"应当是指绝对困难，而不是相对困难。《婚姻法司法解释(二)》第10条中的"生活困难"的理解也应当与上述解释一致。即所谓绝对困难是因为给付彩礼后，造成其生活靠自己的力量已经无法维持当地基本生活水平，而不是与给付彩礼之前相比，财产受到损失，相对于原来的生活条件比较困难了。

（三）恋爱关系中的精神损害赔偿问题

现实生活中,解除恋爱关系后,一方往往以受到伤害、损害为由索要精神损害赔偿。对此,我国现行法律没有具体、明确的规定,应按具体情况进行认定和处理。如果是具有完全民事行为能力的男女双方自愿行使自己权利(如 未婚子女的抚养权 自愿发生性行为等),女方以自己的贞操权受损或青春损失等为由索要精神损害赔偿不具有法律根据;如果是一方对另一方采用欺骗、强迫、威胁等手段,使对方在违背其意愿的情况下发生性关系,造成其精神上、心理上和感情上严重创伤,且双方已经确认建立真实有效的恋爱关系,如果过错一方提出解除恋爱关系,则应根据民法保护弱者的基本精神和过错责任原则,受害一方有权请求精神损害赔偿,使过错一方承担相应法律后果①。

4.恋爱关系中女方堕胎责任问题。对此应按具体情况进行认定和处理。若是因男方的非法行为(如强奸行为)导致女方堕胎,应由司法机关或主管部门进行处理,追究刑事责任或行政责任;从保护妇女权益出发,法院支持追究男方的民事赔偿责任,要求男方负担一定的医疗费、营养费、误工费等;若是双方基于自愿发生性行为导致怀孕堕胎,应受道德规范调整,不负民事赔偿责任。

二、恋爱中的刑事责任②

恋爱中的刑事责任是指恋爱双方或一方实施犯罪行为应当承担的法律责任。

（一）恋爱中见死不救的刑事责任

男女恋爱中经常出现一方移情别恋,另一方当面以死相胁的情形,诸如撞电线杆、跳楼、喝毒药以及割手腕等,如果不及时制止或施救导致死亡或伤害等严重后果,未制止或未施救方是否构成犯罪要承担刑事责任呢?

见死不救并非都构成犯罪,但是,对防止他人死亡结果发生负有特定义务的人,如果不积极作为以制止他人死亡后果的发生,就可能构成故意杀人罪。行为

---

① 《女友自杀　同居男友须担责15%　终审维持原判》,http://www.sohu.com/a/169617014_114988?_f=index_news_10。

② 刑事责任,是依据国家刑事法律规定,对犯罪分子依照刑事法律的规定追究的法律责任。承担刑事责任的方式主要有主刑和附加刑两种。主刑有管制、拘役、有期徒刑、无期徒刑和死刑;附加刑有:罚金、剥夺政治权利和没收财产。

人负有实施特定积极行为的法律性质的义务来源主要有以下 4 种：一是法律、法规明文规定的义务。如我国婚姻法规定，父母对子女有抚养教育的义务，子女对父母有赡养扶助的义务。因此，拒不抚养、赡养的行为，可能构成不作为犯罪。二是职务要求的义务。如国家机关工作人员履行相应职责的义务，消防人员有消除火灾的义务，等等。三是法律行为引起的义务。如合同行为等可能导致行为人负有实施一定积极行为的义务。四是先前行为引起的义务。这是指由于行为人的某种行为使刑法所保护的合法权益处于危险状态时，行为人负有的排除危险或者防止危害结果发生的特定积极义务。

在恋爱关系中，一方移情别恋致使另一方当面以死相胁的情形，如果不及时制止或施救导致死亡或伤害等严重后果，就可能构成不作为犯罪①。因为恋人间负有相互的救助、保护义务，是其先前已经实施的恋爱行为所产生的责任。若不履行这种义务，见死不救，就会构成故意杀人犯罪。故意杀人的"故意"是个刑法术语，是行为人明知自己的行为会发生他人死亡的结果，却希望或者放任这种结果发生，包括直接故意和间接故意。间接故意指行为人明知自己的行为可能发生危害社会的结果，并且放任这种结果发生的心理态度。所谓放任，是指行为人对于危害结果的发生，虽然没有希望、积极地追求，但也没有阻止、反对，而是放任自流，听之任之，任凭结果的发生。恋爱关系中的一方移情别恋致使另一方当面以死相胁的情形，一方明知另一方有生命危险，而持放任态度，一走了之，是对一方生命的漠视、轻视，具有故意杀人的间接故意性质，因此，构成故意杀人罪②，应承担相应的刑事责任③。

恋爱中见死不救的情形在生活中并不少见，很多恋爱情侣缺乏法律意识并没有认识到这已经构成了刑事犯罪。要防范此类犯罪的发生，应事后积极采取补救行为，如拨打 120 等，法院就可以认定并不希望、放任危害结果的发生，据此则不用承担刑事责任。

---

① 刑法上不作为是指行为人负有实施特定积极行为的法律义务，并且能够实行而不实行的危害行为。刑法上的不作为，必须具备以下条件：(1)行为人负有实施某种行为的特定义务。这是构成不作为危害行为的前提。不作为中特定义务的来源包括：法律明文规定的义务；职务上或者业务上要求履行的义务；由行为人已经实施的行为所产生的责任。(2)行为人有可能履行这种特定义务。(3)行为人不履行特定义务而引起危害社会的结果。

② 故意杀人罪是指故意非法剥夺他人生命的行为。《刑法》第 232 条规定："故意杀人的，处死刑、无期徒刑或者十年以上有期徒刑；情节较轻的，处三年以上十年以下有期徒刑。"

③ 《男子拥抱示爱致女方落水 不施救致其死亡被判刑》，http://news. sohu. com/20170204/n479865651. shtml? fi.

（二）恋爱中致病侵害的刑事责任问题

在恋爱关系中，若一方明知自己有传染性疾病，如性病等，但没有告知对方，随着双方感情的升温，发生性关系等，导致另一方传染该疾病。此种情况下应对施害方（行为人）追究什么法律责任呢？对此受害方可以根据行为人的主观过错，以故意或过失伤害罪对其进行起诉。怎样判断是故意还是过失？应具体的案例具体分析，主要从主观危险性、是否采取了必要的保护措施等来加以判定。

（三）关于弃婴的刑事责任

恋爱情侣未婚先育，但由于社会、生活经验等不足，法律意识淡薄，将新生婴儿丢弃或残忍伤害，情形严重者要追究刑事责任。根据刑法规定遗弃者对被遗弃者[①]负有法律上的扶养义务而拒绝扶养，且情节恶劣的构成遗弃罪。《刑法》第 261 条规定："对于年老、年幼、患病或者其他没有独立生活能力的人，负有扶养义务而拒绝扶养，情节恶劣的，处五年以下有期徒刑、拘役或者管制。"

第三节　婚姻概述

一、婚姻的概念

（一）婚姻的词源

古时又称"昏姻"或"昏因"。在我国古代典籍中，"婚姻"常被记作"昏姻"或"昏因"。《礼记》中认为"婿为婚，妻为姻"。汉朝的郑玄："婚姻指的是嫁娶之礼。"在我国古代的婚礼中，男方通常在黄昏时到女家迎亲，而女方随着男方出门，这种"男以昏时迎女，女因男而来"的习俗，就是"昏"、"因"一词的起源。换句话说，婚姻是指男娶女嫁的过程。

中国古代对婚姻的解释不外于三种含义：一是指嫁娶的礼仪；二是指夫妻的称谓；三是指姻亲关系。

（二）关于婚姻的不同观点

现代关于婚姻的概念存在两种观点。一种观点认为婚姻是男女以夫妻名义

---

① 遗弃罪，是指对于年老、年幼、患病或者其他没有独立生活能力的人，负有扶养义务而拒绝扶养，情节恶劣的行为。

同居生活,并为当时社会制度所承认的社会形式。一种观点认为婚姻是男女以夫妻名义同居生活,形成当时社会认为是夫妻关系的两性结合的社会形式。即有狭义和广义两种观点①。

在西方,古罗马对于婚姻的学说散见于各法学家的著述之中。如莫德斯汀认为:"婚姻是男女间的结合。"乌尔比安认为:"不仅要有同居,而且要有婚意,婚姻方可成立。"②且当事人的结合可因双方同意和朋友作证而获得婚姻效力,即使是没有举行任何结婚典礼或其他所有的结婚仪式。中世纪教会法时期曾长期坚持完成一项婚姻无须任何形式要件的主张,当事人双方自己便是"婚姻圣事的执行人"。特兰特宗教会议之后,教会法规定明确而严格的结婚宗教仪式,欠缺结婚仪式的婚姻无效。但只有当事人具有结婚的意思,可以通过重新履行法定的方式使之有效。可见,古罗马和中世纪教会法规定的婚姻的核心是具有婚意和同居两大要素,不包括各种仪式和程序。

(三)婚姻的一般概念

婚姻,最基本概念是指由一男一女一起生活而组成的合法结合或契约。如果包括同性婚姻,可以将婚姻定义为由两个人一起生活而组成的合法结合或契约。

关于婚姻是否定义为一夫一妻,抑或包括同性婚姻,近十多年里受到广泛的关注。基督教徒认为,同性恋是罪的一种,因此普遍不接受同性婚姻。同志(同性恋)组织则认为是婚姻是权利和选择,异性或同性之间都可以有相同的爱,因此也可以有婚姻。另外,也有少数人认为婚姻可以包括人和其他动物③、植物和死物等,但通常不被社会接受。

因此,从普遍能被接受的角度给婚姻一个定义应该表述为:婚姻是为当时的社会制度所确认的,男女两性以永久生活为目的的结合。

(四)婚姻的法律概念及特征

从法律的角度,婚姻是指男女双方以永久共同生活为目的,以夫妻双方的权利义务为内容的合法结合。婚姻的法律概念具有以下的特征:

---

① 陈苇.中国婚姻家庭法立法研究[M].北京:群众出版社,2000:182.

② 桑德罗·斯奇巴尼.民法大全选译(Ⅱ)家庭[M].费安玲,译.北京:中国政法大学出版社,1995:27.

③ 印度 18 岁女孩与狗结婚,为驱部落厄运[EB/OL]. http://news. 163. com/photo-view/00AO0001/73323. html♯p＝A59LC4M700AO0001&from＝tj_wide.

1.婚姻是男女两性的结合。这是婚姻的自然层次上的含义。男女两性的生理差别、人类固有的性本能,是婚姻赖以形成的自然因素,这是婚姻固有的自然属性,这种自然属性是婚姻关系区别于其他社会关系的重要特征,如果没有上述种种自然因素,人类社会根本就不可能出现婚姻。

纵观整个婚姻发展史,婚姻都是以男女两性的结合为内涵。男女两性的性差别、性吸引和性本能是产生婚姻的原始动力,是婚姻成立的自然条件。

目前,尽管有美国、荷兰、丹麦等国家和我国的台湾地区等通过立法允许同性结合,并享有与异性夫妻相同的法律地位,但绝大多数国家或地区均不承认同性结合具有婚姻的效力。我国目前法律不认可同性婚姻。

2.男女两性的结合须为当时社会制度所确认。这是婚姻的社会层面的要求。只有为社会制度所确认的男女两性的结合才是法律上所规范的婚姻,如我国古代社会制度确认有"父母之命,媒妁之言"的两性结合才是合法的婚姻;我国现代法律规定,只有符合了法律规定的条件,并履行了法律规定的登记程序,始得为婚姻,其他的两性结合,如未婚同居与婚姻有着本质上的区别。

3.婚姻是双方具有夫妻身份的结合。经由社会制度所确认的两性结合,具有夫妻身份,受到法律保护,是婚姻的法律层面的要求。具有夫妻身份,才享有法定的夫妻权利,承担法定的夫妻义务,夫妻间的权利义务关系在大多数国家均为强行性规范,当事人之间不得任意变更、免除。

二、婚姻的历史类型

在人类社会中,婚姻不是自始存在的,它经历了复杂漫长的历史发展过程。包括前婚姻时期、群婚时期到对偶婚时期再到一夫一妻时期四个阶段,形成了前婚姻时期的血缘团体、群婚制、对偶婚制和一夫一妻制四个婚姻历史类型。

(一)前婚姻时代的血缘团体

即同一原始群体内的男女,在这一时期,在两性关系方面是杂乱的,对于男女两性关系没有任何限制,处于"杂婚""乱婚"(promiscuity)时期。不仅在兄弟姐妹间,而且在父母子女直系血亲间都没有禁忌。这一时期存在于人类最初数以百万年计的漫长时代。主要原因是这一时期在两性关系上的任何排他性都必然会削弱联合力量并影响集体行动,从而影响人类的生存。这种没有任何禁例的杂乱性交状态是以"一切男子属于一切女子,一切女子属于一切男子"为特征的。

(二)群婚制

随着原始社会不断由低级阶段向高级阶段发展,人类从最初毫无限制的两性关系,逐渐演进为各种群婚制的两性结合的社会形式,开始形成了最初的婚姻制度。群婚制(communal marriage)又称集团婚,是指原始社会中一定范围内的一群男子与一群女子互为夫妻的婚姻形式。最大的特征是两性关系受到一定范围的血缘关系的限制。它是人类社会最早的婚姻家庭形态。群婚制与杂乱性交关系的根本区别是:两性关系受到一定范围的血缘关系的限制与排斥。群婚制经历了两个发展阶段,形成了两种基本形式。前期的低级形式,即血缘群婚制,排除了直系血亲之间的两性关系,即不同辈分的男女间不得结婚;后期的高级形式,即亚血缘群婚制,在血缘群婚制的基础上,进一步排除了兄弟姐妹之间的两性关系,最初排除了同胞兄弟姐妹之间的通婚,后来又排除了血缘关系较远的兄弟姐妹之间的通婚,使人类婚姻由族内婚向族外婚发展。

(三)对偶婚制

对偶婚制产生于原始社会晚期。是从群婚制向一夫一妻制的过渡形态,从血缘结构上为父系氏族和一夫一妻制的形成奠定了基础。是指一男一女在一定(或长或短)的时间内不太稳定的结合,一个男子在许多妻子中有一个主妻,一个女子在许多丈夫中有一个主夫,实行以女性为中心的族外婚。现居住在云南泸沽湖畔的摩梭人,其带有神秘色彩的"走婚"[①]制度,即是对偶婚的遗留形态。

(四)一夫一妻制

一夫一妻制(monogamy)是指一男一女结为夫妻的婚姻制度,形成了以男子为中心的婚姻家庭。它既不是自然选择规律作用的结果,也不是男女性爱的结果,而是私有制确立的必然结果。它经历了长期的演变过程,包括奴隶社会、封建社会、资本主义社会、社会主义社会四个历史时期。

三、我国婚姻法律规范

(一)我国婚姻法的渊源

所谓法的渊源,简称"法源",在我国也称为法的形式,用以指称法的具体的外部表现形态。婚姻法的渊源及婚姻法的外部表现形式。根据我国现行法律规

---

① 转引自 360 百科"走婚"词条,https://baike.so.com/doc/5374002-5610012.html。

范的体系、层次和立法模式,我国《婚姻法》的渊源主要有:

1.《宪法》。《宪法》是我国的根本大法,有关婚姻家庭的规范是我国一切婚姻家庭立法的基础和依据。例如,《宪法》第 49 条[1]是我国婚姻家庭立法的原则性规定,一切调整婚姻家庭关系的法律规范均不得与该条规定相冲突。

2.法律。全国人民代表大会及其常务委员会制定的婚姻家庭法律规范是我国婚姻家庭法的重要渊源。主要包括三个层次:一是作为婚姻家庭基本法的《婚姻法》;二是专门调整特定婚姻家庭关系的单行法,如《收养法》;三是其他法律中有关婚姻家庭的规范,如我国的《民法通则》《妇女权益保障法》《未成年权益保障法》《老年人权益保障法》等法律中涉及婚姻家庭关系的规范。

3.行政法规、部门规章。我国国务院颁布的《婚姻登记条例》,民政部门颁布的《中国边民与毗邻国边民婚姻登记办法》等也是我国婚姻家庭法重要渊源。

4.地方法规、民族自治地方的变通性规定和特别行政区的法律。这些地方立法机关为保障婚姻家庭法的实施,根据本地区的实际情况制定的涉及婚姻家庭问题的地方性法律法规、民族自治地方的变通性规定和特别行政区的法律也是我国婚姻家庭法的重要的组成部分。

5.司法解释。主要是我国最高人民法院关于婚姻家庭法的司法解释,主要包括 2001 年颁布的《〈中华人民共和国婚姻法〉司法解释(一)》、2004 年颁布的《〈中华人民共和国婚姻法〉司法解释(二)》以及 2011 年颁布的《〈中华人民共和国婚姻法〉司法解释(三)》等。

6.我国缔结和参加的涉及婚姻家庭的国际公约。根据我国《民法通则》的规定,处理涉外婚姻家庭关系可适用我国参加或缔结的国家公约,如我国于 1980 年加入的联合国《消除对妇女一切形式的歧视公约》、1991 年加入的联合国《儿童权利公约》等都成为我国婚姻家庭法的渊源。

(二)《婚姻法》及其发展过程

婚姻法是调整一定社会的婚姻关系的法律规范的总和,是一定社会的婚姻制度在法律上的集中表现。其内容包括关于婚姻的成立和解除、婚姻的效力以及夫妻间的权利和义务等。从调整对象的性质看,婚姻法既调整因婚姻而引起的夫妻人身关系,也调整由夫妻人身关系产生的夫妻财产关系。

---

[1] 《中华人民共和国宪法》第 49 条规定:"婚姻、家庭、母亲和儿童受国家的保护。夫妻双方有实行计划生育的义务。父母有抚养教育未成年子女的义务,成年子女有赡养扶助父母的义务。禁止破坏婚姻自由,禁止虐待老人、妇女和儿童。"

　　我国婚姻法经历了 1950 年《婚姻法》的诞生、1980 年的重建直至 2001 年再次修订的发展历程，充分反映了我国社会风云的急剧变幻，婚姻制度和观念层面的文化冲撞以及婚姻生活领域的社会控制模式的嬗变。

　　1.1950 年《婚姻法》：新中国成立后的第一部法律。1950 年《婚姻法》是中华人民共和国成立后颁布的第一部法律。不仅因为婚姻家庭涉及千家万户、关系到每个公民的切身利益，还正如陈绍禹在《〈关于中华人民共和国婚姻法〉起草经过和起草理由的报告》中所指出的"作为半封建半殖民地的旧中国社会组成部分的旧婚姻制度"在新中国诞生之初"成了社会生活的一条锁链"，"随着全部社会制度的根本改革，必须把男女尤其是妇女从婚姻制度锁链下也解放出来，并建立一个崭新的合乎新社会发展的婚姻制度"，以"促进具有一切意义的社会生产力的发展。"

　　因此，1950 年《婚姻法》的第 1 条就开宗明义地宣告："废除包办强迫、男尊女卑、漠视子女利益的封建主义婚姻制度。实行男女婚姻自由、一夫一妻、男女权利平等、保护妇女和子女合法利益的新民主主义婚姻制度。"这无疑是婚姻家庭制度的一次重大革命，对于确立新型的婚姻家庭关系，把妇女从社会底层解救出来具有深远的历史和现实意义。

　　2.1980 年《婚姻法》：改革开放初期的婚姻法制重建。1950 年《婚姻法》实施了 30 年后，随着中国经济的改革开放，中国的婚姻家庭状况发生了根本性的变化。纳妾、童养媳陋习已基本绝迹，男尊女卑、干涉寡妇婚姻自由等观念已不是主要倾向。因此，1980 年修改《婚姻法》时，在总则中删去了废除"男尊女卑"以及禁止"纳妾"、"童养媳"和"干涉寡妇婚姻自由"，而在保护妇女、儿童合法权益一款中增加了"老人"，同时增加"实行计划生育"。为提高人口质量，还增加了"三代以内的旁系血亲"禁止结婚的规定，这就意味着表兄妹、堂兄妹将不能结婚。此外，还增加了"男方也可以成为女方家庭的成员"的条款，这无疑有利于推行计划生育并解决有女无儿户的实际困难。1980 年修改《婚姻法》还有将结婚年龄定为男 22 岁、女 20 岁；明确将"感情确已破裂"作为离婚的条件。这些都是适应改革发展的婚姻法制的建设。

　　3.2001 年《婚姻法》：转型时期的婚姻法律完善。1980 年《婚姻法》二十余年的实践证明，其所规定的基本原则以及有关夫妻、家庭成员间的权利义务等均是正确和基本可行的。但改革开放以来我国的经济结构、社会观念发生了极大变化，这些变化也深刻影响到婚姻家庭领域。具体表现有以下几个方面：

　　首先，在认定夫妻财产关系上除了工资外，还有奖金、从事生产、经营的收益以及著作权版税、商标或专利权转让费、稿酬等知识产权的收益等；为了更好地规范夫妻财产关系,《婚姻法》对夫妻共同财产、个人特有财产和约定财产制作了具体界定;对凡是隐藏、转移、变卖、毁损夫妻共同财产,或伪造债务的当事人,修改后的《婚姻法》将予以严厉制裁,即一经发现可以对恶意违法者少分或不分财产,即使离婚后,另一方发现隐藏、转移或非法变卖、毁损的夫妻共同财产的,可以再次向人民法院提起诉讼,请求重新分割夫妻共同财产。以此强化《婚姻法》的制裁性、惩罚性,维护法律的公正性和严肃性。针对夫妻财产约定制设计了最具突破意义规定,即首次承认了家务劳动的无形资产,增加一项新条款"夫妻书面约定婚姻关系存续期间财产归各自所有,一方因抚育子女、照料老人、协助另一方工作等付出较多义务的,离婚时可以向另一方请求补偿。"在法律上承认女性家庭角色的隐性贡献,使她们在婚姻存续期间的付出和投资在离婚时获得回报和补偿,既体现了法律的公正性,同时在维护女性合法权益方面也实现了质的飞跃。

其次,修订后的《婚姻法》增加了"禁止家庭暴力"的规定,强调对受害者的援助措施和对施暴者的法律责任。再次,修改后的《婚姻法》维持了原来以"感情确已破裂"作为离婚的法定条件,并使之具体化①,坚持了离婚自由原则而不加大离婚的难度,也便于操作,无疑是婚姻立法的一大进步。此外,2001年《婚姻法》还对无效或撤销婚姻、子女探望权以及保护老年人合法权益等做出了新规范。同时,在适用《婚姻法》的过程中,为了解决一些具体的适用问题,最高人民法院对《婚姻法》做了三次司法解释②。

2001年《婚姻法》及司法解释是我国现行处理婚姻纠纷的主要法律依据,也是将来的《婚姻法》立法、司法实践中必须遵循的行为准则,解决婚姻纠纷问题的行为指导。

---

①　《婚姻法》第32条:男女一方要求离婚的,可由有关部门进行调解或直接向人民法院提出离婚诉讼。人民法院审理离婚案件,应当进行调解;如感情确已破裂,调解无效,应准予离婚。有下列情形之一,调解无效的,应准予离婚:(一)重婚或有配偶者与他人同居的;(二)实施家庭暴力或虐待、遗弃家庭成员的;(三)有赌博、吸毒等恶习屡教不改的;(四)因感情不和分居满二年的;(五)其他导致夫妻感情破裂的情形。一方被宣告失踪,另一方提出离婚诉讼的,应准予离婚。

②　即《最高人民法院关于适用〈中华人民共和国婚姻法〉若干问题的解释(一)》于2001年12月24日由最高人民法院审判委员会第1202次会议通过,自2001年12月27日起施行。最高人民法院公告《最高人民法院关于适用〈中华人民共和国婚姻法〉若干问题的解释(二)》于2003年12月4日由最高人民法院审判委员会第1299次会议通过,自2004年4月1日起施行。《最高人民法院关于适用〈中华人民共和国婚姻法〉若干问题的解释(三)》于2011年7月4日由最高人民法院审判委员会第1525次会议通过,自2011年8月13日起施行。

(三)婚姻法确立的基本原则

婚姻法的基本原则是婚姻法的立法指导思想,也是婚姻法的基本精神、操作、运行的基本原则。它贯穿婚姻家庭法的始终,集中体现了以婚姻家庭为主要内容的婚姻家庭制度的本质和特征。

我国《婚姻法》第2条规定:"实行婚姻自由、一夫一妻、男女平等的婚姻制度。保护妇女、儿童和老人的合法权益。实行计划生育。"这是关于婚姻法基本原则的规定。

1. 婚姻自由原则。实行婚姻自由,禁止买卖婚姻、包办婚姻和其他干涉婚姻自由行为。这是我国婚姻法的核心。婚姻自由基本含义是指公民享有婚姻自主权,男女双方有权按照法律的规定,决定自己的婚姻大事,不受任何人强制和干涉。结婚和离婚都不附带任何外在条件,以男女双方是否有感情作为婚姻成立、延续或解除的唯一根据。婚姻自由包括结婚自由和离婚自由两个方面。结婚自由也包含两层含义:一是一方不得对另一方加以强迫,二是双方以外的其他人,包括父母、子女及其他组织等不得干涉。《婚姻法》第3条明确规定"禁止包办、买卖婚姻和其他干涉婚姻自由的行为。"但是任何自由都不是绝对的,婚姻自由也是在法律规定范围内的自由,比如当事人行使结婚自由权时必须符合结婚的必备和禁止要件以及登记要件;协议离婚时双方要达成离婚协议等法律的强制性规定。

2. 一夫一妻制原则。一夫一妻制是指一男一女结为夫妻的婚姻制度,它包含两层含义。第一:一个男人只能娶一个妻子,一个妇女也只能嫁一个丈夫;第二:婚姻应当是一男一女的结合,同性间不能形成婚姻。在我国一夫一妻制度下,任何人,无论地位高低,财产多少,都不得同时有两个或两个以上的配偶;已婚者在配偶死亡(包括宣告死亡)或离婚之前,不得再行结婚;一切公开或隐蔽的一夫多妻制或一妻多夫的两性关系都是违法的。

3. 男女平等原则。我国《宪法》第48条明确规定:"中华人民共和国妇女在政治的、经济的、文化的、社会的和家庭的生活等各方面享有同男子平等的权利。"我国婚姻法所规定的男女平等,是指男女两性在婚姻家庭生活各方面享有平等的权利,负有平等的义务。具体在夫妻人身关系、财产关系方面都规定尊重和保护妇女的合法权益。

4. 保护妇女、儿童和老人的合法权益原则。妇女、儿童和老人是主要的家庭成员,也是弱势群体。他们的合法权益得不到法律保护,家庭就不可能幸福,社会也不会安宁。保护妇女、儿童和老人的合法权益是指国家对于妇女、儿童和老人在婚姻家庭方面的法律规定的权利和利益给予特殊的重视和保护。我国《宪法》第49条规定:"婚姻、家庭、母亲和儿童受国家的保护。禁止虐待老人、妇女和儿童。"在此基础上,《婚姻法》《妇女权益保障法》《老年人权益保障法》以及《未成年人保护法》①中都有关于保护妇女、儿童和老人合法权益的具体条款,以确保妇女、儿童和老人在婚姻家庭方面人身关系和财产关系的全方位保护。

5.实行计划生育的原则。计划生育,是社会人口再生产的客观要求。计划生育政策是我国的基本国策,也是婚姻法的基本原则之一。我国婚姻法正是基于这一原则,规定了实行计划生育是每对夫妻的义务。只有计划生育,才能做到"优生、优育",提高人口素质,保护母亲和子女的健康。使人口增长与社会经济发展、生态环境保护等方面相协调,人们的生活水平才能得到更大提高。

第四节　大学生的婚恋权

2005年9月1日起实施的《普通高等学校学生管理规定》,没有关于在校大学生②是否可以结婚的条款,这一变化引起社会各界的关注,被普遍认为是法治的进步,也是对高校大学生婚恋管理解禁的标志。

 大学生婚恋权的前世今生

一、高校对在校大学生恋爱结婚的管理可以分为三个阶段

(一)1990年以前属于严格管理

1990年以前的全国各高校对于在校生恋爱都有着严格的规定,一些学校甚

---

① 《宪法》:第46条第2款:"国家培养青年、少年、儿童在品德、智力、体质等方面全面发展。"《婚姻法》第14条:"夫妻双方都有各用自己姓名的权利。"第15条:"夫妻双方都有参加生产、工作、学习和社会活动的自由,一方不得对他方加以限制或干涉。"第34条:"女方在怀孕期间、分娩后1年内或中止妊娠后6个月内,男方不得提出离婚。女方提出离婚的,或人民法院认为确有必要受理男方离婚请求的,不在此限。"《妇女权益保障法》第43条:"国家保障妇女享有与男子平等的婚姻家庭权利。"第44条:"国家保护妇女的婚姻自主权。禁止干涉妇女的结婚、离婚自由。"《老年人权益保障法》第3条:"国家和社会应当采取措施,健全对老年人的社会保障制度,逐步改善保障老年人生活、健康以及参与社会发展的条件,实现老有所养、老有所医、老有所为、老有所学、老有所乐。"

② 本书仅指全日制普通高校本、专科学生。

至把"在校学生严禁谈恋爱,违者退学"的校规写进了学生手册。因此,1990 年以前在校学生谈恋爱是被严格禁止的,结婚更是雷池不可逾越。

(二)1990 年开始解禁

1990 年教育部颁布了《普通高等学校学生管理规定》,大学生谈恋爱不再被明文限制。但该《规定》第 30 条仍对在校大学生结婚有明确的限制,规定"在校学习期间擅自结婚而未办退学手续的学生,作退学处理。"短短的 25 个字默许恋爱但禁止结婚,继续制约着大学生爱情的开花结果。1990 年的《普通高等学校学生管理规定》与之前的严厉规定相比宽松了,但也完全禁止大学生在追求爱情路上走进婚姻。

(三)2001 年全面解禁

2001 年随着教育部对高考考生的年龄及婚姻状况的限制放宽,一些高校开始相应的放松对在校大学生的婚姻限制。由此,在校大学生能否结婚再次成为社会普遍关注的问题。2002 年开始不断有在校大学生结婚的事件报道,尽管只是极个别的事件,但却引发关于"大学生在校期间能否结婚"问题的争论不休。2004 年天津的一对大学生公开举行婚礼,成为社会关注的焦点。2005 年 3 月25 日,教育部发布新的《普通高等学校学生管理规定》和《高等学校学生行为准则》,于 2005 年 9 月 1 日起施行。新规定撤销了原规定中"在校学习期间擅自结婚而未办理退学手续的学生,作退学处理"的条文。至此,在校大学生不能结婚的禁令正式解禁。

二、大学生婚恋权的合法性与合理性

(一)大学生婚恋权的法律依据

1.国家《宪法》的规定。我国《宪法》第 33 条规定:"中华人民共和国公民在法律面前一律平等""任何公民享有《宪法》和法律规定的权利"。第 49 条规定:"婚姻、家庭、母亲和儿童受国家的保护""禁止破 大学生"恋爱婚姻"事件
坏婚姻自由"。大学生作为具有完全民事行为能力的公民,自然享有《宪法》赋予公民的基本权利之一:婚恋权。

2.基本法和其他法律的规定。《民法通则》第 9 条规定:"公民从出生时起到死亡时止,具有民事权利能力,依法享有民事权利,承担民事义务","公民的民事权利能力一律平等。"《民法总则》第 3 条规定:"民事主体的人身权利、财产权利

以及其他合法权益受法律保护,任何组织或者个人不得侵犯。"第 14 条规定:"自然人的民事权利能力一律平等。"《婚姻法》第 1~3 条规定:"实行婚姻自由,男女平等的婚姻制度"、"禁止包办、买卖婚姻和其他干涉婚姻自由的行为"。第 5 条对结婚条件从年龄、疾病和近亲血缘关系三个方面进行了合理限制,但没有对大学生群体婚姻的限制。《高等教育法》第 12 条规定:"高等学校学生的合法权益受法律保护。"《普通高等学校学生管理规定》第 5 条明确规定学生在校期间依法享有法律、法规规定的权利。因此,大学生婚恋权是受包括《民法通则》、《民法总则》基本法和《婚姻法》等专门性法律保护的。

3. 法律位阶原则。《立法法》第 87 条表明,下位法违反上位法规定的,无论是法律、行政法规、地方性法规,还是自治条例、单行条例、规章,都由有关机关依照本法第 88 条规定的权限予以改变或撤销。《宪法》是根本法,具有最高的法律效力,《婚姻法》是基本法,其效力仅次于《宪法》。而教育部的《普通高等学校学生管理规定》属于部门规章,其效力低于《婚姻法》。因此,大学生结婚问题,要以《宪法》和《婚姻法》为依据。此外,高校的办学自主权是指《高等教育法》赋予的权力,它仅仅是依法办学权。作为事业单位的高校未经立法授权,无权对大学生的婚姻权利做出限制性规定。"对公民基本权利适当、合理的限制只能出于立法机关制定的法律,其他机关除非得到立法机关或《宪法》、法律的明确授权,不得行使此项权利。"作为自然人的大学生,婚姻权利不受高等学校自主管理权力限制,应依法享有《宪法》和《婚姻法》所规定的婚姻自主权。

(二)大学生婚恋权的法理性基础

1. 意思自治原则。婚姻领域的意思自治原则,主要表现为当事人对结婚、离婚等事项有自由选择权,不允许任何组织和个人对公民的婚姻权利加以限制和剥夺,即公权力不能干预私权利。《普通高等学校学生管理规定》规定:"在校结婚必须退学。"与其说是限制婚姻自由权,不如说实际上是限制了学生的学习权。学校同意与否不能作为婚姻的生效条件,高校在实施行政行为时必须要有明确的立法或法律授权,并要遵循正当程序。因此,从法理上分析,在校大学生完全可以享有婚姻自由权,并不受包括高等学校在内的第三方的干涉。

2. 大学生的婚姻权超越于道德评价的范围。高校大学生结婚,既符合法律规定,也不在道德评价的范围之内,一般也不会影响他人的学习、生活和利益,纯属公民个人的行为自由。实践证明,传统的道德评价体系并不是一成不变的。在 20 世纪 80 年代,认为大学生结婚违背传统道德,甚至对谈恋爱的大学生加以处分,但随着社会经济文化水平的提高,开放程度的扩大,大学生入学年龄的放开,社会对大学生恋爱及结婚不能接受的比例已经大大下降。有调查表明,认为大学生结婚违背传统道德观念的比例仅占2.05%。这就说明,大学生婚姻自主权已经具备广泛的社会基础。

3.大学生具备妥善处理学业与婚姻关系的基本能力。在校大学生一般都已步入成年,是具有完全民事行为能力的高素质人才。他们在生理上和心理上都基本成熟,比没有进入大学学习的同龄人具有更好的理性和智慧处理好自己的学业和婚姻大事。在婚前会慎重地考虑诸如家庭义务和社会负担等严肃问题,很少有人会以荒废学业和放弃前程为代价去换取一时的情感。发达国家对大学生婚姻的管理经验也表明,限制大学生的婚姻权是完全没有必要的。实际上,学校放开结婚限制后,大学生多以平常的心态对待,结婚者为数极少。

三、我国法律对大学生结婚的态度:不禁止也不提倡

(一)不禁止

我国的《婚姻法》明确规定了结婚的基本条件,大学生享有法律赋予公民的权利,其婚姻自由等权利受到保护。近年来高等教育事业发展很快,招生规模迅速扩大,取消了报考大学的年龄限制,大学生只要符合婚姻法规定的结婚条件,恋爱结婚是人之常情。因此,教育部新修订的《普通高等学校学生管理规定》不禁止其作为公民的婚姻自由等权利,在校大学生结婚生子被默许。

(二)不提倡

"大学者,研究高深学问者也。"大学生在校学习是学习知识、技能的最佳时机,因此,高校早期限制大学生结婚的出发点是保障大学生更好地实现求知权。如果大学生在校读书期间结婚组建家庭,会影响大学生知识的获取和自身专业素质的提高。而且大学生在校学习以全日制学习为主,学习时间不自由;加之在校学生没有固定的经济收入,结婚生活的经济条件不成熟。如果结了婚,柴米油盐等生活问题会随之而来,处理不好将严重困扰学生、家长和学校。

因此,在校大学生结婚生子不受法律限制,但考虑在校大学生的客观条件,婚姻大事一定要慎重。婚姻更多的是责任和义务,在校期间草率结婚,过早步入婚姻,很可能导致学业、婚姻都一无所获。

婚恋结语:有人说爱情是花,婚姻是果。不是所有的花都会结果,但所有的果一定曾经是花。恋爱是一本书,翻得不用心,你不幸福;翻得太用心,你会痛

苦。婚姻是一幅画,观看的距离太近、太远,幸福指数都不高,只有站在适当的距离,才能看到你所要的幸福。没有爱情的婚姻,一定不幸福！没有婚姻的爱情,就如无根之树,无法茂盛持久！[①] 很喜欢网上这段话,尽管不是出自名家之言,但道尽恋爱与婚姻的异同。摘录与大家一起共勉！

所以我们说:恋爱(爱情)是婚姻的基础！婚姻是恋爱(爱情)的归宿！

⊙ 本章测试

恋爱与婚姻测试作业及答案。

🛡 测试作业及答案

⊙ 本章问卷

恋爱与婚姻问卷调查。

👤 问卷调查

⊙ 本章思考题

谈谈你对在校大学生恋爱、结婚的看法？分析其利弊。

⊙ 设计教学法——微视频采访调查作业

1. 如何让爱情保温？

2. 恋爱要承担责任吗？

⊙ 本章推荐阅读书目

1. 埃利希·弗洛姆著:《爱的艺术》,上海译文出版社 2008 年版。

2. 王雅隽著:《恋爱难民》,中国人民大学出版社 2011 年版。

3. 罗兰·米勒著,王伟平译:《亲密关系》,人民邮电出版社 2015 年版。

4. 杨大文主编:《婚姻家庭法》,中国人民大学出版社 2016 年版。

---

① 《爱情大多完美,婚姻大多凑合》,http://www.360doc.com/content/16/0704/17/1414235_573055270.shtml。

第二章　初恋与结婚

通过本章学习,重点掌握初恋的概念、特征,初恋与早恋、单恋的区别,初恋获得美满爱情应具备的心理条件,初恋成婚的利弊;结婚的概念、特征,结婚的条件、程序,无效及可撤销婚姻及结婚的效力等法律规定。

初恋,是人一生中最难以忘怀的情感,与初恋成婚是纯情男女的愿望。结婚是婚姻生活的起点,是法律行为。结婚法定条件包括必备条件和禁止条件、结婚程序要件;结婚将产生夫妻身份关系和财产关系上的效力,受法律的约束。在这一章中,将回答什么是初恋、什么是结婚、结婚的法律效力等基本问题。

📖 附法条

第一节　初恋概述

一、初恋的概念和特征

(一)初恋的概念

所谓初恋,顾名思义是指人的初次恋爱。初即开始,第一次;恋,即恋爱;初恋即第一次恋爱。既然是恋爱,就要求双方(但不要求双方都是第一次)都强烈地爱恋对方。如果只有一方爱恋对方,那只是一厢情愿,是单恋;当两个人同时拥有这样的感觉,并且走到一起,就是恋爱了。如果双方或一方是第一次恋爱,那只是双方或一方的初恋。

🎬 初恋

（二）初恋的特征

初恋，双方的感情活动强烈，概括起来有以下特点。

1.初恋的发生一般和年纪无关。无论是少年还是老年都可能有初恋。但绝大多数的初恋发生在少女少男阶段。因为初恋是随着生理和心理的成熟而发生的，是处于青春妙龄的人对爱情的初步认识。少男少女的初恋比较其他年龄段的初恋有一些特殊性，少男少女的初恋是情的"萌生"，是纯洁的心理之恋，它不含有任何杂念，不考虑各种各样社会因素，是两性之间最自然的爱恋。同时，少男少女的初恋又是比较朦胧的，是一种对异性的好奇心驱使产生的自然的爱恋的流露，过了少年期可能就再也不会出现。所以，少男少女的初恋被称为"一过性"①的爱恋。这种爱单纯透彻，但却真正忘不了。

2.初恋的发展过程一般为两个阶段。第一阶段是爱慕意识阶段。在这个阶段，对异性的爱是默默地爱，或称为"暗恋"。一般表现为喜欢观察、接触异性，但又由于害羞，总要回避异性同学，所以便把对异性的爱深深埋藏在心底，不轻易流露真情。第二阶段是由爱慕发展到具有初恋行为的阶段。这阶段的特点是双方愿意或默许发展更加亲密的异性关系。如果说第一阶段具有"单相思"的味道，第二阶段就是"心心相印"了。

3.初恋具有纯真性。初恋是第一次向异性敞开爱的心扉，感情往往单一、纯真，只求与所爱的对象接触、谈心，在一起就满足了，很少考虑感情之外的社会因素。人们怀念初恋，正是怀念那种萌动的心，那种爱的最初体验。初恋正因为纯真，所以许多时候恋爱的双方都不懂得控制，往往会身陷其中身不由己。因此而耽误学习、工作等。同时，初恋也因为年轻气盛，往往会为了对方而不考虑后果，做出不该做的事情。

4.初恋具有持久性。初恋是人生的第一次情感经历，单纯专一，对心灵有强烈的震撼，因而，初恋对人的情感影响是旷日持久的，它会长存在人们的感情记忆中，并影响以后对爱情的认识与评价。初恋是刻骨铭心的，是纯洁的爱。它是放不下的感情，因此，初恋会深藏在每个经历过初恋的男女的记忆中。

---

① "一过性"是指某一临床症状或体征在短时间内一次或数次出现，往往有明显的诱因，如发生在进食某种食物、服用某种药物、接受某种临床治疗或其他对身体造成影响的因素之后。随着诱因的去除，这种症状或体征会很快消失。转引自 360 百科"一过性"词条，http://baike.so.com/doc/6840893-7058173.html。

二、初恋与早恋、单恋的区别

(一)早恋

1.什么是早恋？早恋，或称青春期恋爱，按字面意思理解，就是过早的恋爱。指的是未成年男女建立恋爱关系或对异性感兴趣、痴情。一般指18岁以下的青年之间发生的爱情，特别是在校的中小学生居多。"早恋"在《现代汉语词典》解释是"身体未发育成熟而过早地恋爱"，一般是指男女进入大学之前的青春恋爱。对比全世界其他语言，无论是英语、日语、韩语还是法语都没有与"早恋"相对应的词语，所以，"早恋"是中文的专有名词。

如果没有过告白行为，就不能称之为恋爱，就更不能称之为早恋。只有做了告白行为(诸如写情书，直接告白，等)才能算作恋爱，只有恋爱之后，才能根据发育阶段判断是否早恋。

2.早恋的表现。早恋行为是青少年在性生理发育的基础上，对异性心理转为行为的实践。进入青春期后，出现异性爱慕倾向的青少年，会主动接近自己喜欢的异性，双方交往频繁，相互倾心，就可能导致恋爱的发生。

早恋往往由性冲动和外在吸引而产生，缺乏思想情感方面的考虑。早恋男女彼此是由双方身上的某一方面的优点产生倾慕之情，缺乏对对方的全面评价。又由于缺乏责任感和伦理道德观念的约束，易发生性行为。

在我国，"早恋"一词往往带有父母长辈的否定性感情色彩。在一定程度上，恋爱并不是一件坏事，恋爱会使人兴奋，父母应尊重、关心、理解孩子，加强情感沟通。只要不影响、耽误学业等大局，处在早恋中的男女还可以相互影响，努力进步，共同成长，父母就不要去阻止它的发生。相反，如果父母一味地责骂，冷嘲热讽，说一些过激的语言，只禁不导，甚至限制孩子的交往活动和范围或体罚、压制孩子，反而会使早恋孩子心理受损，导致悲剧、惨剧发生。

3.初恋与早恋的区别：早恋是18岁前谈的恋爱；初恋是第一次恋爱，第一次恋爱经历，可以在任何一个时间段发生。

(二)单恋

1.单恋的概念及分类。单恋即单相思，是指男女之间只存在单方面的爱恋[1]。或者说是一方对另一方的一厢情愿为特点的畸形恋爱。单恋往往会出

① 危玉妹.新世纪大学生婚恋[M].福州：福建人民出版社，2016：100.

现关注、幻想、错觉等心理倾向。单恋分无感单恋和有感单恋。无感单恋,是指对方并不知道在爱他(她)的单恋。性格内向的人比较容易出现无感单恋,因为性格内向的人往往把感情深藏在心中,爱对方却又觉得高不可攀,只好自我折磨。对于无感单恋者,若是条件相当,建议应大胆地向对方表白爱,无须害怕,只有这样才能创造条件接触对方,从中了解对方是否有意。有感单恋,即对方明知你爱他(她),而他(她)根本不爱你的单恋。有感单恋者把满腔的热情和爱奉献给对方,遭到回绝仍一往情深,由此会产生比较严重的心理抑郁。

2.单恋与初恋的区别。首先,单恋不是初恋。单相思者是一厢情愿,全然不顾对方的感受,而初恋是第一次双方都强烈地爱恋对方,所以单恋不能算初恋。其次,单相思是一种进入初恋的准备阶段,可能每个人在恋爱之前都会有一段单相思,但是不同的人对待单恋的态度不一样。有的人可能直接求爱,若被对方接受,则可能进入恋爱阶段,如果有一方是第一次恋爱,那就是初恋了;有的人认识到这种爱的不切实际而转移方向,导致所爱的人对此却一无所知,可能完全停留在单恋的状态而无法得到必要的发展,那就一直是单恋。不要为单相思感到害羞,同龄人差不多都有可能正在单相思。如果你是处在一种淡淡的、甜甜的单相思中,这是很正常的,并不是一种病,需要改变的是被单相思折磨得痛苦的状况。因此,如果陷入单恋中,要达到的目标并不是完全断绝单相思,而是要把单相思控制在一个适度的范围内。

3.摆脱单恋的对策。正确对待单恋,彻底摆脱由此带来的痛苦,应当做到以下几个方面:

(1)端正认识。爱情不是生活的一切,人生更重要的是对理想、事业的追求。单恋并不意味人生的失败或幸福的毁灭,应该勇敢地接受新的感情生活和追求。同时,陷入单恋者也只是单恋者中的一员,不必加大自己的不幸,积极的态度是应趁此反省遭遇挫折的缘由,从中获得启迪,吸取经验教训,勇敢向前。

(2)适当宣泄。不应把单恋的痛苦、忧伤闷在心中,否则会影响身心健康。所以,当陷入单恋感觉困惑或痛苦时,可把单恋的缘由、经过、幻想及苦闷等向老师、家人和朋友倾吐、宣泄。老师、家人、朋友的劝说、安慰会使人一吐为快,心情平静,理智地走出困境。

(3)急流勇退。一旦陷入单恋应该勇敢地尽快摆脱虚幻的情网,凭借理智的力量,尽可能减少或避免与对方的接触,以克服虚荣心理和被对方冷淡而造成的自卑感。

(4)积极转移。一是环境转移,尽可能离自己痴心所爱的人远一些,眼不见为好,空间距离的变大会使感情淡忘。选择登山、旅游等转移环境,放松心情,可以较快达到心理的平衡。二是感情转移,别为不爱你的对方痛苦,把感情转移到别的事物上,如转到工作、爱心公益等有意义的事情上。同时切忌马上恋上别的对象,以免急于摆脱失恋痛苦,因而感情用事做不当的选择,导致另一段恋情的失败。

(5)力求升华。把时间,精力放到事业、学业上,追求事业、学业的成功,获得心理的快慰,促使感情升华,实现更高层次、更有价值的转移。

三、初恋获得美满爱情应具备的心理条件

一般认为爱情是一种建立在性欲基础上的,男女双方在交往过程中产生的高尚情感。它由两部分组成:一是建立在性欲之上,对异性具有倾慕、珍惜之情的情爱;另一是由异性间所产生的依恋及理想、情操、个性追求等复杂因素混合升华而成的情爱。爱情是性爱与情爱的结合,缺乏性爱的爱情是畸形的;只有性欲的满足,没有感情的升华,也无法产生真正的爱情。

初恋的男女,都渴望自己的爱情美满。要获得美满的爱情,应具备以下心理条件:

1.充分尊重对方。美满的爱情,应是把爱情只当作生活的一部分,而非全部。在开拓与领略自己人生的同时,充分尊重对方,包括尊重对方的人格、信仰、生活习惯、方式、个人隐私等等,在恋爱中懂得尊重对方,也是一种为人的高尚品质。

2.给予爱情对方。在恋爱关系中需要有无私精神,爱与喜欢的本质区别即爱是付出,从不索取。所以,在恋爱关系中将爱情充分给予对方比向对方索取爱情更感欢欣,并以对方的幸福为满足。

3.保持独立个性。即恋爱双方不作为对方的依附而存在,而是让双方都有发展自己个性的余地。心理学认为恋爱中的男女的心理往往处于抗衡状态。在这种心理抗衡中的双方,保持各自的独立性,对于加强双方在另一方心中神秘的吸引力具有重要的意义。维持恋爱心理抗衡中的个性独立,主要在于保持自尊、自重、自爱、自信、自强。具体表现在:①有自己的主张。尤其是在原则问题上要坚持自己的立场,不要人云亦云,更不要俯首帖耳。②坚持自己感兴趣的事业。一般认为一个人的内在属性,如品质、涵养、才干才是吸引力的主要因素;其次才是身体的特点,如体魄、服装等外表仪态;再次是特殊的行为,如新奇、令人喜爱的动作等;最后才是地位和财产等。所以在恋爱中,被黏人的女友黏住的男人会说:"我希望她有自己的事业、朋友和生活圈子,而不是整天围着我转。如果这样

的话,我觉得爱情很快就会平淡甚至乏味下去。"所以要保持独立,就要坚持自己喜爱的职业,并且要使自己的职业选择得到对方的理解和支持。不管你是做什么工作,收入多少,这些都无关紧要。最主要的是不靠依赖对方而生活。③不要迁就对方。谁也不欠谁的,爱他(她)是他(她)的福气。在恋爱中两个人都是主角,要有自己的主见,懂得适当拒绝。④保持幽默感。幽默可以让对方感受到你的独立思考。但是,要记住幽默不等于嘲笑。⑤保持自己习惯。包括饮食、起居习惯和业余爱好;参加自己喜爱的活动,并使自己的生活习惯和爱好得到对方的尊重。⑥维持自己的社交圈子,三毛曾经说:"我的心有很多房间,荷西也只是进来坐一坐。"所以,切忌一谈恋爱就和所有的朋友、闺蜜都断了来往,这只会让自己的生活越来越狭窄。⑦不要让对方看到状态不好的自己。如果让对方看到失去他(她)的爱而憔悴,会给他(她)造成困扰和压力,相反地让应该让他(她)看到你离开他(她)一样能很好的生活。

4. 寻找心灵共鸣。心灵共鸣,或称心灵感应(telepathy),意为"远距感应(telepathy)",是指不借助任何感官或物理途径,将信息传递给另一个人的现象或能力[①]。该词由 F W H 梅耶尔 1882 年所创,又译作心电感应、他心通或心有灵犀。

恋爱中的男女会产生身体、情感、心理和精神上的四种基本的化学物质:身体上的化学反应引起欲望;情感上的化学反应产生爱慕;心理上的化学反应引发兴趣;精神上的化学反应创造爱情[②]。所以美满的爱情在于精神上的和谐,心灵上的沟通。心灵共鸣关注的是对方的友善、力量、智慧、诚实、开放、正直抑或自立、能力、优雅、热情、爱心和灵性。与灵犀相通的人恋爱会产生独特的魅力,使人激发出迷人的风采。世间本没有十全十美的事物,但灵魂伴侣于己而言,却是完美的。

---

① 转引自百度百科"心灵共鸣"词条,https://baike. baidu. com/item/％E5％BF％83％E7％81％B5％E5％85％B1％E9％B8％A3/2238033。

② 转引自 360 个人图书馆 "恋爱心理学"词条,http://www. 360doc. com/content/11/1223/04/4583240_174507481. shtml。

第二节　与初恋结婚的利弊

一、与以下五类初恋结婚幸福指数高

选择一个终身伴侣绝非易事。如果有幸能寻找并拥有以下五类初恋为终身的伴侣,应该是幸福的。

（一）与有共同生活目标的初恋成婚

一对男女结婚在一起生活 20 年或 30 年,直至白头到老,那是一段很漫长的时间。必须和他(她)分享更深更有意义的事情,必须有共同的生活目标。婚姻生活中的两个人可以一起成长,或者各自成长,但必须共同成长。50％的夫妻是各自成长的,要使得婚姻成功必须知道在未来的婚姻生活中你要的是什么。然后嫁(或娶)一个和你有一样共同生活目标的人。因为一个家庭如果没有一个共同的生活目标就等于在稀里糊涂地过日子,而且还会有一种过一天算一天的感觉,这样的生活是不会幸福的。夫妻没有共同目标的生活仅限于风平浪静,当有点风吹草动的时候就很容易出现问题。所以如果希望与初恋成婚,就应和初恋共同设定一个明确的生活目标,而且要设定一个长远的生活目标,然后再划分成一个一个的近期目标,这样就可以马上行动,无怨无悔、积极努力地一起为实现共同的生活目标而奋斗。

（二）与能分享感觉与思想的初恋结婚

这是和男女恋爱关系品质有关的问题。"觉得安全"是指双方能否开诚布公地坦诚沟通,良好的沟通基础是信任。确定要结婚的对象必须是在情感上觉得很安全的、可以信任的一方。如果很害怕和对方分享或无法分享感觉与思想,那就要慎重考虑与其的结婚问题。

（三）与值得敬佩的初恋成婚

敬佩,指敬重而佩服。和你谈婚论嫁的初恋可能是一个致力于个人成长的人,也可能是寻求舒适生活的人。那种将舒适生活列为目标的人,会把个人的享受摆在第一位,一般是不值得敬佩的。如果是一个致力于个人成长的人,应看他(她)是否将脚踏实地作为个人成长的方法、他是否善于认真地完善自己、是否常力争上游并做正确的事。如果是这样,就是一个认真努力、有责任感的人,也就是一个值得敬佩的人。与之结婚，能带你驶向幸福、安全的港湾。

（四）与善待他人的初恋成婚

要学会与他人相处，就必须要善待他人。善待他人包含的内容很多，包括学会理解、尊重、宽容、关心、帮助他人等。品德高尚，善解人意之人，对待他人所采取的方式则是宽宏大量，永远以一颗包容、理解、友好的心去善待身边的每一个人，始终与人用心交往，处处为他人着想。促进人际关系最重要的是给予的能力。所谓给予，是能使他人快乐的能力。你的初恋是否很喜欢给予？他是否善待如清洁阿姨、公车司机之类的。与之毫无关系的人？他如何对待父母和兄弟姐妹？他懂得感激吗？如果他对给他帮助、友爱的人都不懂得感激，自然不会感激你。在夫妻交往中也要以诚待人，要以心灵为准则，用"心"来度量和感受。

（五）与婚后仍希望你保持独立人格的初恋成婚

所谓独立人格是指人的独立性、自主性、创造性。独立型人格是自主性比较强，有独立意识的一种人格。表现为习惯独立思考，独立实践，控制情绪的能力较强，有较强的理性能力，注意维护自己参与决策的权利，社会参与程度较高。纪伯伦①在《论婚姻》中说："在合一之中，要有间隙。"婚姻是一对一的自由，一对一的民主。不要偏执地认为"你是我的"，那就会使自己的爱巢变成囚禁对方的监狱，身处之中的人十有八九想越狱，只是看他（她）有没有胆量而已。一首古老的法国歌曲唱道："爱是自由之子，从不是统治之后。"如果我们企望爱情"增长"，首先必须确认它得到了悉心的培植和坚定不移的呵护。不要改变自己，更不要试图去改变对方，而应该各自把自己调整到一个适度的空间，既要相守，也要让彼此独处。如果无法完全接受他（她）现在的样子，就还没有准备好要结婚。在婚姻的土壤中，让两棵个性之树自由成长，自然可以收获幸福的果实。

二、与初恋结婚的弊端与防范

与自己的初恋结婚，一生只爱一个人是很多纯情男女的愿望。然而，婚姻与恋爱不一样，除了相爱，还必须懂得相处和责任。这对于初恋的男女来说并不是一朝一夕就能学会的。恋爱一次就结婚意味着在未来婚姻生活中，要承受更多的摩擦和忍耐。因此，与初恋结婚有以下弊端需要防范。

----

① 纪伯伦（1883—1931）：黎巴嫩诗人、散文作家、画家。

（一）初恋男女还不懂相处

相爱简单，相处太难。初恋的男女，情感都比较敏感和脆弱。虽然很真心地相爱，却不懂得如何去爱、如何去相处。学会相处之道，即要有智慧，更要掌握技巧，有很多的细节需要关注。

1.懂得求同存异。既然是结婚了，双方就必须以心换心真诚相待，诸如重要的事情、必须说清楚的原则性的事情一定要谈透。但是，具体处理时一定要讲究技巧，比如不必谈的和不该发生的事情就尽量别去触碰，非原则性问题可以抱着求同存异的思路来处理。

2.建议适当帮另一半纠正生活陋习。虽说缘分可以让两个素不相识的人走到一起，从相识到相恋到结婚，但由于两个人的成长环境不同，生活的方式不同，必然会产生生活理念上的不同。因此，最好的方法是不要强迫对方按照你的习惯生活，而是多给建议，柔性纠正其生活中养成的陋习。

3.接受对方优点更需要接受对方缺点。谈恋爱的时候，对方为了表现往往会把自己的缺点尽量掩饰起来，导致我们看到的都是对方的优点。必须提醒的是，既然已接受对方为自己的结婚对象，那就要做好接受对方所有缺点的心理准备。

4.规划未来生活的共同生活目标。结婚后不但要有阳春白雪和花前月下，更应该好好规划现实的生活问题。要想有一个幸福美满的小家庭，就必须要适时进行规划，不但要有个人规划，也要有家庭规划，多想一些未来两个人的工作规划和家庭愿景，一起努力朝着目标奋进！

（二）初恋的婚姻容易出轨

有这样一个违背常理的现象，初恋的婚姻容易发生婚外恋，婚后出轨的概率较大，究其原因一是因为初恋的男女没有比较，因而都不懂得珍惜眼前的恋人；二是因为仅有的一次恋爱经历，让他们对对方、对恋爱抱有太高的期许和理想，而事实却相反。所以，要防范初恋婚姻出轨，应该做到：

1.确信与初恋是真爱，是灵魂伴侣。非她不娶非彼不嫁，不是一时的感情冲动，这就需要确信、明确自己需要怎样的婚姻、怎样的伴侣适合自己。一般考虑的因素不仅是基于对方长相、身材、体魄或服装等外表仪态的欣赏，而是基于欣赏对方的内在属性，包括品质、涵养、才干以及生活态度、价值观的一致才慎重地做出结婚考虑。

2.确认初恋只是适合自己，不是最好。任何一个跟自己毫不相干的人和自己搭伙过日子，都能挑出 N 条令自己发指的毛病，感觉势不两立。但必须充分认识到人无完人,必须懂得自己所选择的爱的初恋一定有保鲜期,保鲜期一过,就要说服自己他(她)是适合自己的,要踏实地和他(她)生活下去。而且,和初恋在一起的许多的"第一次",都会留在你的生活里,成为生活很重要的部分,他人无法取代。

3.走出与初恋的婚姻现实,寻找理想婚姻。如果从与初恋的婚姻中发现初恋对象确实不适合自己,而且觉得自己够强,那就可以离婚,勇敢地走出与初恋的婚姻。等到自己真正中意的对象出现,再考虑走进新的婚姻。

正因为与初恋结婚存在以上的弊端,据日本京都一间大型婚恋顾问公司的一项调查,男女初恋就成功走入婚姻殿堂的只有20%左右。20%中又有80%的初恋对象是"同学",比例比"青梅竹马"或"学长学姐"还高。可见初恋多半只是人生的过程,很难修成正果。初恋是人生中独一无二的特殊经历,通常经历过初恋,男女才会知道自己适合与不适合的对象,所以不易成功也是可想而知的。

第三节 结婚的要件

一、结婚的概念与特征

(一)结婚的不同解释

结婚,在我国古代亦作"结昏"。古代称之为成亲。它有以下不同的解释[1]:一是指缔结婚姻关系。如《资治通鉴·晋安帝隆安三年》:"殷仲堪恐桓玄跋扈,乃与杨佺期结昏为援。"清袁枚《新齐谐·江轶林》:"其叔欲以其女结婚豪族,翁颇不愿,故来避地。"二是指男女或者配偶结成合法夫妻。如唐白居易《赠内》诗:"我亦贞苦士,与君新结婚。"元傅若金《悼亡》诗之四:"贫贱远结婚,中心两不移。"曹禺《雷雨》第一幕:"他很寂寞的样子,我替他很难过。他到现在为什么还不结婚呢?"三是指比喻两种事物的结合。如梁启超《中国学术思想变迁之大势》第一章:"盖大地今日只有两文明。一泰西文明。欧美是也;一泰东文明,中华是也。二十世纪,则两文明结婚之时代也"为此意的解释。

(二)结婚的概念

结婚,又称婚姻的成立或婚姻的缔结,是男女双方依照法律规定的条件和程

---

[1] 转引自360百科"结婚"词条,http://baike.so.com/doc/3530140-3713102.html。

序确立夫妻关系的一种法律行为。结婚有狭义说和广义说。狭义说认为,结婚仅指婚姻关系的成立,不包括订婚等其他程序。广义认为,结婚包括订婚和结婚两个方面。近现代各国的亲属立法,大多将婚姻的成立做狭义上的规定,订婚已经不再是结婚的必经程序。我国《婚姻法》亦是如此。

(三)结婚的特征

1.结婚行为的主体是男女两性。婚姻关系的产生,是以男女两性的生理差别为前提的,人类性的本能和自身的繁衍是婚姻的自然属性,这是婚姻关系区别于其他社会关系的主要特征。

2.结婚行为是法律行为。当事人必须遵守法律的规定,包括法律规定的结婚条件和结婚程序两个方面。与一般的民事法律行为不同,法律对结婚行为的条件和程序做了特别的规定,结婚必须依法成立,否则不具有婚姻的法律效果。

3.结婚行为的后果是确立夫妻身份关系。男女双方因结婚形成了互为配偶的夫妻身份,相互享有和承担法律规定的权利与义务。夫妻身份关系确立后,未经法律程序,双方不能任意解除。

二、我国结婚的要件

结婚的要件有狭义和广义说。狭义上的结婚的要件,是指申请结婚的当事人能否结婚以及需具备什么样的条件才能够结婚,即结婚的实质要件(包括必备要件与禁止要件)。广义的结婚要件除满足实质要件外还应符合结婚的程序要件。

(一)结婚的必备要件

结婚的必备要件,又称结婚的积极要件,是当事人结婚时必须具备的法定条件,包括三个方面:一是男女两方完全自愿;二是必须达到法定婚龄;三是必须符合一夫一妻制原则。

1.男女双方完全自愿。《婚姻法》第5条规定:"结婚必须男女双方完全自愿,不许任何一方对他方加以强迫或任何第三者加以干涉。"本条是关于结婚合意的规定,它是婚姻的基础,包括以下几个方面的意思:

(1)申请结婚的主体在性别上必须是生理意义上的"男"与"女",而非同性,这就排除了同性婚姻。在我国,婚姻登记机关认定男女的标准,不是以出生时的性别为标准,而是以登记结婚时身份证上的性别及户口簿上的性别为准。我国禁止同性结婚,但变性人的婚姻权利则受法律保护。民政部在2003年已明确:

变性人的结婚登记合法有效,解除婚姻关系比照一般婚姻对待[①]。

(2)必须"自愿"。首先必须本人愿意,而非局外人(包括父母)的同意,以此排除第三者的包办。其次,这种"自愿"不是勉强的,而应该是"完全"的,以此排除了外来的干涉。再次,这种自愿必须是双方的,而非一方的,这就排除了一方对另一方的强迫。实践中认定双方是否"完全自愿"的依据,主要是看是否有符合法律要求的真实意思表示。

(3)对于违背婚姻自愿原则的,法律将根据不同情形采取不同态度。对属于胁迫婚姻的,可按撤销婚姻对待;对于严重干涉婚姻自由的,刑法将按"暴力干涉婚姻自由罪处理"。

2.男女双方达到法定婚龄。法定婚龄,是指法律规定的准予结婚的最低年龄。它受到自然因素与社会因素的双重制约。

就自然因素而言,它主要是指人的生理和心理发育程度。只有达到一定年龄(比如成人年龄18周岁)的人的生理器官和心智才能成熟,人类才能拥有婚姻行为能力,才能履行夫妻义务,承担对家庭和社会的责任。就社会因素而言,它是指政治(如宗法制度)、经济(生产力)、文化、人口状况、道德、宗教、民族习惯等社会条件,而人口数量与质量问题是现代国家规定结婚年龄很重要的一个因素。我国对结婚年龄的规定当然也受这些因素的影响。

《婚姻法》第6条规定:"结婚年龄,男不得早于22周岁,女不得早于20周岁。晚婚晚育应予鼓励。"对本规定应做如下理解:①我国法律规定的结婚年龄(即婚龄)是:男性为22周岁,女性为20周岁。②此年龄只是结婚的最低年龄,而非必婚年龄,也非最佳年龄。未达到法定婚龄者不能结婚。③结婚的岁数一定要足额,即必须是周岁,其计算方法为:周岁一律按照公历的年、月、日计算;周岁以12个月计算。每满12个月即为1周岁;每满12个月即满1周岁应以日计算,从生日第2天(零点)起计算。④此规定在我国少数民族地区可以变通执行。比如四川甘孜州和阿坝州在实行《婚姻法》补充规定中都规定,结婚的年龄是:男不得早于20周岁,女不得早于18周岁。

3.符合一夫一妻制。依据2003年颁布的《婚姻登记条例》第6条规定[②]:"一方或者双方已有配偶的,禁止结婚。"此条规定中的"配偶"是指有合法婚姻关系

---

① 民政部.变性人有权按〈婚姻法〉与异性登记结婚[EB/OL].http://news.sohu.com/41/98/news205789841.shtml.

② 《婚姻登记条例》第6条规定:"办理结婚登记的当事人有下列情形之一的,婚姻登记机关不予登记:(一)未到法定结婚年龄的;(二)非双方自愿的;(三)一方或者双方已有配偶的;(四)属于直系血亲或者三代以内旁系血亲的;(五)患有医学上认为不应当结婚的疾病的。"

并仍生存的一方。违背此规定的一方或双方有可能构成"重婚",严重的应按"重婚罪"处理①。

重婚,是指有配偶者与他人结婚或者与他人以夫妻名义共同生活的行为。即当事人一方或双方已经存在一个有效的婚姻关系,在婚姻关系终止前有配偶者又与他人结婚或者与他人以夫妻名义共同生活,因而产生第二个婚姻关系②。

重婚分为法律重婚和事实重婚两类。法律重婚是指前婚未解除,又与他人办理结婚登记的重婚。在实行单一登记婚的中国,只要双方办理了结婚登记,不论是否同居,重婚即已构成。事实重婚是指前婚未解除,又与他人以夫妻名义共同生活,但未办理结婚登记手续的重婚。只要双方公开以夫妻名义共同生活,虽未办理结婚登记,也已构成重婚。

婚姻法明令禁止重婚。任何人都不得同时有两个或两个以上的配偶,一切公开的或变相的一夫多妻、一妻多夫的结合都是非法的。违反一夫一妻制的结婚不予登记。已经成立合法婚姻的男女,只有在配偶死亡(包括宣告死亡)或离婚后,才能再行结婚。重婚在民事上是婚姻无效的原因,在刑事上应依法追究犯罪者的责任。按照中国刑法的规定,有配偶而重婚的,或者明知他人有配偶而与之结婚的,均须按重婚罪予以制裁。

(二)结婚的禁止要件

结婚的禁止要件,又称结婚的消极要件或婚姻障碍,是指当事人结婚时不得具有法律规定的禁止结婚的婚姻障碍。依据《婚姻法》第 7 条规定③在我国结婚的禁止条件目前主要包括:禁止直系血亲和三代以内的旁系血亲结婚;禁止患有医学上认为不应当结婚的疾病的人结婚。这两项规定主要都是基于优生学和伦理道德要求考虑的。

1.禁止直系血亲和三代以内的旁系血亲结婚。"血亲"是指具有血缘关系的

---

① 《中华人民共和国婚姻法》第 45 条规定:"对重婚构成犯罪的,依法追究刑事责任。"《中华人民共和国刑法》第 258 条的规定:"有配偶而重婚的,或者明知他人有配偶而与之结婚的,处 2 年以下有期徒刑或者拘役。"

② 陈苇.婚姻家庭继承法学[M].北京:高等教育出版社,2017:38.

③ 《婚姻法》第 7 条规定:"有下列情形之一的,禁止结婚:(一)直系血亲和三代以内的旁系血亲;(二)患有医学上认为不应当结婚的疾病。"

亲属。按照其血缘关系是否天然形成可分为自然血亲①和拟制血亲②；按照其与当事人是否具有直接血缘关系可分为直系血亲③和旁系血亲④。"三代以内"包括"三代"。"三代以内的旁系血亲"主要包括兄弟姐妹（含全血缘和半血缘的兄弟姐妹）；伯、叔、姑与侄、侄女，舅、姨与甥、甥女；堂兄弟姐妹、表兄弟姐妹。禁婚亲中的直系血亲范围也适用拟制血亲。

我国计算血亲之间关系亲疏远近的方法是"代份"计算法：直系血亲的计算方法是每一辈人为一代；旁系血亲的计算方法是先找共同的最近的祖先，并按直系血亲的计算方法分别计算代数，然后将两边计算的代数进行比较，其最大数即为该旁系血亲之间的代数。

2.患有医学上认为不应当结婚的疾病的人禁止结婚。关于禁止结婚的疾病，当代各国一般为两类情形：第一类是精神方面的疾病；第二类是身体方面的病，主要包括传染性疾病或遗传性疾病等。《婚姻法》第 7 条规定："患有医学上 **我国的代份计算法** 认为不应当结婚的疾病的人禁止结婚。"什么是"医学上认为不应当结婚的疾病"？婚姻法及有关司法解释并未作列举性规定。根据《中华人民共和国母婴保护法》⑤、《中华人民共和国传染病防治法》等法规的解释，患有医学上认为不应当结婚的疾病，主要包括以下几类：正处于发病期间的精神分裂症；躁狂、抑郁症患者；未经治愈的性病患者；重度智力低下者；正处于发病期间的法定传染病患者等。1994 年的《婚姻登记管理条例》规定，申请结婚的当事人必须做婚前检查。2003 年的《婚姻登记条例》没有再做强制性规定。对此应理解为：当事人若患有禁止结婚的疾病的，还是不应该结婚。婚前健康检查尽管不能强迫，但应该大力提倡。

---

① 指出于共同祖先，彼此之间存在天然的血缘上联系的亲属，如父母子女，兄弟姐妹，祖父母与孙子女等。

② 指本无天然的血缘联系，但法律确认其与自然血亲同等的权利和义务的亲属。如养父母与养子女之间的关系。

③ 即生育自己和自己生育的上下各代亲属，如父母子女之间的关系。

④ 指具有间接血缘关系的亲属。如兄弟姐妹之间的关系。

⑤ 《中华人民共和国母婴保护法》第 8 条规定："婚前医学检查包括对下列疾病的检查：（一）严重遗传性疾病；（二）指定传染病；（三）有关精神病。经婚前医学检查，医疗保健机构应当出具婚前医学检查证明。"《中华人民共和国母婴保护法》第 9 条规定："经婚前医学检查，对患指定传染病在传染期内或者有关精神病在发病期内的，医师应当提出医学意见；准备结婚的男女双方应当暂缓结婚。"

（三）结婚的程序要件

1.结婚程序的概念及类型。结婚程序即结婚的形式要件，是法律规定的缔结婚姻所必须履行的法定手续。在我国，结婚登记是唯一合法有效的程序，是取得合法婚姻形式的必要条件。符合法定结婚条件的男女，只有在办理结婚登记以后，其婚姻关系才具有法律效力，受到国家的承认和保护。是否举行仪式由当事人自行决定，对婚姻的效力无任何影响。

《婚姻法》第8条规定："要求结婚的男女双方必须亲自到婚姻登记机关进行结婚登记。符合本法规定的，予以登记，发给结婚证。"说明进行登记是结婚必经的唯一法定程序。实行结婚登记制度，有助于严格执行婚姻法结婚实质条件，保护当事人的合法权益。

2.结婚登记的机关和具体程序。我国《婚姻登记条例》对结婚登记的机关和程序做出了明确的规定，具体如下：

（1）办理结婚登记的机关。《婚姻登记条例》第2条第1款规定："内地居民办理婚姻登记的机关是县级人民政府民政部门或者乡（镇）人民政府，省、自治区、直辖市人民政府可以按照便民原则确定农村居民办理婚姻登记的具体机关。"第4条第1款规定："内地居民结婚，男女双方应当共同到一方当事人常住户口所在地的婚姻登记机关办理结婚登记。"根据以上规定，人民政府是婚姻登记的主管机关。在确定登记机关的地域管辖时，应当以当事人的常住户口所在地为依据。当事人结婚的，必须双方亲自到一方常住户口所在地的婚姻登记机关申请登记。

（2）结婚登记的具体程序。我国结婚登记可分为申请、审查和登记三个环节。申请环节：根据《婚姻登记条例》第2条第1款规定，办理结婚登记的内地居民申请结婚登记应当出具下列证件和证明材料：①本人的户口簿、身份证；②本人无配偶以及与对方当事人没有直系血亲和三代以内旁系血亲关系的签字声明。审查环节：婚姻登记机关应当对当事人出具的证件、证明材料进行形式审查并询问相关情况，认定当事人是否符合结婚条件。登记环节：婚姻登记机关对当事人的结婚申请进行审查后，对符合结婚条件的，应当当场予以登记，发给结婚证；取得结婚证，即确立夫妻关系。根据我国《婚姻登记条例》第6条规定，办理结婚登记的当事人有下列情形之一的，婚姻登记机关不予登记：①未到法定结婚年龄的；②非双方自愿的；③一方或者双方已有配偶的；④属于直系血亲或者三代以内旁系血亲的；⑤患有医学上认为不应当结婚的疾病的。婚姻登记机关对当事人不符合结婚条件不予登记的，应当向当事人说明理由。当事人不服的，可以依照有关规定申请复议;对复议决定不服的,可以依照行政诉讼法的规定提起诉讼。

(3)结婚证书。结婚证书是婚姻登记机关出具的证明夫妻关系成立的法律文书。结婚证应当妥善保管。根据我国《婚姻登记条例》第 17 条规定:"结婚证遗失或者损毁的,当事人可以持户口簿、身份证向原办理婚姻登记的机关或者一方当事人常住户口所在地的婚姻登记机关申请补领。婚姻登记机关对当事人的婚姻登记档案进行查证,确认属实的,应当为当事人补发结婚证。"

🖥 婚约与彩礼

第四节　无效婚姻与可撤销婚姻

一、无效婚姻

(一)无效婚姻的概念

无效婚姻,是指虽经婚姻登记部门登记结婚,但欠缺结婚实质要件,不具有法律效力的违法婚姻。无效婚姻制度是婚姻法修正案中新增设的一项制度。无效婚姻制度的确立,填补了婚姻法结婚制度中的一项空白。确立无效婚姻制度,目的在于保证婚姻法规定的婚姻成立的法定要件的贯彻执行,促进和保护合法婚姻的建立;同时对违法结婚行为起到预防和制裁的作用,为执法部门处理违法婚姻提供了法律依据。

📹 无效婚姻与可撤销婚姻

(二)无效婚姻的法定情形

依据《婚姻法》第 10 条[①]规定,无效婚姻的法定情形有:

1.重婚。重婚是指有配偶的人又与他人登记结婚的违法行为。其中,有配偶的人又与他人登记结婚,构成法律上的重婚;虽未结婚登记,但又与他人以夫妻名义同居生活的,构成事实上的重婚。无论是法律上的重婚,还是事实上的重婚,均属无效。

---

① 《婚姻法》第 10 条规定:"有下列情形之一的,婚姻无效:(一)重婚的;(二)有禁止结婚的亲属关系的;(三)婚前患有医学上认为不应当结婚的疾病,且婚后尚未治愈的;(四)未到法定婚龄的。"

2.有禁止结婚的亲属关系。禁止结婚的亲属是指直系血亲和三代以内的旁系血亲。三代以内的旁系血亲是指出自同一祖父母和外祖父母的直系血亲之外的血亲,无论辈分是否相同,都禁止结婚。

3.婚前患有医学上认为不应当结婚的疾病,且婚后尚未治愈。两个要件需同时具备:第一,婚前患有医学上认为不应当结婚的疾病。医学上认为不应该结婚的疾病是指精神方面的疾病和重大不治的传染性疾病或遗传性疾病。第二,婚后尚未治愈,即当事人申请宣告婚姻无效时尚未治愈。

4.未到法定婚龄。"未到法定婚龄"不是指结婚时未达到婚姻法规定的男不得早于22周岁,女不得早于20周岁的法定婚龄,而是指在当事人申请宣告婚姻无效时仍未达到该法定婚龄。

(三)无效婚姻的法律后果

无效婚姻的法律后果包括无效婚姻的溯及力问题、当事人是否具有夫妻关系、当事人之间的财产关系以及父母子女关系等后果。

1.无效婚姻的溯及力问题。依据《婚姻法》第12条规定[①],无效婚姻,自始无效,具有溯及力。

2.当事人是否具有夫妻关系。依据《婚姻法》第12条规定,无效婚姻当事人属于同居关系,不具有夫妻权利义务关系。

3.当事人之间的财产关系。依据《婚姻法》第12条规定,同居期间所得的财产,由当事人协议处理,协议不成时,由人民法院根据照顾无过错方的原则判决,对重婚导致的婚姻无效的财产处理,不得侵害合法婚姻当事人的财产权益。在双方当事人同居期间各自所得的财产归个人所有,对是否个人财产举证不明,且无法查实的,按共同财产认定,均有分割权,双方共同购置的财产按共有财产分割。个人所欠债,个人独立偿还;共同所欠债,由双方负连带责任予以偿还。婚姻无效后,生活困难一方可以请求另一方提供必要经济补偿,无过错一方还可向过错方请求损害赔偿。

4.父母子女关系。依据《婚姻法》第12条规定,无效婚姻当事人所生的子女为非婚生子女,适用婚姻法有关父母子女的规定。《婚姻法》第19条规定:"非婚生子女享有与婚生子女同等的权利,任何人不得加以危害和歧视。"

---

① 《婚姻法》第12条规定:"无效或被撤销的婚姻,自始无效。当事人不具有夫妻的权利和义务。同居期间所得的财产,由当事人协议处理;协议不成时,由人民法院根据照顾无过错方的原则判决。对重婚导致的婚姻无效的财产处理,不得侵害合法婚姻当事人的财产权益。当事人所生的子女,适用本法有关父母子女的规定。"

（四）婚姻无效的宣告程序

《最高人民法院关于适用〈中华人民共和国婚姻法〉若干问题的解释（一）》〔下称《婚姻法司法解释（一）》〕规定了人民法院对无效婚姻的宣告程序。

1.确认婚姻无效的机关。我国确认婚姻无效的机关现行法采用的是单轨制，即只有人民法院才有权宣告婚姻无效。

2.请求宣告婚姻无效的请求权人。依据《婚姻法司法解释（一）》第7条规定[①]，有权依据《婚姻法》第10条规定向人民法院就已办理的婚姻申请宣告婚姻无效的主体，包括婚姻当事人及利害关系人。利害关系人包括：①以为由申请宣告婚姻无效的，为当事人的近亲属及基层组织。②以未到法定婚龄为由申请宣告婚姻无效的，为未达法定婚龄者的近亲属。③以有禁止结婚的亲属关系为由申请宣告婚姻无效的，为当事人的近亲属。④以婚前患有医学上认为不应当结婚的疾病，婚后尚未治愈为由申请宣告婚姻无效的，为与患病者共同生活的近亲属。

---

①　《婚姻法司法解释（一）》第7条规定："有权依据《婚姻法》第10条规定向人民法院就已办理结婚登记的婚姻申请宣告婚姻无效的主体，包括婚姻当事人及利害关系人。利害关系人包括：（一）以重婚为由申请宣告婚姻无效的，为当事人的近亲属及基层组织。（二）以未到法定婚龄为由申请宣告婚姻无效的，为未达法定婚龄者的近亲属。（三）以有禁止结婚的亲属关系为由申请宣告婚姻无效的，为当事人的近亲属。（四）以婚前患有医学上认为不应当结婚的疾病，婚后尚未治愈为由申请宣告婚姻无效的，为与患病者共同生活的近亲属。"

　　3.宣告婚姻无效的程序。依据《婚姻法司法解释（一）》第3条—第9条规定^①，有关婚姻无效的案件适用特别程序。①当事人依据《婚姻法》第十条规定向人民法院申请宣告婚姻无效的，申请时，法定的无效婚姻情形已经消失的，人民法院不予支持。②人民法院审理宣告婚姻无效案件，对于婚姻效力的审理不适用调解，应当依法做出判决；有关婚姻效力的判决一经做出，即产生法律效力。涉及财产分割和子女抚养的，可以调解。调解达成协议的，另行制作调解书。对财产分割和子女抚养问题判决不服的，当事人可以上诉。《最高人民法院关于适用〈中华人民共和国婚姻法〉若干问题的解释（二）》第2条规定：人民法院受理申请宣告婚姻无效案件后，经审查确属无效婚姻的，应当依法做出宣告婚姻无效的判决。原告申请撤诉的，不予准许。③人民法院受理离婚案件后，经审查确属无效婚姻的，应当将婚姻无效的情形告知当事人，并依法做出宣告婚姻无效的判决。④人民法院审理无效婚姻案件，涉及财产分割和子女抚养的，应当对婚姻效力的认定和其他纠纷的处理分别制作裁判文书。⑤夫妻一方或者双方死亡后一年内，生存一方或者利害关系人依据《婚姻法》第10条的规定申请宣告婚姻无效的，人民法院应当受理。⑥利害关系人依据《婚姻法》第10条的规定，申请人民

---

^①　《婚姻法司法解释（一）》第8条规定："当事人依据《婚姻法》第十条规定向人民法院申请宣告婚姻无效的，申请时，法定的无效婚姻情形已经消失的，人民法院不予支持。"

《婚姻法司法解释（一）》第9条规定："人民法院审理宣告婚姻无效案件，对婚姻效力的审理不适用调解的，应当依法做出判决；有关婚姻效力的判决一经做出，即发生法律效力。涉及财产分割和子女抚养的，可以调解。调解达成协议的，另行制作调解书。对财产分割和子女抚养问题的判决不服的，当事人可以上诉。"

《最高人民法院关于适用〈中华人民共和国婚姻法〉若干问题的解释（二）》第二条规定："人民法院受理申请宣告婚姻无效案件后，经审查确属无效婚姻的，应当依法做出宣告婚姻无效的判决。原告申请撤诉的，不予准许。"

《婚姻法司法解释（一）》第3条规定："人民法院受理离婚案件后，经审查确属无效婚姻的，应当将婚姻无效的情形告知当事人，并依法做出宣告婚姻无效的判决。"

《婚姻法司法解释（一）》第4条规定："人民法院审理无效婚姻案件，涉及财产分割和子女抚养，应当对婚姻效力的认定和其他纠纷的处理分别制作裁判文书。"

《婚姻法司法解释（一）》第5条规定："夫妻一方或者双方死亡后一年内，生存一方或者利害关系人依据婚姻法第十条的规定申请宣告婚姻无效的，人民法院应当受理。"

《婚姻法司法解释（一）》第6条规定："利害关系人依据《婚姻法》第10条的规定，申请人民法院宣告婚姻无效的，利害关系人为申请人，婚姻关系当事人双方为被申请人。夫妻一方死亡的，生存一方为被申请人。夫妻双方均已死亡的，不列被申请人。"

《婚姻法司法解释（一）》第7条规定："人民法院就同一婚姻关系分别受理了离婚和申请宣告婚姻无效案件的，对于离婚案件的审理，应当待申请宣告婚姻无效案件做出判决后进行。前款所指的婚姻关系被宣告无效后，涉及财产分割和子女抚养的，应当继续审理。"

法院宣告婚姻无效的,利害关系人为申请人,婚姻关系当事人双方为被申请人。夫妻一方死亡的,生存一方为被申请人。夫妻双方均已死亡的,不列被申请人。⑦人民法院就同一婚姻关系分别受理了离婚和申请宣告婚姻无效案件的,对于离婚案件的审理,应当待申请宣告婚姻无效案件做出判决后进行。婚姻关系被宣告无效后,涉及财产分割和子女抚养的,应当继续审理。

二、可撤销婚姻

(一)可撤销婚姻的概念

可撤销婚姻是指当事人因意思表示不真实而成立的婚姻,导致婚姻效力是不确定的,法律赋予当事人以撤销婚姻的请求权,该当事人可以通过行使撤销婚姻的请求权,而使该婚姻无效。通过有撤销权的当事人行使撤销权,使已经发生法律效力的婚姻关系失去法律效力。

(二)可撤销婚姻的法定情形

依照我国现行《婚姻法》第11条的规定①,对于可撤销婚姻只规定了一种情形:即受胁迫的一方可以向婚姻登记机关或者人民法院请求撤销该婚姻。

"胁迫"一词如何理解?《婚姻法司法解释(一)》第10条将"胁迫"定义为"是指行为人以给另一方当事人或者其近亲属的生命、身体健康、名誉、财产等方面造成损害为要挟,迫使另一方当事人违背真实意愿结婚的情况。"

(三)可撤销婚姻的请求权

1.请求权人。因受胁迫而请求撤销婚姻的权利,只能由婚姻关系中受胁迫的当事人本人享有和行使。

2.请求权行使期间。受胁迫而结婚的当事人提出撤销婚姻的请求,应当自结婚登记之日起一年内提出。被非法限制人身自由的当事人请求撤销婚姻的,应当自恢复人身自由之日起一年内提出。一年时间届满,受胁迫而结婚的当事人本人未行使撤销请求权的,该撤销请求权归于消灭。该一年时间为除斥期间,不适用诉讼时效中止、中断或者延长的规定。

---

① 《婚姻法》第11条规定:"因胁迫结婚的,受胁迫的一方可以向婚姻登记机关或人民法院请求撤销该婚姻。受胁迫的一方撤销婚姻的请求,应当自结婚登记之日起一年内提出。被非法限制人身自由的当事人请求撤销婚姻的,应当自恢复人身自由之日起一年内提出。"

（四）可撤销婚姻的程序

申请撤销婚姻请求权人，依法应当向婚姻登记机关或者人民法院提出。当事人向婚姻登记机关请求撤销其婚姻的，应当出具下列证明材料：本人的身份证件，包括本人的身份证、结婚证；能够证明受胁迫结婚的证明材料。婚姻登记机关审查认为胁迫结婚情况属实，并不涉及子女抚养、财产及债务问题，应当撤销该婚姻，宣告结婚证作废。

人民法院审理婚姻当事人因受胁迫而请求撤销婚姻的案件，应当适用简易程序或者普通程序。人民法院撤销婚姻的，应当收缴双方的结婚证，并将生效判决书寄送当地婚姻登记机关。

（五）可撤销婚姻的法律后果

从我国现行法的规定看，婚姻依法被撤销的，自始无效，其法律后果与婚姻依法被宣告无效完全相同。

第五节　结婚的法律效力

结婚的法律效力是指符合法定结婚实质要件和形式要件的男女结婚后形成夫妻关系。夫妻是以永久共同生活为目的而结合的伴侣。夫妻关系即夫妻法律关系，是指法律规定的夫妻之间的权利义务关系的总和，包括夫妻人身关系和夫妻财产关系。

一、夫妻人身关系

夫妻人身关系，是指没有直接财产内容的夫妻人格、身份方面的权利和义务关系。我国《婚姻法》及有关法律规定了夫妻人身关系，主要包括以下四个方面：姓名权、人身自由权、婚姻居所决定权、计划生育的义务。

（一）夫妻姓名权

姓名权[①]，是自然人依法享有的决定、变更和使用自己姓名并排除他人干涉或者非法使用的权利。夫妻姓名权，是指夫妻缔结婚姻关系后，配偶各自是否有

---

① 《民法通则》第99条第1款规定："公民享有姓名权，有权决定、使用和依照规定改变自己的姓名，禁止他人干涉、盗用、假冒。"

独立姓氏的权利,有无独立的姓名权是配偶有无独立人格的标志。1950 年的《婚姻法》第 11 条规定:"夫妻有各用自己姓名的权利。"废除在姓名问题上歧视妇女的旧法,代之以夫妻在姓名权上完全平等的规定。1980 年《婚姻法》重申了这一规定。规定的含义是指妇女结婚后有权使用自己的姓名,保护已婚妇女的姓名权。同样,如果结婚后男方到女家落户的,男方也不必改变自己的姓名。当然也不排除当事人结婚后自愿选择姓氏,因为自然人都有姓名权。2001 年的《婚姻法》继续这一规定①,体现了男女平等。婚姻法还规定,子女可以随父姓,也可以随母姓,否定了子女只能随父姓的旧传统,在子女的姓氏问题上,同样体现了男女平等的精神。

(二)夫妻人身自由权

夫妻人身自由权是指与夫妻关系有关的人身自由权的内容,涉及参加生产、工作、学习和社会活动。《婚姻法》第 15 条是对夫妻人身自由权的规定②。该条规定主要强调夫妻的人身自由权不因结婚而受限制,已婚男女仍然享有以独立身份、按照本人意愿参加社会活动、进行社会交往、从事社会职业的自由权利,它对于夫妻双方都适用。夫妻人身自由权的内容包括:一是夫妻有参加生产、工作的自由。所谓生产、工作是指一切社会劳动。夫妻双方享有生产、工作的权利,双方可以参加一切国家允许的生产经营活动,参加一切社会工作,取得报酬的权利。二是夫妻双方都有参加学习的自由。包括正规的在校学习、各种形式的专业知识和劳动技能的职业培训,以及自学科学文化知识和提高劳动技能。三是夫妻双方都享有参加社会活动的权利。包括参与政治生活,参加科学、技术、文化、艺术活动,参加各种群众组织、社会团体等活动。夫妻人身自由权的行使,决不意味着鼓励夫妻不顾一切地参加各种社会活动。夫妻除了享有参加社会活动的自由,双方还有相互扶养的义务,还有抚养教育子女、赡养扶助父母的责任。同时,夫妻双方应互相尊重,任何一方都不得对他方行使人身自由权进行非法的限制或干涉。同时要区分夫妻间善意的建议、帮助和限制与干涉人身自由权的区别。夫妻之间应当互相尊重、互谅互让、互相协商,将参加工作、劳动和社会活动与尽到对家庭的责任协调一致。

---

① 《婚姻法》第 14 条规定:"夫妻双方都有各用自己姓名的权利。"

② 《婚姻法》第 15 条规定:"夫妻双方都有参加生产、工作、学习和社会活动的自由,一方不得对他方加以限制或干涉。"

（三）夫妻婚姻住所决定权

住所决定权是指夫妻婚后的选定婚姻住所或者家庭住所的权利。其内容包含了夫妻双方可以协商家庭同居的地点，或者男方到女方的家居住，或者女到男方家居住，或者双方选择居所居住。

我国《婚姻法》对于住所决定权没有明确的规定。但依据其第 9 条规定[①]可以认为我国法律上关于夫妻婚姻住所决定权应属夫妻共同所有，应由夫妻共同决定。

（四）夫妻计划生育的义务

生育权是指夫妻享有生育子女及获得与此相关的信息和服务的权利。包括以下几部分内容：自由而负责地决定生育子女的时间、数量和间隔的权利。夫妻有生育的权利，也有不生育的自由。夫妻有权利选择生育与不生育，不生育也不应当受到歧视。生育权是夫妻之间享有的平等的权利。依据我国《婚姻法》第 16 条规定[②]：夫妻双方都有实行计划生育的义务。2015 年 12 月 27 日第十二届全国人民代表大会常务委员会第十八次会议对《中华人民共和国人口与计划生育法》做出修改，该法第 18 条规定："国家提倡一对夫妻生育两个子女。"但仍严格禁止生育多胎。

二、夫妻财产关系

夫妻财产关系，是指基于夫妻身份而在夫妻之间产生的具有财产内容的权利义务关系。主要涉及夫妻财产制、夫妻相互扶养权利义务、夫妻间的遗产继承权等内容。夫妻财产关系是以人身关系为依据，是夫妻生存的经济基础，是家庭经济职能的具体体现。

（一）夫妻财产制

夫妻财产制，又称婚姻财产制度，是规范夫妻婚前财产和婚后所得财产的归属、使用、管理、收益、处分和债务清偿、婚姻终止时财产的分割与清算以及夫妻财产制的设立、变更与终止的法律制度。我国夫妻财产制分为法定财产制和约定财产制。

---

① 《婚姻法》第 9 条规定："登记结婚后，根据男女双方约定，女方可以成为男方家庭的成员，男方可以成为女方家庭的成员。"

② 《婚姻法》第 16 条规定："夫妻双方都有实行计划生育的义务。"

1.夫妻法定财产制。夫妻法定财产制由夫妻共同财产制和个人特有财产制构成。(1)夫妻共同财产制。是指婚姻关系存续期间夫妻双方或一方所得的财产,除法律另有规定或夫妻另有约定的外,均为夫妻共同所有的夫妻财产制度。夫妻对共同所有的财产平等地享有占有、使用、收益和处分的权利。根据《婚姻法》第 17 条①和《最高人民法院关于适用〈中华人民共和国婚姻法〉若干问题的解释(二)》〔下称《婚姻法司法解释(二)》〕第 11 条②、第 14 条③的规定,夫妻共同财产包括:①工资、奖金;②生产、经营的收益;③知识产权的收益,是指婚姻关系存续期间,实际取得或者已经明确可以取得的财产收益;④④继承或赠予所得的财产,不包括明确只属夫妻一方的赠予或遗赠;⑤一方以个人财产投资取得的收益;⑥男女双方实际取得或者应当取得的住房补贴、住房公积金;⑦男女双方实际取得或者应当取得的养老保险金、破产安置补偿费;⑧发放到军人名下的复员费、自主择业费等一次性费用的,以夫妻婚姻关系存续年限乘以年平均值,所得数额为夫妻共同财产;⑨其他应当归共同所有的财产。

我国《婚姻法》第 17 条规定:"夫妻对共同所有的财产,有平等的处理权。"《婚姻法司法解释(一)》第 17 条规定"夫或妻对夫妻共同所有的财产有平等的处理权"应当理解为:①夫或妻在处理夫妻共同财产上的权利是平等的。因日常生活需要而处理夫妻共同财产的,任何一方均有权决定。②夫或妻非因日常生活需要对夫妻共同财产做重要处理决定,夫妻双方应当平等协商,取得一致意见。他人有理由相信其为夫妻双方共同意思表示的,另一方不得以不同意或不知道为由对抗善意第三人。(2)夫妻个人特有财产制。夫妻个人特有财产,是指夫妻

---

① 《婚姻法》第 17 条规定:" 夫妻在婚姻关系存续期间所得的下列财产,归夫妻共同所有:(一)工资、奖金;(二)生产、经营的收益;(三)知识产权的收益;(四)继承或赠予所得的财产,但本法第 18 条第 3 项规定的除外;(五)其他应当归共同所有的财产。夫妻对共同所有的财产,有平等的处理权。"

② 《婚姻法司法解释(二)》第 11 条规定:" 婚姻关系存续期间,下列财产属于《婚姻法》第 17 条规定的'其他应当归共同所有的财产':(一)一方以个人财产投资取得的收益;(二)男女双方实际取得或者应当取得的住房补贴、住房公积金;(三)男女双方实际取得或者应当取得的养老保险金、破产安置补偿费。"

③ 《婚姻法司法解释(二)》第 14 条规定:"人民法院审理离婚案件,涉及分割发放到军人名下的复员费、自主择业费等一次性费用的,以夫妻婚姻关系存续年限乘以年平均值,所得数额为夫妻共同财产。前款所称年平均值,是指将发放到军人名下的上述费用总额按具体年限均分得出的数额。其具体年限为人均寿命七十岁与军人入伍时实际年龄的差额。"

④ 《婚姻法司法解释(二)》第 12 条规定:"《婚姻法》第 17 条第 3 项规定的'知识产权的收益',是指婚姻关系存续期间,实际取得或者已经明确可以取得的财产性收益。"

在婚后实行共同财产制时,依据法律的规定或夫妻双方的约定,夫妻保有个人财产所有权的财产。《婚姻法》第18条①首次确立了我国的夫妻个人特有财产制度,以法律的形式明确了夫妻个人财产的范围。

依照我国婚姻法的规定,夫妻个人财产主要由两部分组成:一是根据夫妻之间的约定归夫妻个人所有的财产;二是《婚姻法》第18条所规定的如下财产:①一方的婚前财产;②一方因身体受到伤害获得的医疗费、残疾人生活补助费等费用;③遗嘱或赠予合同中确定只归夫或妻一方的财产;④一方专用的生活用品;⑤其他应当归一方的财产。包括根据《婚姻法司法解释(二)》第13条的规定②:①军人的伤亡保险金、伤残补助金、医药生活补助费属于个人财产;②夫妻一方获得的代表着优胜者荣誉的奖章、奖牌、奖杯、带有明显纪念意义的奖品等,是个人财产;③个人财产的孳息和自然增值是个人财产③。

2.夫妻约定财产制。夫妻双方通过协议商定其婚前财产、婚后财产的占有、使用、管理、收益、处分等事项,并排除法定夫妻财产制适用的制度。《婚姻法》第19条规定:"夫妻可以约定婚姻关系存续期间所得的财产以及婚前财产归各自所有、共同所有或部分各自所有、部分共同所有。约定应当采用书面形式。没有约定或约定不明确的,适用本法第17条、第18条的规定"。(1)夫妻之间财产约定的有效条件:①约定的主体须具有合法的夫妻身份,且双方须具有完全民事行为能力。不具有夫妻身份者如未婚同居、婚外同居者之间的财产约定不属于夫妻财产约定;②夫妻双方应具有完全民事行为能力,一方无行为能力,或限制行为能力,如精神病患者在犯病期不能约定。③当事人必须自愿,意思表示真实。约定必须双方自愿,以欺诈、胁迫手段或乘人之危使对方在违背真实意愿的情况下做出的约定,对方有权请求变更或者撤销。④约定的内容必须合法。不能损害国家、集体、他人的利益,不得违背社会公共利益。⑤约定应采用书面形式。(2)约定的时间。约定的时间可以是婚前、结婚登记时,也可以是婚后。约定可以附条件和期限,但所附条件和期限不得违背国家法律和社会公德的要求。婚

---

① 《婚姻法》第18条规定:"有下列情形之一的,为夫妻一方的财产,双方另有约定的除外:(1)一方的婚前财产;(2)一方因身体受到伤害获得的医疗费、残疾人生活补助费等费用;(3)遗嘱或赠予合同中确定只归夫或妻一方的财产;(4)一方专用的生活用品;(5)其他应当归一方的财产。"

② 《婚姻法司法解释(二)》第13条的规定:"军人的伤亡保险金、伤残补助金、医药生活补助费属于个人财产。"

③ 《关于适用〈中华人民共和国婚姻法〉若干问题的解释(三)》第5条:"夫妻一方个人财产在婚后产生的收益,除孳息和自然增值外,应认定为夫妻共同财产。"

前缔结的约定于结婚时或约定的其他时间发生效力,婚后缔结的约定于约定当时或约定的其他时间发生效力。约定生效后,因夫妻一方或双方的情况发生变化,可以依法变更或撤销原约定,适用法定财产制,亦可对原约定的内容进行部分或全部变更。如原约定采用部分分别财产制,即部分共同所有,部分各自所有,可变更为采全部分别财产制,即全部财产均各自所有。变更或撤销原约定的,如果订立时采取书面形式或经过公证,变更和撤销时也要采取相同形式。(3)约定的内容。约定的财产范围包括夫妻婚前与婚姻关系存续期间的财产。夫妻可以仅就婚前财产或婚姻关系存续期间财产的归属做出约定,也可以就婚前财产以及婚姻关系存续期间的财产的归属均做出约定;可以是夫妻的全部财产,也可以是夫妻的部分财产,法律不加限制。即可以约定归共同所有或各自所有,也可以约定部分共同所有、部分各自所有。约定的内容必须符合法律及社会公共道德,不得损及国家、集体和第三人的利益。(4)夫妻财产约定的效力。夫妻对婚姻关系存续期间所得的财产以及婚前财产的约定,对双方具有约束力。夫妻对婚姻关系存续期间所得的财产约定归各自所有的,夫或妻一方对外所负的债务,第三人知道该约定的,以夫或妻一方所有的财产清偿。没有约定或约定不明确的,适用《婚姻法》第 17 条、第 18 条的规定。

(二)夫妻债务

是指夫妻双方因婚姻共同生活及在婚姻关系存续期间履行法定扶养义务所负的债务。包括夫妻共同债务和夫妻个人债务。

1.夫妻共同债务。夫妻共同债务是指为满足夫妻共同生活需要所负的债务。夫妻共同生活所负的债务,是指夫妻为了维持正常的家庭共同生活包括家庭的衣、食、住、行和教育等方面所负的债务。包括以下几个方面:①婚前一方借款购置的财产已转化为夫妻共同财产,为购置这些财产所负的债务;②夫妻为家庭共同生活所负的债务;③夫妻共同从事生产、经营活动所负的债务,或者一方从事生产经营活动,经营收入用于家庭生活或配偶分享所负的债务;④夫妻一方或者双方治病以及为负有法定义务的人治病所负的债务;⑤因抚养子女所负的债务;⑥因赡养负有赡养义务的老人所负的债务;⑦为支付夫妻一方或双方的教育、培训费用所负的债务;⑧为支付正当必要的社会交往费用所负的债务;⑨夫妻协议约定为共同债务的债务;⑩其他应当认定为夫妻共同债务的债务。

《婚姻法》第 41 条规定:"离婚时,原为夫妻共同生活所负的债务,应当共同偿还。共同财产不足清偿的,或财产归各自所有的,由双方协议清偿;协议不成时,由人民法院判决。"在承担责任的方式上,夫妻"共同偿还"的责任是连带的清偿责任,不论双方是否已经离婚,均得对共同债务以夫妻共同财产、自己所有的财产清偿。债权人有权向夫妻一方或双方要求清偿债务的部分或全部,它不分夫妻应承担的份额,也不分先后顺序,夫妻任何一方应根据债权人的要求全部或部分承担债务,一方财产不足以清偿时,另一方负有清偿责任。

《婚姻法司法解释(二)》第24条规定:"债权人就婚姻关系存续期间夫妻一方以个人名义所负债务主张权利的,应当按夫妻共同债务处理。但夫妻一方能够证明债权人与债务人明确约定为个人债务,或者能够证明属于《婚姻法》第19条第3款规定情形的除外。"

2018年1月17日,最高人民法院发布《关于审理涉及夫妻债务纠纷案件适用法律有关问题的解释》,就司法实践中争议较大的夫妻共同债务认定问题做出明确规定,并合理分配举证证明责任,平衡保护各方当事人合法权益。

该《司法解释》明确规定:①夫妻双方共同签字或者夫妻一方事后追认等共同意思表示所负的债务,应当认定为夫妻共同债务。②夫妻一方在婚姻关系存续期间以个人名义为家庭日常生活需要所负的债务,债权人以属于夫妻共同债务为由主张权利的,人民法院应予支持。③夫妻一方在婚姻关系存续期间以个人名义超出家庭日常生活需要所负的债务,债权人以属于夫妻共同债务为由主张权利的,人民法院不予支持,但债权人能够证明该债务用于夫妻共同生活、共同生产经营或者基于夫妻双方共同意思表示的除外。

根据该《司法解释》,在夫妻双方对婚姻关系存续期间所得财产未约定归各自所有,或者虽有约定但债权人不知道该约定的情况下,夫妻一方以个人名义为家庭日常生活需要所负的债务,都应认定为夫妻共同债务。如果未举债的夫妻另一方认为该债务不属于夫妻共同债务,应当承担相应的举证证明责任。

根据该《司法解释》,当夫妻一方以个人名义对外所负的债务,尤其是数额较大的债务,超出了家庭日常生活所需的范畴时,认定该债务是否属于夫妻共同债务的标准,是债权人能否证明债务用于夫妻共同生活、共同生产经营或者基于夫妻双方共同的意思表示。如果债权人不能证明的,则不能认定为夫妻共同债务。

2. 夫妻个人债务。夫妻个人债务是指夫妻约定为个人负担的债务或者一方从事无关家庭共同生活时所产生的债务。主要包括以下几种:①夫妻一方的婚前债务。如夫妻一方为购置房屋等财产负担的债务,该房屋没有用于婚后共同生活的,应当认定为个人债务。②夫妻双方依法约定由个人负担的债务。夫妻双方将本属共同生活所负的债务,约定由一方负担的,可以视为夫妻个人债务。这种约定原则上不对债权人产生对抗效力,除非债权人事先知道该约定或者事后追认该约定。③夫妻一方因个人不合理的开支,如赌博、吸毒、酗酒所负债务。

④遗嘱或赠予合同中确定只归夫或妻一方的财产为一方个人财产,附随这份遗嘱或赠予合同而来的债务也应由接受遗嘱或赠予的一方单独承担,他方无清偿责任。⑤夫妻一方未经对方同意,擅自资助没有扶养义务人所负担的债务。⑥夫妻一方未经对方同意,独自筹资从事生产或者经营活动所负债务,且其收入确未用于共同生活的。⑦其他依法应由个人承担的债务,包括夫妻一方实施违法犯罪行为、侵权行为所负的债务。夫妻一方的个人债务用其个人财产偿还。确定为个人债务的,债权人不得向另一方要求偿还。

（三）夫妻相互间的扶养权利义务

广义的扶养是指一定亲属间的相互供养和扶助的法定义务。我国婚姻法依据亲属的辈分不同,将广义的扶养分为长辈对晚辈的抚养,晚辈对长辈的赡养,配偶之间和兄弟姐妹之间狭义的扶养三种。狭义的扶养,是指夫妻和兄弟姐妹等平辈间相互供养的法律责任。

《婚姻法》第20条规定:"夫妻有互相扶养的义务。一方不履行扶养义务时,需要扶养的一方,有要求对方付给扶养费的权利。"

夫妻身份关系是夫妻扶养义务产生的前提。夫妻任何一方,既是义务人,也是权利人。当一方需要对方扶养时,完全有权利提出扶养要求,对方有义务扶养。

有扶养能力的一方必须自觉地承担这一义务,决不能置对方的困难于不顾。但在一方无固定收入和缺乏生活来源,或由于年老、病残、丧失劳动能力需要扶养时,另一方应依法自觉地履行扶养义务。为了保障夫妻相互扶养义务的履行,满足权利人的正当需要,婚姻法规定如果一方违反扶养义务,他方有索要扶养费的请求权。可以直接向对方索要,也可以向法院起诉。法院可调解或判决义务人给付扶养费。对拒不执行有关扶养费的判决或裁定的,人民法院可依据《婚姻法》第48条的规定强制执行。情节恶劣构成犯罪的,依法追究其刑事责任。

（四）夫妻间的遗产继承权

夫妻之间互有继承权,是婚姻效力的体现,也是夫妻间的人身关系所决定的。《婚姻法》第24条明确规定,"夫妻有相互继承遗产的权利。"《继承法》第10条的规定:配偶、子女、父母都是第一顺序的法定继承人,三者的继承权在法律上是平等的。

在适用夫妻遗产继承权制度时,应注意以下问题:夫妻登记结婚后尚未同居或同居时间很短,配偶一方死亡的,依法承认其配偶继承权;认定是事实婚姻的,可以配偶身份享有继承权;认定为非法同居或无效婚姻的,当事人之间不产生继承;任何人不得侵犯和限制夫对妻或妻对夫的遗产继承权,寡妇带产改嫁的权利受法律保护;在男到女家落户的婚姻中,应保护男方继承合法权益;当配偶一方死亡发生遗产继承时,首先应当依法对夫妻共同财产进行分割,再开始继承,继承的只能是属于夫妻一方的个人遗产,防止将夫妻共同财产作为一方个人的遗产进行继承,侵犯生存一方合法权益;离婚判决未生效,不影响夫妻继承权;离婚诉讼过程中,一方死亡的,法院并未就离婚问题做出裁决,双方的配偶身份依然存在,他方享有继承权;法院已下达了裁决书,但尚未生效期间,一方死亡的,他方仍可依配偶身份享有继承权。

婚恋结语:幸福的婚姻秘籍是:以真爱为基础,而且真情相伴永远;以法律为保障,因为法律明确夫妻权利义务且法律为夫妻权益保驾护航;婚姻中双方要一起成长,无论在事业中还是家庭中都要努力成长;保有幸福家庭相处之道是负责任、欣赏、包容、付出等;保留婚姻的独特风景是:撒娇、甜蜜、浪漫之道各有不同、各取所需。

爱情是刹那间的火花,源于强烈的相互吸引,很多时候,差距越大的两个人,彼此间的吸引力越强大、爱情越深刻;婚姻是柴米油盐的琐碎生活,是朝朝暮暮的相处相望。走入婚姻的两个人,如果差距很大,如果没有相似的三观、相匹配的能力,很难长期和谐相处。

记住:爱情只需要相互吸引,而婚姻是适合的好。夫妻以包容为上!

▶ **本章测试**

初恋与结婚测试作业与答案。

🛡 测试作业与答案

▶ **本章问卷**

初恋与结婚问卷调查。

▶ **本章思考题**

谈谈与初恋成婚的利弊。

👤 调查问卷

▶ **设计教学法——微视频采访调查作业**

不同视角看彩礼。

本章推荐阅读书目

1.楚尔·霍斯特著,许洁译:《爱自己,和谁结婚都一样》,重庆出版社 2010 年版。

2.张迎秀:《结婚制度研究》,山东大学出版社 2009 年版。

3.徐清祥:《中国式婚姻》,中国友谊出版公司 2016 年版。

4.杨大文:《婚姻家庭法》,中国人民大学出版社 2016 年版。

第三章 同居恋与事实婚

学习要求

> 通过本章学习,重点掌握非婚同居(同居恋)的概念,非婚同居、事实婚与非法同居、重婚的比较;非婚同居的构成要件及法律效力;事实婚姻的定义、特点;事实婚姻构成要件、法律效力、处理方式、财产分割等。

同居恋,即男女双方非婚同居,是当今男女婚恋生活的一种主要方式。事实婚是不具备结婚登记要件的婚姻,它具有和登记婚相同的法律效力。在这一章中,将回答什么是非婚同居、什么是事实婚、非婚同居、事实婚姻的构成要件及效力等问题。

📖 附法条

第一节 同居恋概述

一、同居的含义

"同居",现代汉语词典有两个解释:一是同在一处居住,是广义的概念,包括同宿舍的在校学生同居以及合租同居行为,等等;二是指夫妻共同生活,也指男女双方没有结婚而共同生活。显然,婚姻家庭法规范的"同居"行为排除了纯粹为了节约住房开支或结交一般朋友的"合租合住"行为。从语义上讲,应当采用第二种释义,即男女双方没有结婚而共同居住。同居,是指两个相爱的人暂时居住在一起,一般用于异性之间。同居跟结婚不一样,结婚是获得了法律承认的夫妻关系,解除夫妻关系必须要通过一定的法律程序。而同居是可以随时出于当事人的意愿而终止关系。我国《婚姻法》第 3 条规定："禁止有配偶者与他人同居。"由此可见，一方或双方有配偶的同居，无论是否以夫妻名义，不仅为道德所谴责，也是我国《婚姻法》禁止的行为，其中，构成重婚的还应追究其刑事责任。

二、非婚同居的概念

非婚同居（cohabiting unmarried person of the opposite sex），即本教材所指"同居恋"，是当今男女婚恋生活的一种主要方式。

我国法学理论界对非婚同居概念的界定并不统一，主要有三种代表性的观点。第一种观点认为，非婚同居是指"男女双方在法律规定的时间内建立起共同生活体而又无婚意的一种同居"[1]。此观点主要强调无婚意，且符合结婚法定实质要件。第二种观点认为："非婚同居是指符合婚姻的实质要件，没有办理结婚登记的男女以夫妻名义同居生活，群众也认为是夫妻关系的两性结合方式。"[2]第三种观点将同居关系划分为合法同居、非法同居和非婚同居，非婚同居不仅指有婚意的"婚前同居"，还应包括"无婚意"的同居生活。

非婚是指无法律障碍的两性双方尚未形成法律上的婚姻状态，而不论双方是否有结婚的意图，这就将非婚同居与非法同居区别开来。非婚同居的双方不得有法律上的障碍，即不能是已婚者。在法学理论界，大多都认为广义上的非婚同居是指男女双方公开共同居住生活，但没有合法婚姻关系的两性结合。其外延非常广泛，一切没有合法婚姻关系的男女两性同居关系都包含其中，包括事实婚姻、非法同居、未婚同居以及被宣告无效和被撤销的婚姻等情况。从狭义上说，非婚同居是指不为法律所禁止的，无配偶的男女双方自愿、长期、公开共同生活在一起，但又没有履行结婚登记手续的一种两性结合的方式。简单地说，即是无配偶的男女双方符合结婚实质要件，以夫妻名义或不以夫妻名义的同居行为。因为非婚同居关系没有履行结婚的登记程序，不构成登记婚姻关系，且与我国法定的事实婚也存在本质的区别，所以本教材认为选择非婚同居关系的男女双方仍一直处在"恋"的关系状态，故称之为"同居恋"。在现代生活中，非婚同居已成为社会发展的一大特点，已经成为一种生活时尚。社会上的非婚同居人群不只局限于年轻男女，越来越多的中老年人也在不断加入这个行列。非婚同居现象增多，婚姻不再是两性关系唯一的结合方式，两性关系呈现多元化。

---

① 张民安. 非婚同居在同居配偶之间的法律效力[J]. 中山大学学报（社会科学版），1999(2).

② 沙永梅. 在实事与法律之间——论非婚同居的法律规制[C]. 民商法理论与审判实务研究. 北京：人民法院出版社，2003.

三、非婚同居的分类

非婚同居是一种复杂的社会现象,按不同的标准可做不同的分类。

（一）一方、双方有配偶的同居和双方无配偶的同居

此分类是以同居的男女双方是否有配偶为标准。一方或双方有配偶的同居,不管是否以夫妻名义,均破坏了一夫一妻制的社会主义婚姻制度,既为婚姻法所禁止,也不为社会主义道德所允许。此外,同性恋之间的同居,亦不被我国的法律和道德所承认。

（二）以夫妻名义的同居和不以夫妻名义的同居

此分类是以同居主体是否以夫妻名义为标准。非婚同居,是一种既应符合"无害性"原则,也要符合我国社会的公序良俗原则的婚姻之外的同居。简单地说,就是无配偶且符合结婚实质要件的男女双方完全自愿,以夫妻名义或不以夫妻名义,在一定时期内共同生活的一种状态,这类同居既不为法律所禁止,也不为社会主义道德所谴责。

第二节　非婚同居的要件及处理

一、非婚同居的要件

（一）非婚同居双方必须是无配偶男女两性,且均为完全民事行为能力①人②

非婚同居是意思自治③的选择,因此,行为人具备民法意义上选择的能力是首要条件。非婚同居者大多依据同居协议进行,同居协议优先适用,以协议内容

---

① 完全民事行为能力是指可完全独立地进行民事活动,通过自己的行为取得民事权利和承担民事义务的资格。

② 完全民事行为能力人:《民法总则》第18条规定:"成年人为完全民事行为能力人,可以独立实施民事法律行为。十六周岁以上的未成年人,以自己的劳动收入为主要生活来源的,视为完全民事行为能力人。"

③ 意思自治是指民事活动主体在法律允许的范围内享有完全的自由,按照自己的自由意思为自己设定权利或对他人承担义务,任何机关、组织和个人不得非法干涉。

保护当事人的权利和义务。因此非婚同居可被视为协议行为,与无行为能力人和限制行为能力人的同居行为应当另行规定,而不包含在非婚同居行为关系中。

非婚同居的要件及效力

同性恋者不能构成非婚同居的主体;一方或双方有配偶的同居是违反婚姻法规定的非法行为,不能构成非婚同居。

（二）非婚同居关系是基于双方的自愿

相互的自愿同居,应当包含相互承认对方为生活伴侣的意思。如不承认对方为生活伴侣的意思,则可视为非自愿同居或者其他形式的同居,如仅仅为同住一屋。一般司法实践中认定是否自愿,应当综合考虑当事人之间的具体情况,以及非婚同居关系的其他认定要件,而不是仅凭一方之词。

（三）双方自愿建立像夫妻一样的生活共同体,双方当事人均符合结婚的实质要件,但不具备合法婚姻的形式要件

已有配偶的人不得与他人非婚同居,有血缘关系、收养关系等伦理关系的不得非婚同居。非婚同居的双方应该像夫妻一样共同生活,建立包括性生活、平常必要的共同的经济生活等为主要内容的共同体。实践中,认定双方是否以共同生活为目的,可以通过双方经济的依赖程度、扶养关系、财产使用和分配、家庭义务的履行、性关系等诸多客观方面予以认定。非婚同居双方不仅建立像夫妻一样的生活共同体,且双方当事人均符合结婚的实质要件,只是没有履行结婚登记手续,因而不构成婚姻关系。

（四）非婚同居行为必须是公开的

非婚同居双方是否以夫妻名义相称不影响非婚同居行为的认定,只要非婚同居行为是公开的,不刻意隐藏的,就符合非婚同居行为的构成要件。

（五）非婚同居行为应当持续一定期间

非婚同居行为需要持续一定的时间,因为这种结合只有持续存在,才能证明其具有一定的稳定性,便于和"一夜情"等行为区别开来。在法律规制非婚同居行为的国家,都要求当事人的行为持续一定的期间才能获得非婚同居规则的使用,而且这一期间不能有明显的间断。如美国的某些州规定的是三个月以上,丹麦等规定须三年以上,澳大利亚大部分州规定必须持续二年的同居关系。根据我国实际,建议持续期间已满二年以上的,法律对该同居关系给予一定的保护。对于同居后有子女的,可以缩短认定同居持续的时间要求。因为在不满二年时

间中,会出现怀孕以及生育的情况,相应缩短认定同居的时间,可以更好地保护女性和胎儿、幼儿等弱势的一方。

二、非婚同居关系的处理

(一)非婚同居关系处理的原则规定

非婚同居当事人起诉请求解除非婚同居关系的,人民法院不予受理。但当事人请求解除的同居关系,属于《婚姻法》第 3 条、第 32 条、第 46 条规定的"有配偶者与他人同居"的,人民法院应当受理并依法予以解除①。

(二)非婚同居财产的处理

1. 当事人因同居期间财产分割提起诉讼的,人民法院应当受理。

2. 同居期间财产、债务的处理参照 1989 年 11 月 21 日最高人民法院发布的《关于人民法院审理未办结婚登记而以夫妻名义同居生活案件的若干意见》,其规定为:①分割财产时照顾妇女、儿童的利益,考虑财产的实际情况和双方的过错程度,妥善分割;②同居期间共同所得的收入和购置的财产,按一般共有财产处理;③同居期间为共同生产、生活形成的债权债务,可按共同债权债务处理;④解除同居关系时,一方在共同生活期间患有严重疾病未治愈,分割财产时,应给予适当照顾,或由另一方给予一次性的经济帮助。

3. 同居生活期间一方死亡,另一方要求继承死者遗产,且符合《继承法》第 14 条规定②的,可以根据扶助的具体情况处理。

(三)非婚同居所生子女的处理

1. 当事人因非婚同居期间子女抚养纠纷提起诉讼的,人民法院应当受理。

2. 非婚同居关系的双方所生子女为非婚生子女。根据我国《婚姻法》第 19 条"非婚生子女享有与婚生子女同等的权利,任何人不得加以危害和歧视"的规定,男女双方在同居期间所生的子女,不因父母同居关系的解除而消除。即使男女双方解除了

---

① 《最高人民法院关于适用〈中华人民共和国婚姻法〉若干问题的解释(二)》〔下称《婚姻法司法解释(二)》〕第 1 条规定:当事人起诉请求解除同居关系的,人民法院不予受理。但当事人请求解除的同居关系,属于《婚姻法》第 3 条、第 32 条、第 46 条规定的"有配偶者与他人同居"的,人民法院应当受理并依法予以解除。当事人因同居期间财产分割或者子女抚养纠纷提起诉讼的,人民法院应当受理。

② 《继承法》第 14 条规定:对继承人以外的依靠被继承人扶养的缺乏劳动能力又没有生活来源的人,或者继承人以外的对被继承人扶养较多的人,可以分给他们适当的财产。

非婚同居关系,对非婚同居期间所生子女仍负有抚养、教育义务,非婚生子女无论由生父或生母任何一方直接抚养,仍是父母双方的子女。不直接抚养非婚生子女的生父或生母,应当负担子女的生活费和教育费,直至子女能独立生活为止。

第三节　事实婚姻概述

一、事实婚姻的概念及特征

(一)事实婚姻的概念

事实婚姻,指没有配偶的男女,未进行结婚登记,便以夫妻关系同居生活,群众也认为是夫妻关系的两性结合。事实婚姻是相对于合法登记的婚姻而言的,事实婚姻未经依法登记,本质上属于违法婚姻,为了维持一定范围内的未办理结婚登记而以夫妻名义同居生活的男女双方之间的关系有条件地予以认可,产生了事实婚姻这一概念。

事实婚姻

(二)事实婚姻的特征

1.事实婚姻的男女应无配偶,有配偶则成为事实重婚。事实重婚:指前婚未解除,又与他人以夫妻名义共同生活,但未办理结婚登记手续。只要双方公开以夫妻名义共同生活,虽未办理结婚登记,也构成事实重婚。

2.事实婚姻的当事人具有婚姻的目的和共同生活的形式。男女双方是否互以配偶相待是事实婚姻与其他非婚两性关系在内容上的重要区别。

3.事实婚姻的男女双方具有公开的夫妻身份。即以夫妻名义同居生活,又为周围群众所公认。即事实婚姻不仅内在具有夫妻生活的全部内容,在外部形式上还为社会所承认的夫妻身份。这是事实婚姻与其他非婚两性关系在形式上的重要区别。

4.事实婚姻的当事人未履行结婚登记手续。不具有法定的结婚登记要件,这是事实婚姻与合法婚姻区别的主要标志。在我国,不论当事人是否举行过结婚仪式,凡未进行结婚登记的,均不是合法的登记婚姻。

三、事实婚姻与非婚同居的比较

(一)事实婚姻与非婚同居的联系

事实婚姻和非婚同居都是欠缺结婚形式要件,但又具有婚姻的公开性和持续性的生活共同体,二者存在着事实上和法律上的诸多联系。

1.事实婚姻与非婚同居存在交集。根据我国法律,1994 年 2 月 1 日以前,符合事实婚姻构成要件的同居关系,按事实婚姻对待。如果符合结婚实质要件的双方当事人以夫妻名义共同生活,群众也认为他们是夫妻,那么这种关系既属于事实婚姻又属于非婚同居。1994 年 2 月 1 日以后不存在事实婚姻,非婚同居取代事实婚姻,成为与婚姻相对应的一个概念。

2.事实婚姻与非婚同居可能具有相同的法律后果。在我国,目前法律不调整非婚同居关系,一旦事实婚姻状态不被法律承认,两者的法律后果就相同,即"按同居关系处理"。

(二)事实婚姻与非婚同居的区别

1.是否有结婚的意思的区别。事实婚姻的当事人双方有结婚的合意,虽然没有去履行登记这一法定形式要件,但是男女双方内心的真实意思都是双方互相结为夫妻且共同生活。非婚同居中双方当事人之所以选择这种方式,很大程度上就是为了逃避婚姻所带来的束缚,一般不以结婚为目的。

2.是否符合结婚的实质要件的时间限制区别。事实婚姻要求 1994 年 2 月 1 日民政部《婚姻登记管理条例》公布实施以前,男女双方同居且已经符合结婚实质要件的,按事实婚姻处理;男女双方如果是 1994 年 2 月 1 日以后同居且符合结婚实质要件的,属于非婚同居。

3.有无时间限制的区别。事实婚姻不存在时间限制,因为事实婚姻的成立往往与时间长短无关。而非婚同居多有时间限制,一般要持续两年以上。

4.公开的程度的区别。二者虽都要求公开,但公开的程度不一样。事实婚姻要求比较高,这种关系要被群众所认可。而非婚同居的公开更多地出于一种诉讼法中证据的考虑,非婚同居当事人如能证明自己的非婚同居关系,那么非婚同居甚至是可以相对"隐秘"的。

📖 事实婚姻与非婚同居关系、
婚姻关系的区别

总之,按现行法律规定,在我国《婚姻法》不再承认 1994 年 2 月 1 日之后的同居可以构成事实婚姻的现状下,非婚同居取代事实婚姻,成为与婚姻相对应的一个概念。鉴于非婚同居已经成为现代生活中一种被认可的生活方式,我国法律不应该强行禁止或者是回避规范当事人的非婚同居行为,而应当充分考虑非婚同居社会现象的合理性和现实性,根据实际情况,对其加以规范和引导,将其纳入法律的轨道。

第四节　事实婚姻的构成要件及效力

一、事实婚姻的构成要件

（一）同居时间要件

男女双方在一起持续、稳定的共同居住行为始于 1994 年 2 月 1 日以前。

（二）同居是以夫妻名义进行的

即以夫妻名义同居生活，又为周围群众所公认。

（三）1994 年 2 月 1 日以前同居双方已经具备结婚的实质要件

所谓结婚的实质要件即男女双方建立夫妻关系所必须具备的条件，具体包括：双方均达到法定婚龄（男 22 周岁，女 20 周岁）；双方自愿结婚；双方均无配偶且不属于直系血亲或者三代以内旁系血亲；未患有医学上认为不应当结婚的疾病。

二、事实婚姻的法律效力

2001 年 12 月 27 日最高人民法院《婚姻法司法解释（一）》第 5 条规定，未按《婚姻法》第 8 条规定办理结婚登记而以夫妻名义共同生活的男女，起诉到人民法院要求离婚的，应当区别对待：

 我国法律对待事实婚姻的态度

1994 年 2 月 1 日民政部《婚姻登记管理条例》公布实施以前，男女双方已经符合结婚实质要件的，按事实婚姻处理，可以解除事实婚姻关系。1994 年 2 月 1 日民政部《婚姻登记管理条例》公布实施以后，男女双方符合结婚实质要件的人民法院应当告知其在案件受理前补办结婚登记；补办结婚登记的，可以解除婚姻关系。未补办结婚登记的，按解除同居关系处理。

对于被认定为事实婚姻关系的，同居期间的财产适用《婚姻法》对夫妻财产制的规定；没有约定者，适用夫妻共同财产制。事实婚姻关系，在同居生活前，一方自愿赠予对方的财物，按赠予关系处理。一方向另一方索取的财物，应根据双方同居生活时间长短，对方的过错程度及双方经济状况等实际情况酌情返还。

事实婚姻关系的双方在同居生活期间所生子女为婚生子女，根据我国《婚姻法》

第19条"非婚生子女享有与婚生子女同等的权利,任何人不得加以危害和歧视"的规定,双方解除事实婚姻关系时,其子女抚养问题依照婚姻法的这一规定办理。

　　婚恋结语:当今社会,同居已成为婚恋生活的一道"风景"。年轻人婚前同居,固然可以增进感情,了解对方,通过婚前相处相识相知,再步入婚姻的礼堂,最后成就美满的婚姻生活。

　　非婚同居虽然是一种全新的生活方式,但生活在一起的柴米油盐会大大影响同居双方的感情,也会给双方心灵带来很大的影响。因此,还不能有效把控自己感情和生活的年轻男女应慎重选择非婚同居方式。若非婚同居,前提一定是真心相爱并考虑过后的慎重选择!

● 本章测试

同居恋与事实婚测试作业与答案。

⊕ 测试作业与答案

● 本章问卷

同居恋与事实婚问卷调查。

▲ 问卷调查

● 本章思考题

谈谈对非婚同居的认识。

● 设计教学法——微视频采访调查作业

1. 你会选择同居生活吗?
2. 事实婚姻知多少?

● 本章推荐阅读书目

1. 王薇:《非婚同居法律制度比较研究》,人民出版社2009年版。

2. 渡边淳一著,刘玮译:《在一起,不结婚:事实婚,爱的新形式》,浙江文艺出版社2013年版。

3. 杨大文:《婚姻家庭法》,中国人民大学出版社2016年版。

第四章　异国恋与涉外婚

　　通过本章学习,重点掌握异国恋的概念、特点,尤其是社会群体性分析视角下异国恋的生成机制;异国恋成功的因素及影响等;涉外婚姻的概念、特点、类型等基本原理;涉外婚姻产生的原因、风险防范及我国有关涉外婚姻的法律规定。

　　有了爱情,年龄不是问题,国籍不是距离。异国恋即跨国之恋,随着全球化、国际化的发展,有越来越多的中国人出国求学、工作,也有越来越多的外国人到中国来求学或工作,因而异国恋越来越普遍。因异国恋而结婚即涉外婚,包括涉外结婚和涉外离婚。那么,涉外婚姻有哪些风险? 我国公民和外国人结婚或离婚如何适用法律? 有哪些实体要件和程序要求? 本章将对这些问题进行阐述。

附法条

第一节　异国恋概述

一、何为异国恋?

　　欧阳倩与罗迪的恋情,经历了从好奇、兴奋、甜蜜发展到后来的争吵、埋怨与分手,一开始时空并没有成为影响他们关系的要素,意大利男人的感性、犹豫、乐观和视野,中国女人的温柔、美丽、好奇,反而成为

欧阳倩与罗迪的异国恋情

他们各自"想象"和建构他（她）人美感的催化器。然而在深入的交流过程中，时空情境下的价值观、行动策略却在彼此互动中产生了分歧，如欧阳倩的努力、追求工作成就、为爱情塑造坚实物质基础的观念和罗迪的随性、自由、不擅规划及其爱与物质的二分法。但并不是说，不同国家的文化价值观、经济社会基础、交往结构一定会导致这种恋情的解体，反而是随着我国全球化进程的加快，越来越多这种恋情的产生，一些进而发展为涉外婚姻。

因此我们必须弄清楚，欧阳倩与罗迪的恋情有什么内涵与特质？在当今的中国社会是什么因素产生了这种恋情？这种恋情为何有的友好、有的平淡、有的厌恶导致分手？为何有的走向了涉外婚姻、有的产生为非婚同居关系？这种非婚同居关系甚至会延续相当一段时间。这些都需要尽可能地解码，一方面这种恋情已经从新闻媒介间接接触发展为身边情境现实接触，在边境地区、大学校园、公司职场、街头商场、甚至是偏远的中国山区都有发生；另一方面随着中国资本、劳动力输出，在美国、英国、日本、韩国、乌克兰、越南、泰国、马来西亚、沙特阿拉伯、蒙古、坦桑尼亚、赞比亚、阿尔及利亚、南非、巴西等也不断有中国人与外国人恋爱、同居，甚至结合为涉外婚姻。

欧阳倩与罗迪分属不同国籍，还处于长久分离状态，显而易见就是异国之恋。但还有一种状态，就是分属不同国籍，但往往职场、校园或生活中在一起，也属于异国恋。不过，在社会中还有一些人认为，即使属于同一国籍，但由于在不同的国家工作、生活、学习，无法"面对面"地互动，要经受时差、距离等对亲密性的影响，也属于异国恋。由此，就提出一个问题，该从什么维度、什么要素来界定异国恋。

罗伯特·斯腾伯格认为爱情由亲密的情感成分、激情的动机成分与承诺的认知成分三要素构成。其中，亲密性关注心灵相近、互相契合与互相归属的感觉，激情关注强烈地渴望与伴侣结合的性的驱动力，而承诺是决定期许或担保，包括决定去爱一个人或长期的承诺[①]。在这三者中，空间的物理属性会对长久交往中的激情动机成分产生直接影响，而对承诺的认知成分产生间接影响，对亲密的情感成分影响较小，而且在初恋的过程中，空间的距离也不一定会对激情成分产生过多影响，甚至还会变成"距离产生美"，即对他者的构建与美学想象。特别是随着现代交通技术、信息技术与智慧技术的发展等，空间的距离影响因素会逐步降低。因此，采用空间距离来定义异国恋，如同一国籍分属不同国境之间的

---

① Robert J. Sternberg. A triangular theory of love[J]. Psychological Review. 1986：119-135.

恋爱,实质上只是一种全球化的异地恋。

　　由于民族国家是现代政治的独立主体,是由成员经由共同认同感的"同胞"及其共同形成的体制所构建,其认同感的来源往往由历史传统、文化语言、价值规范或政体共享而成。在单一民族国家中,同一族群、同一语言、同一文化体系与宗教,其认同的黏合度具有较好的"自然性"与历史性,但鲜有这样的国家;而在多民族国家中,尽管不同的民族拥有不同的历史、文化甚至语言和宗教,产生了多元文化主义,但是国家通过领土与主权的界定、对内经济社会管理活动、合法性认同机制和教育与共享文化的塑造,往往也会产生较强的国家认同,并在很大程度上规制整个社会的价值、规范和意义。尽管在日常生活中会产生"爱情不分国界"的观念与行动,因为亲密、激情、承诺的爱情可以建立在个体基础上而超越对共同体的规制,但爱情的观念、想法、行动则会受到特定地理区域、日常互动、生活方式、历史传统与发展阶段、价值规范的影响,而国家则是特定地理区域、日常互动、生活方式、历史传统与价值规范等直接与间接的"宰制者"。

　　在当前中国的"现代性"进程中,国家制度体系、特定的经济社会发展阶段也影响着爱情观。中国的现代性进展主要体现为理性化、政府主导、市场经济、城市化、工业化、信息化,个体逐渐从村落、单位共同体走向社会,成为社会人。而这个社会人由于市场经济的影响,逐步转变为经济社会的理性人,它的行动体系逐渐从韦伯所讲的传统型行动、情感型行动走向工具理性行动、价值理性行动等理性行动[①]。它对爱情观的形塑表现在恋爱双方的地位平等、自由选择、激情与亲密、经济的"嵌入"性[②]、趣缘与话语共同体的形成等。尽管自由选择可能出于兴趣偏好、长久相处、缘分、美学效应等产生跨越阶层的爱情观念与行为甚至结合为婚姻关系,在社会中也可以看到"凤凰男逆袭富家女"的现象,但由于不同的社会阶层生活的环境、从小培养的兴趣爱好、消费观念、美学意识也往往是不同的,同时爱情还需要面包[③],因此跨越阶层的爱情往往需要更大的勇气和承受力。不过,由于中国现代性进展给经济社会生活带来的活力与机会,使得个体通过努力可以实现阶层地位的上升,因而只要双方有勇气、平和的心态和奋发的激情,爱情之花也会显得更绚丽和多彩。

---

① 马克斯·韦伯.经济与社会(第一卷)[M].上海:上海人民出版社,2010:114-116.

② 在中国当前的恋爱关系中,经济的"嵌入性"表现为考虑爱情的经济基础,特别是当恋爱逐步进展到谈婚论嫁阶段,往往会考虑双方及其家庭的经济承受力和可续性,在城市社会表现为"丈母娘房地产需求"行为。

③ 一对热恋的人依偎在一起,一个对另外一个说:"如果世界上只有我们两人多好?"另外一个说:"我也希望这样",这是上帝说:"不行,还必须有一个卖比萨饼的。"

由于民族国家在现代社会中的独特定位及其对经济社会、价值规范、文化模式的重要形塑功能,本研究认为,以国籍而非地域空间区分异国恋更为合理。异国恋,即恋爱主体属于不同国籍,无论是分隔两国还是共同生活,只要恋爱主体分属不同国籍都属于异国恋。它具有以下几个重要特征:

1.恋爱主体属于不同国籍。其隐含的意义是不同的民族国家由于各自政治制度、发展阶段、经济与社会结构、生活方式、价值规范与历史传统,往往会有独特的情感表达与爱情观念,但由于不同民族国家的个体同属人类共同体,也具有人类物质需求与情感需求的一般原则,只是呈现、表达的方式会有所不同。

2.文化震惊(culture shock)。所谓文化震惊是指一种文化中的人接触到另一种文化时,由于生活习惯、文化风俗、价值观和基本理念不同而产生冲突和适应的过程[①]。在异国恋中,往往也产生很多文化震惊行为,如恋爱过程中的个体行为与家庭行为之间的关系、礼物赠送、饮食习惯、情感表达方式等的区别。

3.空间距离与文化距离——"远水解不了近渴"与"距离产生美"。异国恋中较多的一类是恋爱主体在各自国家,通过网络和现代信息技术加以维系,缺乏日常情境中"面对面"的互动,也就产生了"远水解不了近渴"的窘境。同时,由于生活习惯、交往方式、文化习俗等文化模式的不同,如双方对对方国家和社会文化模式缺乏了解,也会产生文化距离。不过,这种空间距离与文化距离亦会产生正功能,即双方对于对方个体或所处的国家出于文学、文献、新闻媒介等所呈现的方式加以"想象",即美化、浪漫化地建构他者、他国,这也就是时常所说的"距离产生美",因为它赋予了美好想象的空间。

4.恋爱初期趣缘与话语共同体甚于经济共同体。随着中国现代性与经济社会的不断发展,找个老外男(女)朋友当"饭票"或移民的功能显著下降了,其可以通过个体努力得以实现,同时经济与财产的富足,也会促使人们不断去追求文化、价值、心灵等归属感,由此建立在共同兴趣爱好、共同话语空间、共同价值追求的趣缘与话语共同体的重要性得以体现。特别是在网络异国恋中表现得更为鲜明,因为他们缺乏日常"面对面"互动机会,与对方维系感情的要素往往是基于双方的话题、观念与生活方式的话语表达。

二、异国恋的生成机制

异国恋甚至涉外婚并非新生事物,而是古已有之,如中国王朝政治中的和亲

---

① Pedersen, Paul. The Five Stages of Culture Shock: Critical Incidents Around the World[M]. Contributions in psychology, no. 25. Westport, Conn: Greenwood Press. 1995.

制度、边疆边境地区的通婚行为等。但是成为集中群体特性、社会重要现象的异国恋则是改革开放之后的事,特别是进入 2000 年之后,随着中国加入 WTO,我国进一步加快全球化进程和网络社会的崛起,出国和来华留学、工作、生活、旅行、居住的人越来越多。同时在网络社会中,各种互动媒介、交往媒介、婚恋平台的产生使得虚拟世界的交往越来越突破地域共同体的限制,从而在现实与虚拟两个世界都产生了全球化态势,并且这两个世界还产生着交叠的态势,从而使两个世界产生互构的现象。不仅在大学校园、公司职场、旅游景点、宾馆酒店、商场街道可以看到金发碧眼或黑色、棕色皮肤的外国人与中国人交往,甚至在中国的乡村、边境地区也可以看到越南新娘、缅甸新娘等。而在网络社会中,异国恋也成为网恋的重要构成部分。

中国边疆边境地区的异国恋主要集中在西南部和中国东北地区,这里有两个重要原因:一是西南部边境地区的国家往往经济社会发展水平较低,如缅甸、老挝、柬埔寨、越南等,且边境地区往往都是山区,经济社会与生活水平更低,尽管中国西南部边疆边境地区发展水平与我国其他地区比也低,但总体还是高于这些国家,因而对这些国家有吸引力;而与中国东北地区靠近的蒙古与俄罗斯东部发展水平也不是很高,这就产生了比较优势。二是边疆边境地区自古以来就有交往与通婚关系,特别是中国西南边境地区与东南亚一些国家民族、农业生活方式都比较接近,因而有较好的交往与通婚关系、人际关系与社会资本,特别是随着中国在西部的投入和产业发展,使得中国边境这边的发展水平与生活水平明显高于东南亚国家靠近中国边境地区的农村生活水平,因此很容易形成这些国家外国女性与中国男性的交往与婚恋市场关系。基于地缘文化交错和跨境民族族群文化相似基础上的婚姻主体的行为自觉,往往带有婚姻商品化色彩,如一旦相互喜欢对方,那么就会一次性支付给女方父母一定彩礼金[①]。

其他类型的异国恋则情感性要素占有重要位置,其产生主要有以下途径:

1.学缘、业缘共同体的衔接。随着中国经济社会不断发展,高等教育和公司、资本国际化水平进一步提高,外国来华学习、工作人员越来越多,我国出国留学、工作人员也不断增多,在共同的学习、工作和交往过程中,彼此产生好感进而发展为异国恋爱关系也不断增多。由学缘、业缘所产生的异国恋,往往具有"面对面"互动的特性,亲密、激情与承诺的爱情在交往过程中得以产生。如在高校中各种英语角、日语角、中外学生联谊会、课堂学习和大学生实践与志愿服务往

① 陶自祥.中越边境跨国婚姻产生的社会基础——以广西龙州县 G 村为例[J].人口与社会,2017(3).

往成为他们相互认知、了解的初次会面地;同时当他们相互交往时,各自所在的寝室、人际群层又会产生"滚雪球"链接方式,使得他们的寝室圈、朋友群中的人也可能产生异国恋;同时,一些语言培训机构也会产生各种异国交往与婚恋关系;而在公司职场内,与客户打交道、在公司中长久相处、各种业务指导等,也会增进双方情谊,进而产生异国恋。

2. 网络社会中趣缘共同体的构建。网络社会的崛起是当今经济社会发展的重要面相,它对全球经济、文化、制度、组织、社会、心理产生重大影响。卡斯特尔认为,"网络建构了我们社会的新社会形态,而网络化逻辑的扩散实质地改变了生产、经验、权力与文化过程中的操作和结果。"[①]他进一步指出,"支配性的功能在与流动空间相匹配的网络里组织起来,而流动空间横跨全球将这些网络彼此扣连;同时,片断化的附属功能及人民位于多重的地方空间之中,这些地方空间则由日益相互区隔与分离的地域构成。"[②]在网络世界中,各种交友媒介、互动媒介与平台不断涌现,如 Facebook、Twitter、QQ、微信、知乎等,成为人们关注世界、讨论问题、相互学习与交流、分享事物与观点的重要渠道,通过这些大的平台,进一步发展为朋友圈层,而在这种朋友圈层中除了既有的现实场景中朋友搬到网络上外,其他所产生的朋友圈层往往要共享意义与观点,即我们所说的"谈得来""有共同话语"等趣缘与偏好。因为在网络社会中非直接的交往关系和情感的维系高度依赖于话语体系,而非现实的互动和相互的依偎,突了趣缘共同体的重要性。网络社会中的异国恋,开始与各种互动媒介、交友媒介平台,对异域人、异域文化的好奇及其相互分享事物与观点,经由话语的"甜情蜜意"发展为形态各异的恋情。

3. 朋友、熟人、同事等人际关系的拓展。"物以类聚、人以群分",不同的朋友圈层与社会群体都有各自相应的生活方式与交往体系,从而产生人际关系的社会资本。由于朋友、熟人和同事对要介绍的双方都相当熟悉,因而经由他们介绍的外国人往往都经过了各种层面的筛选,从体貌特征、兴趣爱好、工作或学习、甚至中国人常说的家庭背景的,这在很大程度上符合了中国人所说的"门当户对"。通过制造互动场景、举办各种活动、告知相互联系方式等,使得被介绍者能够相互认识,进而增进了解、促进交往。如果介绍者本身又是异国恋,而且比较甜蜜,会具有较强的示范效应,使得被介绍者产生模仿行为,使得被介绍者对异国恋产生好感。

4. 现实中婚恋平台的搭建。当前中国一些大城市、国际化程度较高的城市,

---

① 曼纽尔·卡斯特. 网络社会的崛起[M]. 社会科学文献出版社,2000:569.
② 曼纽尔·卡斯特. 网络社会的崛起[M]. 社会科学文献出版社,2000:576-577.

出现了一批有各种交友需求、包括异国交友需求的年轻、未婚"打拼者",他们往往工作繁忙但发展较好,希望速配解决婚恋问题,并对异国爱情有一定期待。如北京建有"北京闪电约会"微信公众号,针对的对象是本地人与外国人,只要发送包括爱好、职业等信息在内的个人简历,组织者即可回复,并把最新的活动公告推送给用户。该服务平台已经运行三年,每次活动能召集 70 多人参加,最多有200 多人,每周末举行两场活动,也可以安排私人间的约会,俄罗斯、美国、澳大利亚和其他国家的外籍人士都来参加[①]。在乌克兰,中国人梅爱偲创办了"爱华及乌"酷爱婚介俱乐部,在乌克兰、中国北京、厦门等地举办各类活动,帮助中国男人与乌克兰美女交友,进而实现"娶洋媳妇"。此外,在中国的一些大城市,一些非营利性的社会组织、社区还开始关注"大龄青年"的婚恋问题,通过开发APP 或举办活动,促进不同国籍的人相互交往。当然,在一些地方,也存在着通过欺骗、敲诈、卖淫等方式进行非法或违法的异国婚恋市场。

5. 偶发性与缘分。尽管在现代社会中,爱情的"祛魅"不断产生[②],理性行为在爱情中也开始大行其道,但爱情在很大程度上仍然属于情感范畴,受到亲密性的归属感和激情的驱动力的诱发,因而还是具有相当多的情感偶发性因素。而在异国恋中,某种情境的相遇,如去异国他乡邂逅外国人、彼此聊得来;一个简单而富有解读的意义,如在平时感受不到他(她)对你的吸引,突然一个背影、一个眼神交流、一个礼物、一个关怀等,就会使得朋友之情上升为爱恋之情;多次的邂逅或者对一些问题的看法都可能彼此相互认同、相互爱慕。很多相爱的缘分是由很多巧合、很多阴差阳错、很多突然、一些偶然、一些似乎命中注定的必然所组成的。缘分在很大程度上还体现了平等自由精神,它不需要强求,也淡化彼此之间的地位等级、财富状况、学历学位等,只要彼此持续性的注意、相互的情投意合。这与现代社会人们所追求的自由平等精神具有高度的契合性,由此在恋爱关系中,"相牵又相伴"的缘分才会盛行。

不过,上述五个渠道只是异国恋的必要条件,而非充分条件。在开启一段异国恋之旅时,亲密与激情的需求仍然要接受理性的检验,如分隔两地怎么办,生活方式与文化差异怎么办,父母会不会同意,他们的爱情观与婚姻关系与我们相同吗,等等。

---

① Anastasia Sukhoretskaya. 在中国,我们约会吧[J]. 国际人才交流,2015(3).

② "祛魅"原指对宗教去神秘性、神圣性、魅惑力,表明西方国家从宗教神权社会向世俗社会的现代转型(参考马克斯·韦伯,《新教伦理与资本主义精神》,上海人民出版社 2010 年版)。这里借用韦伯的"祛魅"观点,认为爱情的"祛魅"是指祛除爱情的神秘不可解释性、不可理解性。

第二节　异国恋的成功及影响

一、异国恋的成功因素

甜蜜的爱情都是人们所向往的,异国恋也不例外。由于异国恋中各自主体分属不同国家,具有不同文化模式与生活方式,往往存在文化震惊、文化距离的影响,同时还存在着空间距离、社会阶层等的影响,因此异国恋的难度自然就提高

📹 异国恋及其影响

了。不过,在新闻媒介、网络世界和现实生活中,我们亦看到越来越多的人对异国恋持正面态度,看到亦有相当一部分人进行异国恋,其中不乏成功者。那么是哪些因素有助于开启与平顺发展异国恋呢。

1.具有文化相对主义的观念。所谓文化相对主义是与文化中心主义相对应的概念,用文化人类学者的观点来看,各种文化都是有效的,都有各自独立的价值系统和生活方式、生成方式及制度建构与意识形态,不同文化并无优劣高低之分,行为的是非标准也是相对的[①]。在赫斯科维奇看来"文化相对主义的核心是尊重差别并要求相互尊重的一种社会训练。它强调多种生活方式的价值,这种强调以寻求理解与和谐共处为目的,而不去评判甚至摧毁那些不与自己原有文化相吻合的东西。"[②]文化相对主义是文化多元主义论的基础,是对欧洲中心论与欧洲人种族优越论的反叛,进而为非欧洲民族和文化存在于世的自然合法性提供学术论证。持有文化相对主义观念的人,较少固守自己的文化与生活方式,不会盲目排斥或压制其他文化,较少以高高在上的姿态表明自己国家或文化的"高度文明性",较少以自己的标准去要求他者,而会采用尊重、求同存异的方式追求理解与和谐共处。在异国恋中,持有文化相对主义观点的人,对文化震惊的适应能力较强,较容易欣赏他(她)人、接受他(她)人,也能减少各种文化距离和文化差异,彼此相互适应。

2.趣缘与话语共同体的相似性与建构能力。由于异国恋存在着国籍制度、

---

① 弗朗兹·博厄斯.原始人的心智[M].北京:国际文化出版公司,1989;鲁思·本尼迪克特.文化模式[M].北京:社会科学文献出版社,2009.

② 转引自百度百科"文化相对主义"词条,https://baike.baidu.com/item/％E6％96％87％E5％8C％96％E7％9B％B8％E5％AF％B9％E4％B8％BB％E4％B9％89/10958421? fr＝aladdin.

生活方式、文化类型的不同,特别是双方身处异地的异国恋还存在着空间距离的分隔,因此其情感维护高度取决于趣缘与话语体系,即要拥有比较相似的兴趣偏好、对待事物的看法与观点,并具有分享的能力和让对方能明白的表达呈现方式。进一步而言,趣缘与话语共同体的相似性实质上是在构建价值共同体,而价值共同体具有确定目标、手段及其指导日常行动的功能①。如一个人选择什么样的婚恋对象,是"又专又红",还是"高富帅""白富美",或是"相互努力、相濡以沫",看似是追求内心或较为理性的目标,但这个内心或理性目标是受到社会价值规范的。如1950—1970年阶段,社会价值规范要求你的家庭成分必须清白,政治与思想意识必须与革命相连,因此,女性选择对象的标准往往是"家庭清白、又专又红";而改革开放后,随着市场经济的发展和城市化的推进,城市生活压力与成本不断增加、社会阶层开始分化,社会价值规范开始强调"致富与发展",因此,女性选择对象的标准开始向"高富帅""爱情与面包"转变。不过,这并不是说,整个社会价值规范就一定会完全决定个体的价值倾向,只能说他们具有"亲和性",个体作为自主的行动者,仍然具有建构个体价值与生活方式的能力。同时,由于个体的价值与生活方式还受到家庭与代际、日常互动、地方性知识的影响,因此整个社会的价值规范对个体价值规范的影响并不是绝对的。因此,在异国恋中,如果双方的趣缘与话语体系、生活方式、观念等价值共同体相似性高,"情投意合"的概率就高,同时由于价值共同体还具有指导人们日常互动、行动策略的能力,因此还具有让双方行为方式可理解性、可互动的功能。可以说,相似的价值共同体对于异国恋具有事半功倍的功效。

　　3."同向而行"的能力。爱情不都是回报,它需要付出与努力。对于异国恋者而言,由于经济社会发展阶段、文化模式不同,往往具有比异地恋更多的"自然"区隔属性,因此它特别需要理解对方及其生活方式与文化模式,需要找到"共振点",亦需要在彼此"分歧点"上求同存异,还需要在"分歧点"上缩小差异,寻找共识、达至比较一致的行动,即需要有"同向而行"的能力。特别是当异国恋进入中后期时,就会面临诸多选择,如待在自己国度还是前往对方国家、如何实现从网络世界走向现实世界共同生活、与对方或自己家人如何沟通、如何面对纠纷等,双方需要进一步探讨,不仅要站在自己的角度,还需要"同理心"、设身处地地站在他(她)人角度上思考,尽可能弥补理念与观点分歧,尽可能适应对方的生活方式。但并不是一味地委曲求全、一味地盲从和付出,丧失主体性与恋爱的自主自由性,不然你就成为他(她)人附属品,成为不平等的对象,这不是自由平等的

---

①　塔尔科特·帕森斯.社会行动的结构[M].北京:译林出版社,2012:832-854.

爱情,而是新附属关系。因为爱情的魅力恰恰在于新奇性、互动性、交错性与有时难以预测性。因此,"同向而行"的能力既需要兼顾"同理心"和努力的付出,也需要明白"越是民族的就越是世界的"。

4.转化空间距离与文化距离的能力。对于身处异地式异国恋,空间距离与文化距离必然存在,而对于同地式异国恋,空间距离少甚至没有,但文化距离一样存在,这都是客观事实,简单地克服是不恰当也不现实的。无论是在网络世界还是在现实世界中,"面对面"互动的匮乏都会某种程度上影响着爱情的亲密性与激情性,甚至也会对承诺性有一定影响。如别人的"七夕节""情人节",男(女)朋友都在身边,而你的男(女)朋友却在异国,甚至还由于时差关系,他还没有联系你;当你因某事遇到困难,想要他(她)在你身边帮助解决,他(她)也难以做到。此外,由于文化距离的影响,他(她)对你的行为方式、家庭结构、社会交往还难以理解。因此,这就需要对空间距离与文化距离进行转化:一是寻找"心灵"共振点,确立共同的心灵纽带,找到自己与恋人之间有意义的事项,并去实现这些事项,如可分享的经历与经验、个体的文化品位、生活的趣事、慈善与旅行等;二是确立共同追寻的目标,并为这个目标而努力,无论这个目标是为追求事业的,还是生活的,抑或是价值层面的,只要这个目标是双方认可的,不断努力,并让对方可以感知到这种努力,那么双方都是在情感上的"同向而行";三是紧密联系与关怀,通过现代信息技术和馈赠礼物,如视频聊天、VCR、电话、有意义的礼物、制造各种意想不到的惊喜等方式展现你的日常生活方式、分享你的喜悦、你对他(她)的关怀,让关爱如影随形;四是强化学习机制,通过跨文化的学习、交流,进一步适应对方的文化系统和社会交往方式,并学习相应的情感危机处理方式。

二、异国恋的影响

在全球化进程中,中国的异国恋已经由边疆边境地区发展到城市社会甚至乡村地区,从明星、富豪、高技术人员等高收入群体发展到一般社会群体身边,已经成为重要的社会现象和社会事实,并对个体与社会产生着重要影响。

(一)异国恋的积极影响

对个体而言,异国恋的积极影响表现在:

1.促进个体的全球化。全球化不仅表现在整体的经济社会层面,也表现在意识、情感、知识、生活的个体层面。不同国籍人员之间的恋爱,有助于个体进一步了解外部世界,熟悉他们的生活方式、思维习惯和文化模式,从而开拓自己的视野和观念。一些知识可能对培养世界公民意识、公民责任具有积极功能,一些知识和习俗、制度与法律对于我们理解文化与民族多样性、制度多元性也具有积极功能，从而有助于培养全球化视界。

2. 丰富情感世界。一方面，我们并不是要去刻意追求异国恋，或者把异国恋作为一种时髦元素，认为异国恋就比本国恋、本地恋好；另一方面，当我们确实对异国人员有感情，进而可能升华为爱情时，也无须刻意遏制，过分强调"相爱容易相处难"。由于异国恋中各自主体所处的国家不同、经济社会发展阶段与结构不同、文化模式甚至种族方式不同、互动与交往的呈现方式也可能不同，因此异国恋具有更多的不可预测性、多元性，它对"同理心"的要求更高，对情感考验性更大，所遇到的挑战更多，需要处理整体文化与个体价值、个体与家庭关系等较多的复杂问题，因而对于个体社会化、促进情感生活的成熟具有积极功能。

3. 在比较中认识自己与认识中国。在缺乏参照对象和缺乏内省精神的情况下，个体往往对自己所生活的日常世界缺乏感知，认为"原本如此"。当开启异国恋时，通过与异国人士的交往，我们会逐步发现这个恋人的"他（她）者"是你的"镜中我"，即"一个人对于自我有了某种明确的想象——即他有了某种想法——涌现在自己心中，一个人所具有的这种自我感觉是由别人思想的、别人对于自己的态度所决定的"①。而且这个"镜中我"还不是一面普通的镜子，它是另一种文化体系中的镜子，通过这个镜子的比较可能会让双方进一步思考"我是怎样的""我的价值观为何是这样的""我的国家是怎样的"等问题。通过跨文化的比较，有助于理解心灵、自我和社会，包括对个体的情感世界、日常生活世界和社会的生活方式、制度体系。

对社会而言，异国恋的积极影响主要体现在以下三个方面。

1. 促进社会流动。社会流动是经济社会发展的重要动力，从经济角度看，有助于促进资本、劳动力、商品的全要素配置，提升劳动生产力；从社会角度看，有助于促进文化与社会多样性、社会阶层结构的变迁和多样的婚恋制度形态。异国恋则将社会流动提升到国家层面，直接或间接促进了全球层面的人才、资本和技术的流动，也带来了文化多元性、民族多样性与生活方式丰富性，从而使得世界更为多彩。

2. 促进多元社会的产生。文化的碰撞尽管可以在国家、制度维度上进行，但情感世界中文化的碰撞、互动与交流，是根植于内心和弥散在社会之中的，前者可能距离太远，一般人接触的机会不多，而后者与你的日常情感世界密切相关，是呈现在社会生活与生命之中的。同时异国恋进一步发展为涉外婚姻时，亦会

① 查尔斯·霍顿·库利.人类本性与社会秩序[M].北京：华夏出版社,1999.

激发制度创新,如涉及婚姻制度、财产制度、户籍制度等。同时,多元文化与多元社会的产生,有助于社会更加开放、革新与包容,以容纳彼此丰富多彩的社会现象和生活方式。

3.解决一部分人的婚恋市场排斥行为,促进社会稳定。当前,在中国边疆边境地区和中国农村地区产生了一批"光棍",与城市社会和其他地区相比,由于当地经济社会发展水平低和个体致富能力不足,导致在婚恋市场上产生排斥行为,即他们很难娶到本国媳妇。另一方面,除了东北亚外,中国边疆边境地区外围的国家普遍发展水平不如中国,一些东南亚靠近中国边境的国家中的农村地区妇女愿意嫁入中国,而且两边民族相近,历史上就有通婚制度。因此,通过合法渠道开展的自由婚恋行为,有助于解决一部分乡村的"光棍"问题,不仅有利于社会稳定,还有助于国防建设。

(二)异国恋的消极影响

异国恋并不都是具有积极影响的,如在婚恋市场中存在的欺诈、拐骗行为或非法婚恋市场及地位不平等交往,也可能对个体与社会产生消极影响。

1.存在欺诈、拐骗、卖淫等非法或违法的异国婚恋市场。一些非法市场组织打着"娶越南新娘""东欧美女"等的旗号,组织各种婚恋买卖团前往这些国家从事非法或违法交易。特别是在农村地区的"速配"交易行为,往往缺乏恋爱的情感基础、自由平等基础,导致"买"来后很多外籍新娘逃跑。此外,非法交易行为还可能导致外籍人员缺乏合法身份,其子女户籍身份、社会保障也难以落实。在网络世界中,一些人利用人们交外国男朋友、女朋友的愿望,进行情感欺骗、电信诈骗、财产欺诈,让参与者蒙受精神和财产损失。

2.文化模式的不同容易引起交往障碍,对婚恋的可续性造成影响。尽管恋爱是个体行为,自主自由性也不断提高,但中国人的婚恋结构往往与家庭、社会关系网络密切相关,它需要处理个体与家庭、社会关系网络之间的关系,而在西方社会中,这一关系相对简单。同时,不同的文化类型、生活方式、社会保障制度等,可能对情感的表达、爱情的价值观产生影响,如中餐还是西餐、未来的发展空间甚至进一步发展为婚姻时孩子的抚养方式等。因此,如果不具备文化相对主义的观念、趣缘与话语共同体的建设、同向而行的能力及其空间与文化距离转化的能力,异国恋成功的概率将会受到影响。

3.无原则的文化相对主义对爱情主体的平等性造成损害。一方面,异国恋需要文化中心主义的观念,懂得欣赏他人或他者的文化系统;另一方面,这种文化中心主义有可能片面强调你对他或他者文化的认同与依附,使个体难以把握尺度。一旦采用无原则的盲从、依附,将丧失自己的个性与特点及独立思考的能力,进而沦为对方的"影子",爱情的自由自主与平等性将不存在。久而久之,对方也会觉得你毫无特点与个性,不能在交往中产生火花与激情,相当一部分将导致异国恋的中断。

第三节　涉外婚概述

一、涉外婚姻的概念及特征

涉外婚姻也称跨国婚姻或异国婚姻。是指具有涉外因素的婚姻(包括结婚、离婚和复婚)。涉外婚姻有广义和狭义之分。

（一）广义的涉外婚姻

广义的涉外婚姻是指结婚、离婚和复婚等婚姻事项中具有涉外因素的婚姻。其特征包括:

1.婚姻关系主体涉外。广义的涉外婚姻当事人中,一方为本国公民、另一方为外国人,或双方均为外国人①。

2.地域涉外。即办理结婚、离婚或复婚事项的婚姻关系当事人一方或双方在国外,并因此需按国外法律或根据冲突规范的规定办理。

3.法律适用涉外。涉外婚姻因涉及本国和外国不同国家的法律规定,因此,广义的涉外婚姻通常由国际私法中的冲突规范进行调整。按冲突规范一般规定:调整涉外婚姻关系适用某个国家的实体法规范;本国缔结有国际条约的,适用国际条约,但本国保留的条款除外;没有缔结国际条约的国家,适用国际惯例②。如我国《民法通则》第147条规定:"中华人民共和国公民和外国人结婚适用婚姻缔结地法律,离婚适用受理案件的法院所在地法律。"第150条规定:"依照本章规定适用外国法律或者国际惯例的,不得违背中华人民共和国的社会公共利益。"《涉外民事法律关系适用法》第21条规定:"结婚条件,适用当事人共同经常居所地法律;没有共同经常居所地的,适用共同国籍国法律;没有共同国籍,在一方当事人经常居所地或者国籍国缔结婚姻的,适用婚姻缔结地法律。"第22条规定:"结婚手续,符合婚姻缔结地法律、一方当事人经常居所地法律或者国籍

---

① 此处所指的外国人,即不具有本国国籍的人。
② 陈苇.婚姻家庭继承法学[M].北京:高等教育出版社,2014:274.

国法律的,均为有效。"

（二）狭义的涉外婚姻①

狭义涉外婚姻是指中国公民与外国人、外国人与外国人在我国境内,按照我国法律结婚、离婚或复婚。我国现行有关法律、法规、条例中所称的涉外婚姻,通常指的是狭义的涉外婚姻。其特征包括:

1.婚姻主体涉外。婚姻当事人中有一方是外国人。所谓"外国人"是指不具有中国国籍的人,包括外国籍人、华裔外籍人、定居我国的外国侨民和无国籍人等。因为我国实行"一国两制",所以,在我国境内,"涉外婚姻"还包括内地居民同香港居民、澳门居民、台湾居民之间的婚姻。

2.婚姻事项在我国境内办理。即地域不涉外,婚姻当事人结婚、离婚或复婚是在中国境内办理。所谓境内,是法律界对我国大陆地区的通用指称,我国香港、澳门、台湾地区属于国内地区,但又区别于大陆地区称为境外。由于我国香港、澳门、台湾地区的相关制度与大陆地区有所不同,所以内地居民与港、澳、台同胞在内地结婚、离婚或复婚也属于涉外婚姻的范围,要适用内地涉侨、涉港、澳、台婚姻的特殊规定。《最高人民法院关于适用〈中华人民共和国涉外民事关系法律适用法〉若干问题的解释(一)》(以下简称《涉外民事关系法律适用法的解释》)第 19 条明确规定:"涉及香港特别行政区、澳门特别行政区的民事关系的法律适用问题,参照适用本规定。"

3.适用我国法律。中国公民与外国人、外国人与外国人在我国境内结婚、离婚或复婚,一律适用我国现行《婚姻法》《婚姻登记条例》《中国边民与毗邻国边民婚姻登记办法》等规定的条件和程序,一般不适用外国人一方的本国法。

二、涉外婚姻的类型

涉外婚姻除以上的广义和狭义之分外,还有以下的分类。

（一）主体涉外的涉外婚姻和行为地涉外的涉外婚姻

所谓主体涉外的涉外婚姻是指有一方是外国人的涉外婚姻。行为地涉外的涉外婚姻是指办理婚姻事项的行为地在中国境外,即中国公民与外国人或中国公民与中国公民之间的结婚、离婚或复婚等行为发生在中国境外,包括发生在中国的香港、澳门、台湾地区。行为地涉外的涉外婚姻不在本教材内容之列。

---

① 本教材的涉外婚姻采用狭义涉外婚姻。

（二）单方涉外的涉外婚姻和双方涉外的涉外婚姻

所谓单方涉外的涉外婚姻是指婚姻的双方当事人有一方是外国人且在我国境内结婚、离婚或复婚的涉外婚姻。双方涉外的涉外婚姻是指婚姻的双方当事人都是外国人且在我国境内结婚、离婚或复婚的涉外婚姻。双方涉外的涉外婚姻也不在本教材内容之列。

（三）涉外结婚、涉外离婚

涉外结婚有广义与狭义之分。广义的涉外结婚是指主体或地域涉外的结婚；狭义的涉外结婚是指中国公民与外国人、外国人与外国人在我国境内按照我国法律办理结婚或复婚的法律行为。涉外离婚有广义与狭义之分。广义的涉外离婚是指主体或地域涉外的离婚；狭义的涉外离婚是指中国公民与外国人、外国人与外国人之间在我国境内按照我国法律办理离婚的法律行为。

三、我国涉外婚姻产生的主要原因

涉外婚姻现象的产生最早可追溯到奴隶制社会，而真正意义上的涉外婚姻却产生于封建制社会。这个时期涉外婚姻的最大特征就是带有浓厚的政治性色彩，如欧洲各国为达到某些政治目的，在各皇室之间进行的联姻；在亚洲有中国、波斯、大食、扶桑等国之间因贸易、宣扬国威等进行的通婚，如唐朝时西藏松赞干布同时迎娶文成公主和尼泊尔公主、金成公主远嫁西域，等等。随着世界经济、科技和文化的发展，在全球一体化的浪潮中，各国文化，经济和政治的交流越来越频繁，婚姻也明显地出现了全球化，中国的涉外婚姻日益增多。例如：上海涉外婚姻中的境外女婿、媳妇几乎覆盖了全世界，涉及除南极洲以外的所有大陆。据悉，在涉外婚姻中，日本人最受中国人的青睐，占境外人员总数的 39.6％；其他相对集中的国家和地区是美国（9.1％）、澳大利亚（6.1％）、加拿大（3.9％）以及中国的香港地区（5.5％）。综合考察各方面的资料，引起涉外婚姻的原因主要如下。

（一）经济层面原因

无论过去还是现在，经济因素是影响涉外婚姻的根本原因。只不过古代由于生产力不够发达，这种因素体现的不明显，它往往隐含在政治、文化这些明显动机的背后。但是随着生产力的发展，这一因素突显了出来，几乎起到了决定作用。这一层面的原因可以从以下两点来考察：第一，世界经济的发展促进了全球一体化，在经济全球化浪潮的推动下各国交流频繁，带动了跨国职业、跨国留学的发展,在异国工作和留学等使人有很大机会结识异国的异性,经过一定程度的交往进而发展为婚姻。第二,丰厚的物质利益驱使和财富的不均衡分配。择偶中的经济成分加大,物质的中介因素作用增强,很多涉外婚姻是在国外优越的物质生活条件的驱使下进行的,许多涉外婚姻主要以女子外嫁为主,动机以取得物质享乐、财富利益等。

（二）文化层面原因

文化因素是影响涉外婚姻的主要原因。首先,全球一体化使世界各国的文化趋于融合,人们的价值观、人生观发生变化,人们多数不再介意配偶的语言、肤色、习俗等,周围的人们在心灵上也能接受他所认识的人与外国人结婚。其次,西方的文化在中国得到了大力的传播,许多西方的书籍、电视和影片在我国出版或者放映,人们的思想在很大程度上受到了影响,婚姻观也随着变化,涉外婚姻被广泛接受。

（三）观念层面原因

随着时代的发展,人们的观念已经发生了翻天覆地的变化,尤其是婚姻观念也融入了世界一体化的洪流之中,与外国人结婚不再是让中国人难以接受的事情。这种观念的变化主要体现在以下三个方面:第一,受世界一体化因素的影响,人们观念从保守、传统逐渐走向开放,过去难以接受的事情也能逐渐容忍。表现在婚姻观上不再保守,儿女嫁娶外国人也不会刻意反对。第二,各种开放的西方观念通过电视、电影进入中国市场,很大程度影响着中国人,特别是年轻一代的中国人。第三,近年中国人婚姻家庭观念从传统向现代转变,从封闭向开放转变,从一元向多元转变,涉外婚姻是这些观念转变的具体表现。

四、涉外婚姻的风险

社会心理学认为,缩小的空间距离和经常性的接触容易导致爱情火花的产生,从而走向婚姻。伴随中国对外开放程度的日益加深,我国公民有机会与越来越多的外国人直接接触,甚至与他们居住在同一个社区内,致使涉外婚姻在中国日趋常态化。

在充满异域情趣的爱情光环背后,这种特殊的婚姻家庭形式,也面临着来自文化价值观、生活习惯、成长环境、宗教信仰、法律保护等方面的现实困扰。许多看似光鲜的涉外婚姻隐藏着家庭暴力、婚姻欺诈等不为人知的隐情。

（一）文化习惯的隔阂导致涉外婚姻环境不适应

除了普通婚姻家庭所要面对的各种问题外,涉外婚姻家庭还面临着文化价值观、宗教信仰和生活环境、语言风俗等种种差异,致使涉外婚姻家庭双方文化认知和行为准则上的差异难以撼动,甚至还会导致两个家庭产生误解。双方在任何一个环节上的不合拍,都可能造成婚姻的不幸福,甚至破裂。因此,与一般婚姻相比,涉外婚姻遭遇的风险更大,挑战更多。

（二）不同国家法律体系引发的法律保护困境

在文化隔阂之外,涉外婚姻还面临着法律保护的困境。

1.涉外婚姻意思表示不真实问题。比如有些女性为了达到出国目的而与外国人"假结婚",以致婚姻带有很强的目的性和盲目性,婚姻生活危机四伏,很难得到法律的有效保护。

2.涉外婚姻案件适用哪国法律,遵从哪种规则等问题。涉外婚姻案件关系到两个国家不同的法律体系,以及不同的婚姻管理政策。因此存在适用哪国法律、遵从哪种规则等问题。比如签订"婚前财产协定",中国人想到的是去公证处进行财产公证,而美国、加拿大等西方国家做法却严格得多,双方自带律师,为各自的利益讨价还价。

3.涉外婚姻判决有效执行问题。涉外婚姻判决一旦做出,是否能够实现有效的执行也是问题。因为法院代表国家行使司法主权,但权力行使的有效地域仅限于一国国内。如果相关国家间未就涉外婚姻事宜签订司法协助协议,那么我国法院就涉外婚姻的财产关系或子女抚养关系做出的判决,就无法在另一国得到有效执行,反之亦然。

4.双重国籍、非法移民、婚姻欺诈以及涉外婚姻中介欺诈等法律问题。这些法律问题不仅关系到涉外婚姻个人和家庭的安全感、幸福感,还影响着正常的社会秩序,都需要在法律上予以解决。

改革开放40年来,我国的司法制度建设不断完善,包括《婚姻法》《涉外民事法律关系适用法》等在内的一系列法律法规,已经基本可以解决我国涉外婚姻中发生的各类法律问题。2011年4月1日起施行的《中华人民共和国涉外民事关系法律适用法》创新性地提出了"当事人意思自治""以经常居所为主要连结点""注重保护弱方当事人""平等对待国内外法律"等原则,解决了我国涉外婚姻案件判决中的若干问题,也为更加合理和人性化地解决涉外婚姻法律纠纷提供了依据和保障。

第四节　涉外婚姻的特别法律规定

我国处理涉外婚姻的法律依据主要有《中华人民共和国涉外民事法律关系适用法》《民法通则》《中华人民共和国婚姻法》《婚姻登记条例》《中国边民与毗邻国边民婚姻登记办法》以及《中国公民同外国人办理婚姻登记的几项规定》等。

📹 处理涉外结婚的法律规定

一、涉外结婚的法定条件及程序

(一)涉外结婚的法定条件

根据我国《民法通则》的规定,中国公民同外国人在我国境内结婚,适用婚姻缔结地法。凡中国公民同外国人或外国人与外国人在我国境内申请结婚登记,应适应我国现行的《婚姻法》《婚姻登记条例》《中国边民与毗邻国边民婚姻登记办法》以及《涉外民事法律关系适用法》等法律的规定。在不违背我国法律规定的条件下,为避免该项婚姻被外国法律认定为无效,可适当考虑外国人一方本国法的有关规定。

1.涉外结婚的必备条件和禁止条件。根据我国《婚姻法》第 5 条、第 6 条规定:涉外结婚的必备条件是:结婚必须男女双方完全自愿,不许任何一方对他方加以强迫或任何第三者加以干涉。结婚年龄,男不得早于 22 周岁,女不得早于 20 周岁。根据我国《婚姻法》第 7 条规定:涉外结婚的禁止条件是直系血亲和三代以内的旁系血亲禁止结婚;患有医学上认为不应当结婚的疾病的禁止结婚。

2.中方结婚主体的限制。根据《中国公民同外国人办理结婚登记的几项规定》第 4 条之规定,以下两类中国公民不准同外国人结婚:(1)某些担任特定公职的人员。其范围是:①现役军人是指正在中国人民解放军和人民武装部队中服役,具有军籍的干部和战士。以及某些原在部队掌握核心机密和重大机密的复员、转业军人,在他们掌握和熟悉的机密失密前,也不能同外国人结婚。②外交人员是指直接从事外交工作的人员,主要指外交部和我国驻外使、领馆的外交官。③公安人员是指在编的各级公安机关、国家安全机关的干警。④机要人员和其掌握重大机密的人员。机要人员和其掌握重大机密的人员是指国家党政机关、科研机构和企业单位从事机要工作,掌握党和国家重大机密和科技尖端机密的人员。法律不准担任特定公职的人员同外国人结婚,是为了维护国家的安全和利益,这也是世界各国立法的通例。(2)正在接受劳动服刑的人。这类人由于违法或犯罪,正在接受法律制裁,被限制了人身自由,所以不准同外国人结婚。

（二）涉外结婚的法定程序

1.办理涉外结婚登记的机关。根据现行《婚姻登记条例》第2条第2款的规定,中国公民同外国人办理婚姻登记的机关是省、自治区、直辖市人民政府民政部门或者省、自治区、直辖市人民政府民政部门确定的机关。《涉外民事法律关系适用法》第21条规定:“结婚条件,适用当事人共同经常居所地法律;没有共同经常居住地的,适用共同国籍国法律;没有共同国籍的,在一方当事人经常居所地或者国籍国缔结婚姻的,适用婚姻缔结地法律。”结婚手续符合婚姻缔结地法律、一方当事人经常居所地法律或者国籍国法律的,一般均为有效。

2.涉外结婚登记程序。中国公民同外国人或外国人与外国人在中国结婚,其程序有如下三个:(1)申请。结婚的男女双方当事人必须亲自到婚姻登记机关申请办理结婚登记。申请结婚时,中国公民应提交以下证件、证明包括:身份证明、户口簿;本人无配偶以及与对方当事人没有直系血亲和三代以内旁系血亲关系的签字声明。此外,《中国边民与毗邻国边民婚姻登记办法》第6条规定:“办理结婚登记的中国边民应当出具下列证件、证明材料:(一)本人的居民户口簿、居民身份证;(二)本人无配偶以及与对方当事人没有直系血亲和三代以内旁系血亲关系的签字声明。”外国公民应提交的证件、证明包括:本人的有效护照或其他有效的国际旅行证件;所在国公证机构或者有权机关出具的,经中华人民共和国驻该国使(领)馆认证或者该国驻华使(领)馆认证的本人无配偶证明,或者该国驻华使(领)馆出具的本人无配偶证明。根据《中国边民与毗邻国边民婚姻登记办法》第6条规定,办理婚姻登记的毗邻国边民应当出具下列证明材料:

“(一)能够证明本人边民身份的有效护照、国际旅行证件或者边境地区出入境通行证件;(二)所在国公证机构或者有权机关出具的、经中华人民共和国驻该国使(领)馆认证或者该国驻华使(领)馆认证的本人无配偶的证明,或者所在国驻华使(领)馆出具的本人无配偶的证明,或者由毗邻国边境地区与中国乡(镇)人民政府同级的政府出具的本人无配偶证明。”(2)审查。受理涉外结婚申请后,婚姻登记机关应对双方当事人结婚的条件进行审查,对各自出示的证件和证明的真实性予以核实,看是否符合法律规定的要求。婚姻登记机关如果查明当事人的证件、证明不齐或不符合结婚要件的,应向其说明不予登记结婚的理由,并发给双方当事人《不予办理结婚登记通知单》,注明不予登记的理由。有争议的,可以向上级婚姻登记机关申请复议。(3)登记。《婚姻登记条例》第7条规定:

"婚姻登记机关应当对婚姻当事人出具的证件、证明材料进行审查并询问相关情况。对当事人符合结婚条件的,应当当场予以登记,发给结婚证。"《中国边民与毗邻国边民婚姻登记办法》第 8 条也做了类似规定。

二、涉外离婚的法定条件及程序

中国公民同外国人或外国人与外国人在我国境内要求离婚,应适用我国现行《婚姻法》《婚姻登记条例》《中国边民与毗邻国边民婚姻登记办法》以及《涉外民事法律关系适用法》等法律的规定。

(一)涉外离婚的方式

在我国境内的涉外离婚方式有涉外协议离婚和涉外诉讼离婚两种方式。涉外协议离婚也称涉外双方自愿离婚,指涉外婚姻关系因双方当事人的合意而解除的离婚方式。涉外诉讼离婚是指涉外夫妻双方就是否离婚或者财产的分割、债务的分担、子女的抚养等问题无法达成一致的意见,而向人民法院起诉,人民法院经过审理后,通过调解或判决解除涉外婚姻关系的一种离婚制度。

(二)涉外离婚的法定条件与程序

1. 涉外协议离婚的法定条件与程序。关于涉外协议离婚的法定条件与程序《婚姻法》《婚姻登记条例》规定如下:(1)涉外协议离婚的条件。《婚姻法》第 31 条规定,男女双方自愿离婚的,准予离婚。双方必须到我国婚姻登记机关申请离婚。婚姻登记机关查明涉外婚姻双方确实是自愿并对子女和财产问题已有适当处理时,发给离婚证。(2)涉外协议离婚的程序。《婚姻登记条例》第 10 条规定:中国公民同外国人在中国内地自愿离婚的,男女双方应当共同到内地居民常住户口所在地的婚姻登记机关办理离婚登记。根据该《条例》第 11 条的规定,申请离婚时,双方应当出具必要的证件和证明:中国公民应当出具本人的户口簿、身份证、本人的结婚照和双方当事人共同签署的离婚协议书。外国人除应当出具结婚证和双方签订的离婚协议书外,还应当出具本人的有效护照或其他有效国际旅行证件。该《条例》第 12 条还规定:"办理离婚登记的当事人有下列情形之一的,婚姻登记机关不予受理:(一)未达成离婚协议的;(二)属于无民事行为能力人或者限制民事行为能力人的;(三)其结婚登记不是在中国内地办理的。"婚姻登记机关应当对离婚当事人出具的证件、证明材料进行审查并询问相关情况。对当事人确属自愿离婚,并已对子女抚养、财产、债务等问题达成一致处理意见的,应当当场予以登记颁发离婚证。对于边民婚姻当事人的离婚问题,《中国边民与毗邻国边民婚姻登记办法》第 8 条也有类似的规定。

　　2.涉外诉讼离婚的法定条件与程序。关于涉外协议离婚的法定条件与程序《婚姻法》《婚姻登记条例》规定如下:(1)涉外诉讼离婚的条件。涉外诉讼离婚主要有两种情形:一是涉外婚姻的双方当事人愿意离婚,但就子女的抚养或财产的分割不能达成一致意见的;二是一方要求离婚,另一方不同意离婚的。对于这两种情形的离婚只能通过有管辖权的人民法院依法审理判决。涉外诉讼离婚以夫妻感情确已破裂,经法院调解无效作为准予离婚的法定条件。(2)涉外诉讼离婚的程序。我国人民法院审理涉外离婚案件,依据《民事诉讼法》和现行《婚姻法》等法律的相关规定审理裁决。涉外诉讼离婚案件中,外国人可以委托中国律师或其他代理人代理诉讼,也可以委托本国人为代理人或本国律师以个人名义担任诉讼代理人;外国驻华使、领馆官员,受本国公民委托,可以个人名义担任诉讼代理人。外国驻华使、领馆官员,受本国公民委托,可以个人名义担任诉讼代理人,但诉讼中不享有外交特权和豁免权。外国当事人的委托书以及寄交给我国法院的诉讼文书,应经本国公证机关公证,并经我国驻该国使、领馆认证。

　　3.涉外离婚案件的上诉期与财产执行问题。关于上诉期,根据我国《民事诉讼法》的规定,居住在中国领域内的中国公民和(或)外国人不服一审离婚诉讼判决的,在收到一审判决书之日起十五日内,有权向管辖权范围内的上级人民法院上诉。《民事诉讼法》第269条规定:"在中华人民共和国领域内没有住所的当事人,不服第一审人民法院判决、裁定的,有权在判决书、裁定书送达之日起三十日内提起上诉。被上诉人在收到上诉状副本后,应当在三十日内提出答辩状。当事人不能在法定期间提起上诉或者提出答辩状,申请延期的,是否准许,由人民法院决定。"双方当事人在上诉期届满后没有上诉的,一审离婚判决即发生法律效力。关于财产内容的执行,中国公民与外国人的婚姻经人民法院判决离婚的,如果属于我国与有些国家尚未签订司法协助条约的,人民法院判决外国人一方应负担的子女抚养费、夫妻共同财产分割应给付的数额和经济帮助费、损害赔偿费等,应一次性给付;给付有困难的,可由在中国有相当财产的中国公民或外国公民担保;到期不履行的,由担保人承担给付责任。

　　*婚恋结语:*异国恋中非法婚恋市场存在的欺诈、拐骗行为或地位不平等交往,无不使浪漫的异国恋充斥着烦恼。谁都想拥有幸福美满的婚姻,涉外婚姻也不乏白头偕老,恩恩爱爱一辈子的夫妻。但无论是异国恋还是涉外婚,如果是非法中介机构介绍的,且只见上一两次面的又不知根知底的异国恋与涉外婚姻,要慎之又慎。不应以出国、获取财富等作为异国恋与涉外婚姻的砝码。否则,可能陷入不法分子所设的圈套,后悔终生!

▶ 本章测试

异国恋与涉外婚测试作业与答案。

🛡 测试作业与答案

▶ 本章问卷

异国恋与涉外婚问卷调查。

👤 问卷调查

▶ 本章思考题

分析异国恋的群体性。

▶ 设计教学法——微视频采访调查作业

1. 性别与种族（角色扮演）对异国恋的影响。

2. 涉外婚的利弊。

▶ 本章推荐阅读书目

1. 焦燕:《婚姻冲突法问题研究》,法律出版社 2007 年版。

2. 陈之遥:《我曾如此爱你》,中国华侨出版社 2015 年版。

3. 杨大文:《婚姻家庭法》,中国人民大学出版社 2016 年版。

第五章　异地恋与异地婚

学习要求

　　通过本章学习,重点掌握异地恋的概念、特征,异地恋成功的秘诀,异地恋带来的不良情绪及处理;异地婚的概念、特点、产生的原因,与婚内分居等相关婚姻现象的区别,异地婚的危机及防范对策。

　　在我们的生活当中,有一种恋爱既要忍受相思之苦,又要担心恋人的移情别恋,那就是异地恋。异地恋是相隔两地的恋爱,可谓浪漫。那么我们该如何维持异地恋? 又该如何提高异地恋的成功率? 异地婚即分居两地的婚姻,幸福吗? 异地婚有哪些利弊? 哪些危机? 如何有效防范危机? 本章将进行阐述。

📖 附法条

第一节　异地恋概述

一、异地恋的概念及特征

　　异地恋,顾名思义,是相隔两地的恋爱。指相恋的两个男女不在同一城市的恋爱。异地恋是对应同城恋的,更完整的表述是指恋爱男女双方在居住空间上存在较大距离,以致不能够经常见面或者见面频率较少的恋爱关系。这个概念比较全面地阐释了异地恋与同城恋比较的两大不同特征:

　　1.空间地域特征。顾名思义,异地就是两个不同的地方。要明确的是:首先,异地是指一国境内不同地方,有别于不同国境和跨越国境。其次,一般"地方"是指不同的城市。从我国的行政区划上来分,城市包括省、自治区人民政府所在地的市,经济特区所在地的市和国务院批准的较大的市,以及设区的市和不设区的市等,以上是市的概念也可以说是城市的概念种类,所以从范围上的划分来看,异地就是两个不同城市。再次,还必须是有一定实际距离的不同城市。光从行政区划来分析并不周全,比如居住 A 城与 B 城两城交界处仅有两百米距离的男女相恋,此种情形虽属于异地,但是不符合异地恋的特征,必须异地有实际距离的长度,但是,实际距离的长度的标准是什么呢? 可以说,这个距离上的掌握是不确定的,我们只能遵从社会观念所形成的共识去判断,有研究者将"异地"的范围限定在县以上,也就是说恋爱双方起码是来自同一省内的不同的县、市;① 有研究者将恋人间地理位置相距 50 英里以上算作异地,约 80.5 千米。最直接应该是结合异地恋的时间间隔特征来判断。

2.时间间隔特征。异地恋仅具备空间地域特征还不够,还应具备见面时间间隔要求。异地恋的时间因素是指双方见面的时间间隔。一般来说由于受空间居住距离的限制,见面比较有困难,致使见面次数比较少、见面时间也受到限制、见面成本相对较大。一般认为异地恋的时间标准下限应有 5～7 天的见面间隔,多则不限。

总之,异地恋由地域因素和时间因素构成,在有足够距离的不同的城市,导致男女恋爱双方见面次数少,有 5～7 天以上的见面间隔,就应当认定为异地恋。

二、异地恋的分类

1.按主体分:大学生异地恋、军人异地恋及外地打工者异地恋等。

2.按照异地距离的长短分:同省不同城异地恋和跨省异地恋。

3.按发生异地恋的原因分:其一是原本在一起的恋人,一方因求学等原因离开另一方,但恋爱关系继续维持或进入大学后利用发达的网络等通信设备建立起的异地恋爱关系;其二是来自不同地方的两个人因为求学等原因来到了同一个地方,并在此地相识、相知直至建立起比较稳定的恋爱关系②。第二种情形的异地恋不在本章节范畴。

① 邓晓梅.国内异地联姻研究述评[J].人口与发展,2011(4).
② 大学生异地恋调查报告[EB/OL].http://wenku.baidu.com/view/12b1f4d1360cba1aa811dac0.html,2013-3-9.

三、异地恋与相关恋爱的比较

(一)异地恋与异国恋

异国恋也称涉外恋。是指恋爱双方不在同一个国家或一个国境内(如我国内地与港、澳、台男女之间的恋爱),长期不能见面的恋爱关系。异地恋与异国恋比较,有相同之处也有区别。

1.相同之处。两者都有空间地域和时间间隔特征;都存在距离、沟通、信任危机等难以克服的问题。

2.不同之处:一是两者的空间地域不一样,异地恋是同一国家不同城市的恋爱,而异国恋是不同国家或一个国境内不同地区的恋爱;二是异国恋不能见面的时间间隔也更长,经受的恋爱考验更多。

(二)异地恋与网恋

关于网恋,有研究者认为网恋是指通过网络恋爱,即人们借助网络媒体谈恋爱。[1] 它有两种情形:第一种情形即恋爱双方原来就彼此熟悉,或已经是朋友,如今借助网络联络感情。第二种情形也称网上婚恋交友,是指通过网络从相识到相知相恋。具体又有两种情形:一种是网上婚恋交友者在利用 E-mail、BBS、网上聊天和虚拟社区进行交往的过程中,挑明目的并要求网下见面,以确定是否进一步发展关系;另一种情况是通过网络婚介或征婚网站寻找伴侣。[2] 本教材中的网恋取第二种情形,网恋即网上婚恋交友,是指通过网络从相识到相知相恋。异地恋与网恋比较,有相同之处也有区别。

1.相同之处。一是网恋也是异地恋,只不过这个异地可能是真实的异地和网络异地的结合或者仅是网络异地,而异地恋是真实的现实的异地;二是异地恋也可以借助网络联络感情,加深了解,所以网络成为异地恋很重要的沟通手段,也是异地恋越来越多的重要原因。

2.不同之处。异地恋是真实的男女之间的恋爱,恋爱的男女现实生活中认识见过面,或者一起生活过。而网恋具有虚拟性,表现为网恋中的他或她是虚拟的,他或她的恋爱对象也是虚拟的。因此网恋也被称作恋爱游戏,或者用来形容在现实生活中根本没有见过和相处过的一对恋人,单纯通过网络进行的恋爱。但是,通过网恋见过面的恋爱男女可以转化为真实的恋爱。

---

[1][2] 黄金生,左学耕.理性视角下的网恋辨析[J].襄樊职业技术学院学报,2009(4).

第二节 异地恋的不良情绪及应对

随着现代社会的发展,交通越来越便利,通信越来越发达,越来越多的人因为求学和深造、工作等各种原因而不得不"身处异方",以致爱侣分离,展开异地恋这种新的恋爱方式。尤其在年轻人的恋爱中,异地恋的比例在不断上升。根据某婚恋网站发布的针对"异地恋"人群的婚恋状况调研报告显示,40.99%的人可以接受异地恋,22.98%的人则认为异地恋很难成功。在造成异地恋最终失败的原因中,空虚寂寞因素占到了36.02%,缺乏安全感因素占到了31.06%,而出轨是第三大影响因素。虽然异地恋有很多困难,但仍然有66.8%的人支持异地恋,相信真爱可以不受距离的影响①。

一般认为,异地恋比较适合稳重且有着深厚感情的男女双方;不适合控制欲强、很没有安全感、喜欢黏人、疑心病很重以及喜欢有家的感觉的男女双方。原因是异地恋相较于同城恋,不仅要承担距离带来的思念之苦,还要忍受心里有一个人但却不在身边的孤单寂寞。但是,在异地恋的过程中,如果两个人坚守对爱情的信念和彼此的信任,共同用心经营爱情,将会收获更浓烈幸福的爱情。因此,处于异地恋的男女,应该好好珍惜异地恋的机会,双方应从不同的视角出发,去提升自己爱的能力,巩固恋的关系。

一、异地恋常见的不良情绪

异地恋凭书信、电话、视频加强了解,维持感情。假如一方因为工作或其他事情以致不能及时联系,或者总是误了相约的时间,久而久之,会让对方由于猜疑、自信心不足等引起一些不良情绪的发生。

(一)哀怨忧伤愁离别

根据百度词条,哀怨指悲伤而含怨恨,通常当人受到打击或者遇到很难过的事时容易产生这种感觉②。"相见时难别亦难,东风无力百花残",这是李商隐的著名诗句,此诗句与异地恋十分贴切,因为它道尽了异地恋人间的离别之苦。异

---

① 王金婷.异地恋:爱的能力,恋的关系[J].检察风云,2016(17).

② 转引自百度百科"哀怨"词条, https://baike.baidu.com/item/%E5%93%80%E6%80%A8/8041943? fr=aladdin.

地恋人每一次见面都是以倒计时的方式进行,相聚一开始就意味着离别的来临,同时又对下一次的见面充满期待。所以有人戏称异地恋中男女放下手机就是单身;还有亲身经历者也说异地恋就是以恋爱的名义,过着单身狗的生活。因此,异地恋人短暂的相见很快又要分开,对于热恋中的情侣相见时难别亦难的心理折磨,长久一人体味欣喜忧愁无从分享,欢笑落泪不能拥抱的分离之苦,难免让人陷入哀怨忧伤的情绪。

（二）孤单寂寞相思苦

寂寞是一种心境,是指当个人离开群体不久后,就会产生的一种特有状态。寂寞虽可以说是一个人的孤单,但并不代表在人多的时候就不会感到寂寞,如人在他乡,或生活在大城市中的异乡人,往往也会有一种寂寞感。所以寂寞往往是源于心里的一种无奈。

众所周知,一个人不孤单,想念一个人才孤单。异地恋人心里想着对方,对方却不能在身边朝朝暮暮。当自己形单影只时,看见同城恋人们的出双入对就会觉得特别的孤单寂寞。因此,异地恋的伴侣对孤单寂寞的体验是最深刻的,它不仅是由于异地恋一个人的孤单,更多时候是思念另一个人的惆怅。异地恋的分离,陷入深深的寂寞思念,会让异地恋人茫然不知所措,对周围事物不感兴趣,导致跟不上周围的步伐,生活茫然变得没有重心。诸如曹丕的诗"牛郎织女遥相望,尔独何辜限河梁"一样,这种相思之苦让人难以自持。

（三）焦虑不安疑虑生

焦虑不安可以解释为缺乏明显客观原因的内心不安。焦虑是指一种缺乏明显客观原因的内心不安或无根据的恐惧。表现为持续性精神紧张,产生莫名的紧张、担忧、不安全感。异地恋中最大的焦虑是害怕失去对方,因为异地恋人距离的原因,如果自己全身心付出、期待得不到回应,对远在他乡的另一方就会毫无理由地莫名地担忧、怀疑、猜忌、不信任,因而产生强烈的不安和焦虑,以至于辗转反侧,焦灼不安疑虑重重。因此意志薄弱、猜疑心强、爱得不深没有充分信任感的人选择异地恋很容易导致焦虑情绪的产生。

二、异地恋不良情绪产生原因

异地恋容易陷入忧伤、寂寞和焦虑情绪,这些表面问题背后隐藏着共性的问题和原因。

（一）心理边界①问题

恋爱，是一种亲密关系，在亲密关系中会非常渴求自己与另一个"爱人"融合。通俗来讲就是，内心特别渴望你就是我，我就是你。但是恋爱关系是两个独立的个体因为情感的吸引而靠近，不可能完全融合。即便同城恋也会有心理边界的问题，但是同城恋因为可以及时见面沟通，使得问题容易解决；异地恋恰恰因距离让心理边界问题突显。距离，是客观困难，让两个人不能时常在一起，使得某种程度上亲密的感觉受到伤害。但同时也更清晰地让彼此意识到，恋人之间应该各自有各自的空间和需求。因此，异地恋要积极克服心理问题，不断确认自我边界和他人边界，真切地体会、面对自我独立的艰难，以此体验到因独立而自由的愉悦。

（二）对自我的不理解和不接纳

恋爱是在独立和依赖中找到一种自在的平衡。异地恋关系有助于让自己看到更脆弱和依赖的自我需求，也是一个理解自己、提升自己的机会。亲密关系是我们克服困难时的后盾，受伤时的安全岛，它是支持性、包容性的存在，不能用来逃避自我。在异地恋中应当不断地学会独立坚强，勇敢地承担起自己的责任，才会获得爱情的甜蜜。

（三）对他人的不理解和不包容

异地恋并不适合于所有人，所以在决定开始之前要对自己、对恋人有一定的了解。对另一半的理解和信任，也是一门需要去修行的功课。比如，部分异地恋的女生在打了几次电话都没有回复的时候会胡思乱想，他是不是不在乎我了，是不是有别的新欢了，等等，这些担忧念头的浮现是可以理解的。但是比较糟糕的是因为这些假设性的情况而与另一半闹脾气，这样反而会伤害彼此的感情。所以异地恋要修炼的是在对对方有些担忧和不确定时自我内心的承受能力，其能力就是基于对另一半的信任，试着去理解对方此刻的处境。对他人的理解和包容会逐渐建立起自己内心的安全感，也是让异地恋继续走下去的基本动力。

---

① 心理学上的概念。心理学的边界就是两者之间的临界点，因为世界上所有物的关系总是有所交叉的，特别是人的关系，而且不同的角度会产生不同的临界点。心理学中强调"边界"是为了明确自我定位，以便使自我在"和谐"的状态下成长和发展。

三、如何应对异地恋的不良情绪

异地恋会让人更深刻地体验到爱情中的酸甜苦辣，两个人都需要付出更多的努力，去发展自己爱的能力，建立起恋的紧密关系。

（一）彼此信任

所谓的信任不是天真无邪的全然信任，而是两个独立的成年人经过检验的成熟的信任，尽管是异地也像在自己身边一样信任对方、理解对方。包括两个人之间要有较深的了解，彼此人格、价值观、爱情观要相对一致；要建立起畅所欲言的沟通桥梁，要擅长运用现代通信技术，通过电话、微信、视频的沟通取代面对面的互动，以维持亲密和信任；要从心底建立起对对方的信任，两人之间不会因为误会而指责对方等。异地恋人对彼此的坚定信任，是克服异地恋不良情绪的强大力量。

（二）踏实的安全感和归属感

恋爱中的安全感是对方觉得他（她）强烈地想和自己在一起，归属感是自己强烈地想和对方在一起。异地恋人的安全感是指"我知道你不会走"，你对我是安全的；而归属感是指"我知道我不会走"，我的心归属于你。当两个异地恋人能够彼此信任和尊重时，安全感和归属感就会在同一水平，即便有一些不良情绪影响，仍然是彼此感情可以承载的。

（三）愿景承诺

对于异地恋，尤其需要两个人共同构建对未来愿景的承诺。因为这个美好的愿望是支撑走过艰难险阻的力量。未来愿景就是：异地恋只是两人的一个中间时期，最终会克服千难万阻走到一起，这样的终极目标会带领两个异地恋人共同朝向同一个未来而努力。

异地恋，是一种体验，体验爱情里克服阻碍、不放弃的"爱之甜"；也体验依恋里思念却无法在身边的"爱之苦"。这样甘苦与共的时光恰恰是爱情的美妙所在。对于真心相爱的人来说，地域、时间什么都阻隔不了，他们只相信爱情。爱对于个人是一种崇高的动力，在异地恋中试着去成熟，在自身内完成一个世界，为了另一个人完成一个自己的世界。异地恋与其他所有的恋爱一样肯定会有属于自己的结果，或者在一起，或者分开。但不论如何，只要为自己的爱情全力争取过，就是最大的胜利者。

第三节　异地婚概述

一、异地婚的界定

（一）异地婚的概念及特征

所谓异地婚,有不同的界定。有研究认为,异地婚是与本地婚相对的概念,是指夫妻双方不同在某一传统婚姻圈中的婚姻。鉴于当前交通和通信手段的发展拓展了跨地域的含义,有观点认为异地婚主要指随着新世纪以来农民工打工潮的兴起,来自同省异市或者异省的新生代异地青年男女双方在城市打工期间,通过自由恋爱并结婚的现象①。本教材认为异地婚是与同地婚相对的概念。所谓异地婚是指夫妻双方分居两地的婚姻。借鉴异地恋的概念,更完整的表述是指夫妻双方在居住空间上存在较大距离,以致不能够经常见面或者见面频率较少的夫妻关系。这个概念比较全面地阐释了异地婚与异地恋一样具有空间地域和时间间隔两大特征:

周恩来邓颖超:5 年异地恋爱不动摇

1.异地。首先是指我国境内以行政区划划分的不同城市,也包括同一省内的不同的市、县;其次同时还要有一定实际距离的不同城市,两地相隔不能只有百米以内,应该有 50 千米以上。

2.时间间隔。一般认为异地婚的时间标准下限应有 5~7 天的见面间隔,多则不限。

（二）异地婚与相关婚姻现象的比较

1.异地婚与婚内分居。婚内分居简称分居,即分别居住。是指夫妻双方在继续维持其夫妻关系的情况下,停止共同生活,并各自建立属于自己的生活方式的状况。我国法律没有对分居作为一项制度进行具体规定,但是婚姻法把"因感

---

① 谢信森.农村异地婚妇女家庭地位探析——从"社会交换"的理论视角[D].武汉:华中科技大学,2014.

情不和分居满两年"①作为判决离婚的法定理由之一。通常情况下，即使夫妻双方仍然同住于一个屋檐下，但只要彼此已分房，各不相干，这种情况如果满了两年，在法律上即可认定为夫妻分居。在法定分居情况下，双方当事人可通过自愿协商或法院判决的方式对财产分割、配偶赡养费、子女抚养费等问题做出安排。

所以异地婚与婚内分居是两个完全不同的法律现象。异地婚是现代社会一种婚姻模式，是夫妻双方基于事业、工作或求学等原因而形成的分居两地的婚姻。而婚内分居只是一种可以判决离婚的法定理由，它以存在合法、有效的婚姻关系为前提，它可以适用所有的婚姻模式，包括同地婚和异地婚。

2. 异地婚与跨省婚姻。在关注农民工婚姻的研究中出现了一个新的婚姻名词——跨省婚姻，是指伴随着打工潮的兴起而带来的异地青年结婚现象，是青年农民在远离村庄传统婚姻圈的情况下，通过自由婚恋而产生的一种婚恋现象②。与异地婚比较，它们的相同点是都是异地，而且跨省婚姻并不一定夫妻双方分属不同的省份，也可能是"跨市"、"跨县"等。所以从地域角度理解，跨省婚姻就相当于异地婚姻。不同点是"跨省婚姻"在现有的学术研究中特指青年农民工的婚恋现象，适用范围比较狭窄，而异地婚泛指所有的夫妻双方分居两地的婚姻。

3. 异地婚与异地联姻。异地联姻是指夫妻双方来自不同的县、市、省甚至国家而形成的跨地区通婚。不同的研究者对其有不同的称谓，也没有统一的定义。比如民政部门人员习惯将这种有外来人员构成的婚姻称为"外进婚"，嫁到外地的妇女称为"外流妇女"；在学界，有"跨地区婚姻模式""跨省婚姻""跨省区联姻""婚姻迁移""异地婚嫁""婚姻外移""两地婚姻"等多种称谓，将嫁到他乡的女性称为"远嫁妇女""外来婚嫁女""女性婚姻移民"等。将其统称为"异地联姻"，可以反映出这种婚姻现象的本质特征，即它们都是区别于传统同地婚姻的"远距离通婚"，是一种新的联姻模式③。

与异地婚比较，它们的相同点都是异地，但异地婚中的异地是指同一国境内的不同城市，不包括不同国家的婚姻，否则就是涉外婚。异地联姻中的异地可以更广，有的认为包括"涉外婚姻"和"国际婚姻"，甚至"大陆新娘"和"双重移

---

① 《婚姻法》第32条第3款规定："人民法院审理离婚案件，有下列情形之一，调解无效的，应准予离婚：（一）重婚或有配偶者与他人同居的；（二）实施家庭暴力或虐待、遗弃家庭成员的；（三）有赌博、吸毒等恶习屡教不改的；（四）因感情不和分居满二年的；（五）其他导致夫妻感情破裂的情形。"

② 宋丽娜. 打工青年跨省婚姻研究[J]. 中国青年研究，2010(1).

③ 邓晓梅. 国内异地联姻研究述评[J]. 人口与发展，2011(4).

民"等①。

不同点是产生的原因不同,异地婚通常是因为夫妻双方基于事业、工作或求学等原因而不得已分居两地。异地联姻是一种通婚现象。所谓通婚,亦作"通昏",是指结成姻亲、互通婚姻。不同国家、不同种族的结婚,都可以称为通婚,所以范围更广。

二、异地婚产生的原因

异地婚的产生原因众多,总的来讲主要有以下五大类。

(一)事业第一,工作为重

这是目前夫妻异地婚的最常见的原因。在今天我国事业发展机遇众多的时期,很多的高学历群体、知识阶层将异地婚作为一种自主选择,不愿意因为结婚放弃能够稳定、上升的发展。还有是因为职业特点导致异地婚的,如空乘人员、做生意人员和借调外地工作而选择异地婚的情形。

(二)分居伴侣,双城无间

现在我国社会的家庭形态发展是多元化的,随着通信的发达,以及中国人个人意识的改变,现代人可能要求有更多的自我空间,许多白领阶层在感情稳定、婚姻牢固的情况下,自愿选择不同城市工作生活的分居伴侣 LST(live separate together 的简写)生活,相爱但不相守。

(三)继续学业,提升自我

许多年轻的夫妻,因为事业心重,求知欲强,为追求事业上更大的发展,不满足于现有的学历文凭,求学深造,继续读硕读博,造成一定时期内的异地婚。

(四)照顾家人,孝顺父母

有的夫妻因一方与自己的父母关系特别好,或者父母不习惯外地生活或者父母一方病重不能独立生活需要照顾等原因,选择和父母生活在一起而导致异地婚。

(五)吵架夫妻,缓和关系

有的夫妻因常年生活在一起,天天柴米油盐,因家庭琐事时常吵架,致使夫

---

① 周建芳.农村异地联姻婚姻质量研究——以江苏吴江为例[D].南京:南京大学,2011.

妻关系紧张,在双方共同协商一致的情况下选择分居两地,以缓和夫妻关系。这种情况不常见,但也是存在的。

第四节 异地婚的危机及防范

一、异地婚危机

有婚恋专家认为夫妻异地婚是不被推崇的,不是万不得已,夫妻尽量不要分开异地。因为不论以上哪种原因产生的异地婚姻,都会出现以下共同的危机。

🎬异地婚的危机及防范

(一)婚姻质量受影响

异地婚姻因夫妻情感链接缺失,夫妻长期分离形成陌路以及难以营造温馨的家庭氛围,使得婚姻质量的五个维度,即婚姻生活满意度、对配偶满意度、物质生活满意度、夫妻亲密性和夫妻和谐性都受到影响,严重的会导致夫妻双方或一方对婚姻生活的失望。

(二)离婚率高

《婚姻法》第32条第3款列举了五种法定离婚的理由,异地婚有可能是造成其中两种的原因,一是因分居两地导致夫妻感情破裂而离婚;二是因婚外情导致感情破裂而离婚。还有其他众多夫妻之间的矛盾冲突在异地婚中都更能引起夫妻感情破裂,因为异地婚缺乏夫妻出现问题及时沟通的时空条件,因此,异地婚离婚率高是在所难免的。

(三)孩子的教育出现困扰

首先,因为夫妻身处异地,难以共同负担起孩子的学习教育,很多情况下陪伴孩子学习成长的只是夫妻一方,无论孩子缺少父母任何一方的关爱,都会出现一定的心理问题,诸如自卑、回避、缺少阳刚之气或者母性的慈爱胸怀。同时家教的不全面,使得孩子在上学时的人际关系、工作后的为人处事都会受到影响,依赖感也会很强。其次,因为异地婚孩子的幼儿、小学、中学教育等都会因户籍、异地等原因造成选择困难,影响孩子的正常学习和成长。

二、异地婚危机防范

针对异地婚的上述危机,应采取以下防范措施。

(一)清楚自己是否适合异地婚

夫妻任何一方独自面对异地婚需要有足够的勇气和自信。异地婚不是所有的男女都适合,比较适合独立、坚强、喜欢异地分居的自由、相爱但不求相守的夫妻。所以,在选择异地婚之前先要评估一下自己是否适合异地婚,是否有勇气面对异地婚的一切艰难险阻。如果做不到,最好的办法是不适应异地婚的一方选择为婚姻、家庭做出自我牺牲,以牺牲一些事业和工作带来的利益换取幸福美满的爱情和家庭。

(二)在意识层面做好迎接异地婚困难的准备

一般说小别胜新婚,而夫妻长期的分离就会导致离心离德,如果夫妻双方心离得远了,道德操守就会降低。既然选择了异地婚,就要充分意识到异地婚会出现很多困难、问题,包括夫妻双方肉体上、思想上和生活习惯上都会出现问题,出现陌生感。

(三)在危机防范战术上要有具体举措

1.要建立一个共同的家。首先要在物理上建立一个家,选择一方所在地买房子、共同装修,把温馨的家建起来,而不是因为夫妻不在一起就随便租房子或住在一方父母家甚至单位里,没有家的感觉是不会有好好经营家的责任感的。其次,在精神层面和思维观念层面也要按家的标准建立,比如夫妻间约法三章、制定家的发展规划等。

2.进入妻子、丈夫的功能角色。夫妻双方在家庭中的功能角色是不同的,也就是古人说的男主外,女主内。而现在异地婚姻,在家的一方千万别既主内又主外,即不发挥在外一方的功能作用。所以,异地婚中家中丈夫、妻子的功能要进行整合,让在外的一方知道他是家里不可或缺的一员。因此,家里出现了生活困难、维修故障要及时沟通,让身处异地的一方知道家里的现状、遭遇的困难。让他知道在家一方的不容易,更加珍惜异地婚姻。

3.异地婚财务问题处理特殊性。异地婚家庭财务不能各管各的,家庭财务要整合,应制定家庭财务制度和规划,一般应由在家一方管理并经营,主要用于家庭建设和孩子教育、父母赡养等。

4.注意安排夫妻见面的频率。夫妻最好半个月见面一次,而且要换位体验。

不能只是在外的一方在路上奔波劳碌,在家的一方应主动往返在外一方的工作地,体会来回往返的路程和感受,体会在外一方的辛苦。异地婚,必须夫妻俩一起在路上奔波劳碌,既可以共同体会路途奔波劳碌之苦,也能避免他人插足,更能增进夫妻感情,有利于促进夫妻关系稳定发展。

5.孩子的教育必须共同承担。尽管身处异地,利用互联网、自媒体、微信视频等现代通信手段,加强在外一方与孩子的沟通,并要充分利用在外一方的知识优势辅导教育孩子,让异地婚孩子教育的困扰通过夫妻双方的努力克服,双方为孩子的教育、成长尽力尽责,与孩子共同成长。

婚恋结语:异地恋因为有爱无缘,所以爱容易淡漠,滋生危机,最终消失;异地婚,因无缘就无份,所以结婚率低;如果无缘而有份,肯定离婚率高。因此,要成就异地恋,必须有爱又有缘;要异地婚幸福美满,必须有爱有缘又有份。身处异地恋或异地婚的男女,需要双方努力,提升爱的能力,固牢恋的关系,才能拥有家的幸福!

本章测试

异地恋与异地婚测试作业与答案。

🛡 测试作业与答案

本章问卷

异地恋与异地婚问卷调查。

👤 问卷调查

本章思考题

1.谈谈异地恋带来的现实问题及解决对策。

2.阐释异地婚的危机及化解对策。

设计教学法——微视频采访调查作业

异地恋与异地婚你能接受吗?

本章推荐阅读书目

1.夏晏:《他们的异地恋》,北京时代华文书局有限公司2016年版。

2.张弦:《异地第六年　我们结婚了》,三秦出版社2018年版。

3.杨大文:《婚姻家庭法》,中国人民大学出版社2016年版。

第六章　网络恋与网络婚

学习要求

　　通过本章学习,重点掌握网络恋的含义和特征、网络恋的类型;网络恋产生的原因、网络恋的不利影响及消除对策;掌握网络婚的概念、特征、类型、与现实婚姻的区别以及网络婚所引发的法律问题等重要内容。

　　网络恋即网恋,是现代社会的恋爱新模式。网络婚即网婚,是指在虚拟的网络上进行结婚登记、并领取虚拟结婚证所缔结的婚姻关系。因此对于什么是网络恋、有哪些特征与类型、网恋给青年男女带来不利影响应如何应对、网络婚的内涵界定、类型表现、网络婚带来哪些法律问题等将在本章进行重点阐释。

📖 附法条

第一节　网络恋概述

　　随着互联网技术的普及,以计算机为媒介的交流变得普及化,互联网媒介建立的网络关系已成为现代社会交往的一种新型的模式。"虚拟社会"的出现带给我们全新的情感交流和婚姻恋爱方式,越来越多的网民开始在网上寻找另一半。最近一项研究调查了 3215 名成年人,评估出超过 1000 万的单身网络使用者正在寻找伴侣,并且 74% 的人已经通过互联网找到了。"网络恋"开始成为一个大家耳熟能详的词语,那么,什么是网络恋呢?

🎬 网恋的特征

一、网络恋的含义

网络恋(cyber love)简称网恋,是指男女双方通过网络媒介进行交往并恋爱。广义上的网恋是指男女双方相识、相恋于网络空间,以网络作为主要媒介进行情感交流,时机成熟后转到线下,继续交往发展。而狭义的网恋仅指网上的恋爱阶段①。要注意的是,网恋主要是以因特网上的网站或交友聊天室等信息化空间作为媒介进行感情的交互及恋爱,不排除同时利用短信、邮件等方式辅助性的交际手段进行交流。

心理学家斯腾伯格提出著名的爱情三角理论:亲密、激情、承诺。那么网络恋是否也具备爱情的三个成分呢?唐魁玉认为网恋不同于一般恋爱,如果说现实恋爱是以缔结婚姻为目的建立情感及交往过程,那么网络恋更注重的是恋爱的"过程"而并非"结果"②,即主要不以婚姻交往为目标,倾向于建立一种异性之间的亲密关系。有的学者认为网络恋是比一般恋爱更纯粹的恋爱,它完全注重的是两个人精神的交流和契合,刨去金钱、地位、家庭等一切外在因素,只被对方的个人魅力所吸引,怦然心动,情愫暗生。

二、网络恋的特征

网恋作为一般恋爱的一种方式,与传统恋爱有许多相同之处,但两者在表现方式上又有很多的不同之处。我们重点分析网络恋与传统恋爱的异质性,即网恋的特殊性。

(一)虚拟性

网恋的虚拟性主要是指在网上恋爱的部分,双方隐匿了身体,依附于一种不是现实存在的物理空间的电子网络空间或"赛伯空间"③,通过数字化的符号进行交往。网恋既不需要依附特定的社会交往所需要的物理实体及时空位置,也不存在于物质生产及能量流动的过程之中,它只需要一台电脑,一根网线,通过光速运动的比特及其特殊的数字化运动方式,就能产生火花,碰撞出爱情。在网络中,人们可以隐藏自己的性别、年龄、身份、地位,完全创作出一个理想中的形

---

① 桂芳.网恋伦理初探[D].长沙:湖南师范大学.2003.

② 唐魁玉.过程与结果:网恋现象的社会心理分析[J].哈尔滨工业大学学报.2001(3).

③ 赛伯空间:在计算机以及计算机网络里的虚拟现实。

象,弥补现实生活中的"缺失"和不如意,并用这个形象去交流,在虚拟世界中生活[①]。

一般的恋爱是一种由外向内的过程,而网恋则正好相反,它是一种由内向外的过程,先是由双方进行非实体因素如思想、情感的交流,如果感觉不错,有进一步交往意愿以后,双方才会见面,继而进入实体交往阶段。在此之前的网上恋爱阶段,都是虚拟化的。

(二)超时空性

所谓"超时空性",是指在人们的网络交往行为过程中,由于信息能够以光速在网络上进行传输,极大地拓展了人们网络交往行为,同时也使得在现实的人际互动过程中所必需的时间和场所被大大地压缩甚至取消了。在古代,男女交往要通过书信、车马。近代以来,人们可以打电话,但那是封闭性一对一的,寻找另一半的过程往往要消耗大量的时间、精力,爱情往往是在"熟人社会"中发生。互联网的开放性、超时空性和交互性使得男女交往越来越方便,更加开始靠"缘分"。互联网使人类在其交往行为的过程中对时空和地域的限制缩到最小,人们足不出户就可以纵览天下事,真正地实现了"海内存知己,天涯若比邻",跨地区、跨国界、跨民族的恋爱都得以成为可能。

(三)符号互动性

米德的符号互动论认为,人际符号互动主要通过自然语言进行,人通过语言认识自我、他人和社会[②]。在网络上互动时,人们必须遵守一定的符号互动规则,使用特定的各种各样的网络图标及网络流行语与他人进行交流。在传统恋爱过程中,男女双方可以通过语言、面部表情、肢体语言等获得更多的信息,而网恋过程中,男女双方相处在仅依赖文字、数字符号等一套符号知识系统构建出的虚拟王国之中,留下了更多的是对彼此"完美化"的想象空间。

(四)自我表露

自我表露是指人们自发的向他人暴露有关于自己的真实且重要信息,与他人共享自己的感受和信念。生活中存在着一种"火车上的陌生人"现象,即人们在向自己今后很可能不会再见到的人敞开心扉时,会感到更加舒服。心理学家

---

① 曾坚朋.虚拟与现实:对"网恋"现象的理论分析[J].中国青年研究.2006(2).
② 李文跃.符号、教学符号与教学符号互动的探析——基于符号互动论的视角[J].教育理论与实践,2013(10).

认为网络的自我表露存在两种机制,良性抑制解除和恶性抑制解除。前者是指人们会在网络上显露自己的隐秘情感、恐惧或愿望,或者他们会变得非常善良友好,这正是推动自我表露深入的一个非常重要的因素;恰恰相反,另一些人会变得极端粗鲁或非常易激怒,或者看一些他们通常不会看的东西,如色情内容。每个人都有自我表露的需要,但是对于自己身边的人,暴露自己内心最隐秘的地方或许会有些困难,因此很多人会选择在网络上寻找一个互不相识的陌生人,暴露"真实自我"(real self)[①]。

　　自我表露是建立亲密关系的重要前提,社会心理学家认为,理想的模式是对少数亲密的朋友做较多的自我暴露,而对其他人做中等程度的暴露。在虚拟社会中,持续的"自我表露"是维持亲密关系的基础,"真实自我"是控制亲密水平和关系发展的一种资源,其暴露的程度和数量将决定双方关系发展的程度和质量。

　　　　我在日常生活中,其实是缺少"市场"的,我只是一个小人物,一个没有多少钱、也没有多少才华的普通人。事业平常,家庭一般,除了我妻子和孩子还能认真听我说话之外,恐怕连能有耐心、有精力和我交流的人都没有,周围的人都那么忙,谁顾得上谁? 而且,如果是你,你愿意把自己心里赤裸裸的欲望告诉给身边的人吗? 肯定不会。因为你不知道哪一天那个听你"忏悔"的人就把你出卖了。可是,在网上,就不存在这个问题。谁也不认识谁,当你切断连线的时候,一切都是空的,你和对方一起不存在了。这种安全感是现实世界中根本找不到的。这也是我喜欢在网络中做一个内心相对真实的我自己最重要的原因。

(五)投射效应与网恋

　　投射效应是指将自己的特点归因到其他人身上的倾向。它有两种表现形式:(1)情感投射,认为对方和自己的好恶相同,把他人的特性硬纳入自己既定的框架中,用自己的理解来认定对方的思维方式,如"以己之心,度人之腹";(2)认知缺乏客观性,人们会因为这种心理不自觉地表现出过分地赞扬和吹捧自己喜欢的人或事,过分地指责自己所厌恶的人或事,认知缺乏客观性[②]。在男女情感

---

　　① Julie M. Albright. Impression Formation and Attraction in Computer Mediated Communication[D]. Los Angeles:University of Southern California,2001.

　　② 覃壁清. 有趣的心理学[M]. 北京:时事出版社,2016:169.

中,投射效应也经常会出现。比如网恋的盛行,正是因为人们将对美好事物的憧憬和想象投射到了网络的人物上。由于实体因素的隐匿给人们留下了更多的想象空间,人们可以将自己所喜爱的特征品质投射到对方身上,创造出一个"完美"的恋爱对象,并深信对方符合自己的所有想象,从而产生更强烈的亲密感和热情。这也是网恋为何"见光死"的原因之一,世界上没有完美的人,符合你心目中的"完美"恋爱对象几乎是不存在的。当然,如果两个人在网上的恋爱过程中坦诚相待,真诚地沟通交流,对理想中的他(她)没有不切实际的期待,双方愿意共同走下网络,继续现实中的情缘,那么网恋也是能修得善果的。

真实还是谎言?不可否认,虽然网络的虚拟性确实对恋爱起到了一定的推动作用,但当网络的另一边是素未谋面的陌生人,我们并不能确定自己看到的那些信息是否真实,是否准确。在线关系中,除了在线寻找潜在伴侣的危险性外,还有盗取身份、关系诈骗的风险等。一些弱势群体可能会因此受到伤害和操纵,比如盲目相信交友对象而被骗取钱财,或被引诱、跟踪、骚扰,以及一些更加危险的行为。网友的信息可能包含着错觉、多变的社交技能、赤裸裸的谎言和部分事实的大杂烩。

哪怕没有欺骗,虽然我们能从 Facebook、微信朋友圈或者微博中读出某人的真实性格,但夸张随处可见。有研究表明,男性更可能在经济状况和身高上说谎,女性可能在长相、吸引力和体重上说谎,而男女两性甚至都可能在网络上伪装成异性。当然,网络的欺骗性被大众所认识,因此人们在进行在线交往时一般会比较谨慎。事实上,除去那些蓄意的、动机恶劣的谎言,我们所认识的人实际在线上比电话里或者面对面对我们更加诚实。有研究表明,大学生在用日记记录自己的沟通过程时,他们报告 37％的电话说谎、27％面对面交谈说谎,但即时信息和电子邮件中的谎言只占到 21％和 14％[①]。

三、网络恋的类型

青年新生代群体,是最容易接受新潮理念和新鲜事物的群体,网恋作为一种特殊的恋爱方式,成为自由开放的婚恋生活中普遍的一种爱情流行模式。根据网恋主体的不同心态,主要可以归结为以下五类[②]。

---

① 罗兰·米勒.亲密关系[M].6 版.王伟平,译.北京:中国公信出版社,2015:337.
② 代显华.大学生网恋及其问题研究[J].重庆大学学报(社会科学版),2002(3).

（一）游戏型

持此种心态的青年男女网恋只是想在网上体验一下交友的感觉,他们既无意于真诚地爱一个人也无意于对自己的言行负责,在网上可以模糊性别、模糊身份。所以有的人认为,在网上,所有事情都可当作游戏,不必认真,网恋是一场感情的模拟游戏,你可以在这场游戏里所向披靡、战无不胜,甚至可以女扮男身、男扮女身地在网上追求网友。这种游戏心态虽说可以在网恋过程中不受爱情中伤,但是可能会伤到真诚面对这份感情的对方的心。

（二）情感寄托型

青年男女现在大多远离家乡,远离父母亲人,尤其是大学生读大学后不仅远离家人,而且大学学习相对比较轻松,有些学生又不愿意积极主动地参加学校组织的各种活动,再加上现实生活中同学之间人际关系紧张、人际感情失真,他们剩余的时间和精力大多都投入网络上。因此,在虚拟的社会中宣泄自己现实生活的无聊乏味,在网络中找到一种感情依托,从网中得到温暖、体贴和关怀,这就是所谓的"寂寞期网恋"。这种情况在大学生中并不少见,尤其是性格内向、不善交际、人际关系紧张型的大学生最多。

（三）浪漫型

年轻是爱做梦的季节,也是处于寻求浪漫的年龄,喜欢朦胧感、距离感带来的惊喜,渴望在网上有个美丽的邂逅。带有相当距离感的网恋即是其对爱、纯真、唯美、浪漫崇尚的产物。爱是世界上最美好的东西,也是人的本能,谈恋爱是件最浪漫的事。网恋中充满了浪漫的幻想,他们通过指尖与键盘的敲击在网络上传递着双方炙热的感情,虽不曾见面,反而多了一层神秘,创造出一种更广阔的想象空间,这种很微妙的感情关系,情如丝线,若有若无,却挥之不去。

（四）实用型

由于网络具有影响广、时效快、手续简便等特点,有的青年男女认为,网络可以为自己寻找另一半带来更多的机会。他们在网上标明条件,全方位了解,很认真地将"网恋"作为一种实现婚姻的手段。比如现在盛行的世纪佳缘网、珍爱网、百合网、嫁我网等,这些交友网站规模非常大,在青年群体中也非常流行。

（五）从众型

虽说现在青年人越来越有主见,越来越独立,但是从众心理仍然普遍存在于青年男女中。以大学生为例,就网恋而言,许多大学生原本是不支持网恋的,看到身边的同学都有网恋的经历,于是也会慢慢放开自己对网恋的戒备心理,机缘巧合便会投入网恋大军中。

第二节　网络恋的不利影响及消除

一、网络恋产生的原因

(一)心理学因素

网恋作为一种特殊的恋爱方式,它兼具了恋爱的浪漫性和网络的神秘性,因此引发人们的猎奇心理,总想探一探其庐山真面目。有的已婚人士网恋则是出于对现实婚姻的不满,然而又不想结束婚姻,那么网恋则是其最低成本和可操作的一种"越轨"方式,让他们可以暂时逃避糟糕的婚姻,沉溺在虚拟国度中享受爱情的甜蜜。透视网恋的心理可以从以下几个角度来分析:

1.克服孤独。"克服孤独"是指由于在现实中与人建立亲密关系的需要得不到满足,为排遣孤独而产生的进行虚拟交往的动机。Katelyn 认为一些生理特征和适应不良是人们建立亲密关系得不到满足从而寻求虚拟交往的原因,他把外貌没有吸引力、容易害羞焦虑等生理个性特点叫作"门槛特征"(gating feature)。"门槛特征"会成为现实交往的障碍,而对虚拟交往却没有影响。因此,Katelyn 等认为"门槛特征"是个体感到"孤独"并进入虚拟空间与他人交往的主要原因[①]。

2.获得社会支持。这里指通过虚拟交往获得外界的理解、给予,从而使需要得到满足,尤其是精神需要。马宁认为大学生网络交往动机来自于应对家庭和逃避现实的压力需求,最终目标来自于获得社会支持,寻找情感寄托[②]。有的学者认为,在虚拟世界中获得社会支持的可能性不大,更多的人是在寻找具有相似经历、相互理解、可以互诉衷肠的网友。他们能够更好地沟通、分担忧愁、缓解压力,并随时请求帮助,从而获得社会支持感。当然,随着时间的推移,这种持续的获得支持感会减弱,取而代之的是一种依恋和习惯。

小 N 一个人独自出国留学,刚到外国的时候因为环境语言都不适应,又刚跟前男友分手,前几个月度日如年,几度处于崩溃边缘。有一天无聊下载了

---

① 王德芳.余林.虚拟社会关系的心理学研究及展望[J].心理科学进展,2006(3).
② 马宁.大学生网络交往心理机制分析[J].广西社会科学,2005(1).

same,发了一张自拍后收到许多回复,其中有一条回复是"哈哈,励志读成女博士吗?"小 N 觉得这可能也是一个在这留学的学生,于是也回复他了,两人一来二去聊了起来,原来对方是来这出差的。他们侃侃而谈,从经历过的事聊到近况的窘迫,从爱国的人聊到社会主义核心价值观。对方的机智、幽默,两个人价值观的相近让小 N 觉得自己在异国他乡仿佛有了一个精神依靠,虽然他们从未见过面……

3.多重人格展示的需要。①在网上,人们往往很少展现自己真正的样子,反而夸大次要人格,暴露出自己心底的那个人物。这实际上是对"本我"的妥协,寻求原始冲动的实现和快乐的满足,由于在现实社会中,本我常常要受到自我和超我的压制,很少能够获得满足,而在网络上,本我可以尽情地释放。②使自己成为想要成为的那个样子,这实际上是满足了超我的需要,超我是自我发展的最高阶段,是由社会规范、伦理道德、价值观念内化而来,它遵循道德原则,是完美的自我。在网络上成为自己希望成为的那个样子,它实际上是超我的一个完美的替身,满足人们对获得完美人格的需要。③在网络上变成他"不可能"成为的那种人,其实成为自己不可能成为的那种人——自己希望成为的那种人,或者是不希望成为的那种人。前者与第二种重合,它是超我寻求自身完美人格的替身;后者看似和超我的目的相反,其实它只是一种尝试,是自我向超我的一种试探性的挑衅。

4.性幻想。作为网络恋的一种极端表达方式,虚拟性爱(cybersex)在网络上可以说是非常普遍。网络性爱是指利用网络从事牵涉第二者以上、但并没有直接接触到对方的性行为[1],当然全过程都是靠键盘键入相应的语言文字和网络特定聊天符号完成的。网络性爱满足了一部分网恋者对性的渴望,现实世界中无法满足的一个完美的性对象,可以通过网络的虚拟性和神秘性"幻想"出来。事实上,网络性爱不仅仅是男生的专利,浪漫、神秘还有安全这其实更符合女性对性的需要。女性认为互联网可以安全的满足她们对性的好奇心,并抒发自己对性爱的感受。在现实生活中,女性通常比较看重他人的评价,对于性方面更是不可以言说的禁忌,在互联网上她们可以匿名,无所顾忌的搜索任何与性爱有关的东西。有的学者认为,虚拟性爱在一定程度上还减少了艾滋病、梅毒等性病的传播,既满足了遥远恋爱双方的生理需求,又减少了"出轨"的可能。

(二)社会学因素

1.处于转型期的中国社会。传统的文化和价值观遭到批判和抛弃,而新的

---

① 黄梅.解读"网恋"[J].社会,2001(9).

价值规范还没有建立起来,这使得多元文化蓬勃发展。没有了一套标准的价值规范和道德束缚,许多人渐渐地在多元文化中感到迷惘和不知所措,很典型的一个现象就是现代的人们总是感觉很空虚和寂寞,网恋便在科技迅速发展的大时代背景下,应运而生。

2.社会转型期的现实交往困境①。多元文化的存在,行为准则不是二元的,而是一个渐变的过程,从以前的非正确就是错误,到现在从正确到错误中间还有很多种状态,于是对于个人赞美或者批判之间又有很多种态度,不同的人对同一件事物的态度更多元化,在此种情况下的人们失去了原本可以坚定依靠的行为标准,反而变得迷惘和空虚起来。城市生活的高度异质性和竞争压力导致的人际冷漠。城市生活的最大特点就是高度的流动性,人与人之间高度的异质性和巨大的竞争压力,社会分工使得人们从事各种劳动的社会划分及其独立化、专业化,相互作用的人越多,彼此潜在的差异性也就越大。高度的异质性让人们开始变得现实,摆脱了各种亲密关系,人与人之间的交往浅层化,每天和很多不同的人打交道,甚至在与他人合作完以后也叫不上他的名字。随着信息化社会的兴起,城市中的人们不再和农业社会中一样依靠"几亩地"和宗族中的地位分得粮食,而更多的是依靠自己的能力。巨大的职业竞争压力、快节奏的工作方式和高流动性的工作职业等,使得他们筋疲力尽,无暇顾及其"终身大事"。这些因素共同导致了现实交往困境,人们难以体会到社会交往中的参与感、亲密感和被需要感,然而基于生理的本能需求和心理的归属感,使得人们迫切地想要追寻那一份亲密感和安全感,网恋便是能及时帮助他们摆脱现实困境,寻找爱情的一种理想方式。

3.网络交往的便捷性。互联网的兴起为网恋的缘起提供了技术支撑,网络的普及,以及进入的低门槛使网恋得以成为可能,人们只需要简单注册获得一个ID账号,比如QQ、msn等等,就可以在开阔的网络世界里寻找到一个适合自己的交流平台,与其他来自天南地北的网友聊任何感兴趣的话题。网络平台上便捷的设计、多对多的交往方式也让人们更容易获得人际交往中的融入感和被接纳感。

现实交往的困境和网络技术的支撑使一些人脱离现实,进入到虚拟世界中,凭借符号化的交往重塑自我,寻找亲密关系,获得安全感和归属感变成一种必然。

---

① 吴银涛.社会转型期青年网恋行为的缘起、发生及研究结果[J].青年研究.2009(4).

二、网络恋的不利影响

网恋作为现代科技发展衍生出的一种新型恋爱方式,它的存在有一定的合理性及可取之处。第一,网恋极大地缩减了青年男女尤其是大学生恋爱的成本,在网络上的交往,脱离了时空的束缚,节约 网恋的伦理及性爱分离问题了金钱成本,并且在交往双方感觉到不合适之后,可以迅速地切断联系。第二,网络拓宽了青年男女的交友渠道,脱离现实中狭隘的交际圈,在网络上可以接触到与自己截然不同的人,拓宽了交际圈。第三,网恋可以帮助青年男女提升自信,满足心理需要。网络交往可以给青年男女带来安全感和依赖感,尤其对于一些性格内向、孤僻,在现实生活中因"门槛"特征而无法融入群体的大学生们来说,网恋给了他们一个机会去重塑自尊,获得异性认可。所以,网恋的存在和发展有其合理性和必然性。

青年男女因为涉世未深,心智不够成熟,对事物戒备心不强,因此在面对网恋的过程中,会产生许多的问题,极有可能影响他们的身心健康发展,具体表现如下。

(一)网恋易上瘾、失控,影响身心健康和学业发展①

网恋需要青年男女投入大量的时间、精力和金钱,使其没有多余精力投入到现实生活和学业之中,导致学业的荒废。为了谈恋爱,他们拿着手机,上课在聊天,走路聊天,睡觉聊天,不眠不休。为了维持这段感情,必须花大量的时间守在手机或电脑旁。当网恋成为青年男女生活中的头等大事和唯一追求的时候,精神上的空虚和人生目标的失落就不足为奇了。

由于上网聊天、交友需要注意力高度集中,在网上停留的时间过久,多会由于大脑神经长时间处于高度兴奋和紧张状态,引起肾上腺素水平异常增高,交感神经过度兴奋,血压升高,神经功能紊乱,从而容易诱发心血管病症、肠胃神经官能症、紧张性头痛等疾病,影响大学生的身心健康。

(二)网恋易给青年男女造成情感挫折

由于网恋的游戏性,导致青年男女在网恋中被欺骗,除了时间金钱的欺骗以外更多的是情感的欺骗。网恋让人们进行网络情感交流而忽略现实社会的种种

---

① 卢桂桃.对大学生网恋负面影响的分析[J].学校党建与思想教育,2010(11).

规则,而且可以模糊性别和身份,把所有的事情都当作游戏。网络上什么样的人都有,有的不法分子在网络上塑造出一个高学历、多金、上进的形象,用华丽的辞藻骗取大学生的信任,而当大学生真正投入感情无法自拔的时候,却又突然消失不见,这对大学生的心灵打击非常大。有的是刚开始聊的时候一切都好,真正见了面,得到便宜之后便渐渐冷漠,消失在网络上。

三、消除网络恋不利影响的对策

网络恋给青年男女带来一些困扰和不利影响是正常的,因此针对问题找到消除不利影响的对策十分重要。

(一)真诚地对待网络恋,切忌欺骗

利用恋爱进行欺骗是客观存在的现象,就算是现实中的恋爱也有欺骗行为,但是因为网络更加虚幻,更加隐蔽,一些打算骗财、骗色的人群,更多地将目标投放到网络上,故而造成了网恋中的种种极端欺骗的悲剧。这导致在一些人的潜意识中,将网络与欺骗贴上标签。心理学上,贴上标签,就会产生聚类同性的心理效应。所以,如果一个不懂网络的人,提到网恋,第一反应绝对是"欺骗"。网恋尽管是缘起虚拟世界的恋爱,但只要是恋爱,与现实世界的恋爱一样,应该真诚、理性,严肃认真地对待对方。在双方相互了解过程中,不要欺骗,无须掩饰,用心交流一些严肃话题,多了解一些对方的真实情况,比如家在哪里、家里有什么人、做什么工作等等。就算是网恋,应借鉴现实中的做法,多跟对方了解多一些客观真实的情况。总之在网络恋中,也要懂得珍惜,对自己也对对方,充满信心,坚定信念。双方通过真诚相待,克服虚拟世界中的一些客观障碍。

(二)提升辨别网络恋真伪的能力

首先,如果确实在网上聊得比较好,又继续交往的想法,可以跟对方通过电话联系,听听对方的声音,有什么事都可以在电话上说,通过对方的说话内容和说话语气以及其他的,更进一步去了解对方。其次,在双方首次现场见面时,一定要相约在人多的地方,甚至女方应要求有家人、朋友陪同,以防不测发生;在初次见面时,双方(尤其是男性网友)应该主动出示其有效证件,包括身份证、学历证、工作证、户口本等,以证实其真实性。证明现实身份这一步是十分重要的,不论双方在网络恋中有过多少甜言蜜语,有过多少承诺,证明真实身份这一步都不可忽视。

(三)适时确定能否继续发展

一般网络恋在第一次见面之后会发现对方给自己的感觉是大不一样的,通过实实在在的面对面沟通,每个人都会做出自己的判断,觉得对方合适自己,可以继续相处。最终,通过深入了解获取真爱,获得幸福美满和谐的婚姻,拥有温馨的家庭。如果觉得不适合,或者毫无正当理由压根就不同意见面的,就应当当机立断,果断结束网络恋,寻找新的幸福!

第三节　网络婚概述

现实交往存在着时空、身份、地位等可能阻碍关系发展的因素,而在网络空间,这些都可以被排除在外,社会线索的缺乏反而使关系的发展变得更加容易。人们通过网络结交朋友,寄托感情,网络关系也从最初的"网友"、"网恋"发展为如今的"网络虚拟婚姻",在虚拟的图文环境里体验两情相悦、男婚女嫁、家务操持甚至生儿育女。

一、网络婚的含义

网络婚,简称网婚。通常来说,网婚有广义和狭义之分。广义的网络婚是指以网络为媒介产生现实婚姻关系或者在网络虚拟社会中产生的虚拟婚姻关系,前者强调婚姻交往的媒介在于网络,双方在网络上相识、相恋并最终在现实生活中形成婚姻法律关系,是网恋的开花结果;后者强调婚姻关系的结果止步于网络,网络关系是在网络虚拟平台之中,按照虚拟的网络规则所形成的婚姻关系;狭义的网络婚是指婚恋双方在互联网平台上形成的具有一定情感或物质基础的"婚姻关系",这种关系的双方以夫妻的名义生活于虚拟社会中,有的甚至可以在网络上以虚拟形式"筑家生活""生育子女"等,这是本教材所探讨的网络婚拟采纳的含义,也是我们之后要重点讨论的内容。另外还有一种网络婚是仅从婚礼的角度来进行界定的,可以称之为网络婚礼,是指已经存在合法的现实婚姻,只是将婚礼的过程通过网络进行同步直播,并邀请远距离的亲朋好友通过网络视频等方式参加婚礼。

她叫艾娜,一位武汉女孩;他叫孙文广,一位烟台海阳的农村小伙儿,两人都是脑瘫患者。2007 年 3 月 19 日,他们相识于网络,网恋 4 年后,2011 年 3 月 19 日他们在网上举办了一场特殊的婚礼,50 余位网友为他们送去了祝福,他们把一张 PS 的合影当成了婚纱照①。

在狭义的网络婚姻里,人们通过互联网在虚拟社区中组建了一个完全虚拟化的家庭。从表现形式来看,它是通过依附于网络而独立于真实婚姻关系,仅仅局限于精神交流层面的交流,并且是对现实婚姻关系在网络上的再演绎。人们主要通过网络聊天结识异性,相互了解并产生好感后,网上申请结婚、领取虚拟结婚证、邀请好友参加婚礼,并购置虚拟财产,进而在虚拟网络社区之中体验男婚女嫁,组成网络家庭,生儿育女。网络婚姻的世界充满了浪漫和完美,那些相貌普通、不得志的人们在那里都可以"变"得高大、成功和才华横溢,人们交往突破了时空的限制,天南地北能够瞬时交流,一切想象中的事情都有可能在网络婚姻中得到实现。

二、网络婚的特征

网络婚通过模拟现实婚姻而存在,而又由于其承载主体为虚拟网络,因此,形成如下自身特征。

(一)虚拟性

网络婚是依靠虚拟媒介才能够形成,由于没有现实活动,网络交往行为只能依附于互联网平台存在,网络交往行为也就成为一种虚拟的交往行为。网络婚姻中的双方对于对方的了解仅仅来源于对方在网上发布的信息和互相之间的交流,由于网络本身的匿名性,所以婚姻主体的信息可能是真实的,也可能是虚拟的,甚至性别也可能相反。可以说婚姻主体是在跟自己想象的个体"结婚生子",充满虚拟的神秘感。双方通过虚拟的网络婚姻获得情感上的满足,尤其对那些在现实生活中无法得到满足的人们来说,经过网络包装的人们看起来具有巨大吸引力,人们在网络上放大自己的优点,并且因为距离感的存在,对方看起来尤为完美和亲近。人们在这个过程中将对方理想化,以此来弥补自己感情世界的缺失或者在现实之外寻找一种寄托。

(二)开放性

网络婚的双方并非是"一对一",而是可能会存在"一对多"或者"多对多"的

---

① 烟台脑瘫男子与武汉脑瘫女孩网婚 3 年盼见面,https://sd.ifeng.com/yantai/feng-guanrizhao/detail_2014_07/29/2671106_0.shtml?_from_ralated.

形式。在现实婚姻之中,婚姻法规定婚姻是一夫一妻制,双方有忠于婚姻的义务。但是在网络婚姻之中,由于人们可以注册多个身份,人们可以使用不同的身份同时与不同的人过着虚拟婚姻的生活而不必在乎婚姻关系的限制,因此可能会导致出现多重关系。被无数社区、网站转载并作为参考的"天涯婚姻法",这部适用于虚拟社区的"法律",其核心内容即在于对一夫一妻制度的认同和维护。然而,即使是在虚拟社区监管力度较为严格、规则较为完善的情况下,人们仍然可以在不同的虚拟网络社区,通过使用不同的注册身份与他人进行结婚结合,显然,网络婚姻的开放性是很难规避的。

（三）经济性

大部分提供网婚的平台,其共同点都在于需要玩家消费虚拟货币。不论是为了保持人们对于网络婚姻的尊重或是维持管理人员对于婚姻关系的维持和保护,人们需要使用人民币购买了虚拟货币之后,才能够在网站或游戏中购买网络婚姻相关的各种虚拟商品,完成结婚程序。在一些网站中,从开始"申请登记"到"租用礼堂""购买婚纱""布置新房"等等,整个过程根据所购买物品的价格和奢华程度的不同,价格在几百到几千不等。"婚后"人们为了维持一个家还需要不断地投资,购买各种家庭生活必需品。例如在天涯婚礼堂中"天涯婚姻法"规定,申请双方每人需要发送大红包至"婚礼堂基金",另提出申请一方还需要发送"哈达"十根至"婚礼堂基金"。

（四）非道德性和非法律性

现实婚姻既受到传统伦理道德的约束,也受到相关法律法规的限制。而婚姻主体双方在虚拟网络婚姻中成婚,虽然在结婚时双方明确忠于对方、善待对方的责任,但在法律上双方并无任何权利和义务的关系,网络婚可以随时成立、随时解体。因此,网络婚只有名义上的制约,其约束并无强制力。由于这种虚拟关系的存在,甚至还会出现一些违反传统婚恋观念和道德法律的事情,例如未成年人可以随意在网络上与他人成婚、在目前不受到认可的同性婚姻也可以在网络上实现,甚至可能出现法律上禁止的三代以内旁系血亲和直系血亲结婚生子的现象。

（五）符号性

虚拟婚姻生活的传情达意,更多的是依靠文字图片以及各种网络符号和网络表情等等,本质上是一种以符号为中介的互动,这种交流互动往往会使得互相之间对于信息的理解和交流产生一定的影响,甚至包括夫妻生活中的性生活也是靠符号互动来完成的。由于缺乏对身体语言和语调的把握,以及眼神交流、身体接触等这些增进关系的要件,单纯的符号化互动往往会对双方的关系产生消极的影响。除了极少数能够从网络婚姻发展到线下进入婚姻殿堂的,绝大部分网婚者没有与对方永久生活的目的。

三、网络婚的起源

人们通常认为虚拟网络婚最早起源于 21 世纪初台湾一家女性网络网站推出的"同居理想国"游戏。也有一些人认为 2001 年成立的天涯虚拟网络社区"天涯婚礼堂"是网络虚拟婚的发源地,为新人开辟虚拟婚礼专用场所,颁发网络结婚证。作为当时最有影响、最权威的网婚站点,它拥有其独特的网婚文化,并颁行了网络史上第一部最系统、最完善的网络婚姻法。2006 年 3 月 17 日,"天涯"举行了网络史上最豪华的网络集体婚礼,被多家媒体报道。

2005 年,上海一家公司推出的"爱情公寓"创办一个月左右,就有超过 10 万用户入住。而后在一些网络游戏之中,尤其是多人角色扮演的游戏中,婚姻系统越来越完善。从婚前、婚礼、婚后的游戏设置到结婚离婚的"条文",玩家可以充分体验婚姻,并在当时流行开来。

🏮 最豪华的网络集体婚礼

四、网络婚的类型

我们可以根据虚拟婚姻平台的不同,将网络虚拟婚姻分为三类:①虚拟社区。主要是一些 BBS 网站、聊天室等,这些虚拟社区一般都有类似于现实中的婚姻法之类的规定,并有专门的审查和婚姻审批人员。如天涯的"天涯婚礼堂",有专门的"天涯婚姻法",申请结婚必须符合其中的规定,还有"天涯婚礼堂卷宗"用来登记已婚人员,以免再婚人员的出现。②营利性网站。这类型的网站以商业和娱乐为目的,多拥有相关的结婚程序,可以举行婚礼、布置新房、购买家具等,大部分为收费项目,而对于结婚条件管理不重视。③网络游戏。现在大部分的网络游戏中,都有婚姻系统,玩家通过角色扮演,依照游戏中限定的程序或玩家自行设定来举行婚礼。如在《天下(三)》中,当玩家之间的"好感值"达到 100 以上,然后去游戏中的"三生石"下结为姻缘,在向系统交付一定的金额之后,会被系统传送到结婚场地——鹊桥仙境,在这里双方可以选择向全服务器的人群通告或是仅仅悄悄结婚,甚至还有对拜流程,等等。在智能手机高速发展的今天,也有不少手机游戏设置了网络婚姻的功能,受到年轻人的青睐。

另一方面,参与网络婚姻的群体也大抵可以分为三类,包括已婚人群、未婚求偶人群和青少年人群。有学者将其归纳为三种类型[①]:

1. 角色认知型。这一类型是以青少年为主,在对性产生好奇的时候,怀着对性爱朦胧的渴求,他们将现实中感知到的婚姻关系在网络家庭之中再演绎,这一过程是青少年临摹现实、对社会角色进行认知的过程。在临摹中,他们会以自我判断为基础,按照自己的认知来实现社会角色,从而实现对社会角色的认同。

> 刚刚升入高中的练勇在网上和一名女孩很谈得来,两人感情迅速升温,最近在网上领了"结婚证",一起"布置新房""度蜜月""生儿育女"。练勇说:"虽然是虚拟的,但感觉很开心,变得很健谈。"可在现实生活中,他仍然孤僻,暑假里除了吃饭、睡觉,几乎整天泡在电脑前[②]。

2. 求偶见习型。这一类型是以未婚(包括离异)求偶人群为主,人们通过模拟现实婚姻,对现实婚姻进行练习,充分形成对于婚姻的全面理解,另一方面,人们可以修正自己在过往经验中关于人际相处的认知,重新认识婚姻关系。

3. 情感补偿型。这一类型以已婚人群为主。有些已婚人士因为在现实婚姻之中情感无法得到满足,转而在网络婚姻中寻求精神、情感上的满足,这实际上是一种精神上的出轨。

五、网络婚姻和现实婚姻的区别

网婚婚姻与现实婚姻存在极大的区别,主要表现在以下方面。

(一)网络婚姻与现实婚姻的本质和功能不同

现实婚姻以性为生理保障、以感情为精神基础、责任和义务为基本内容;而网络婚姻是通过现代网络为主要沟通手段的产物,它远离了性的内容,仅仅通过文字来表达双方的想法和感受,网络婚姻同样没有真实的权利和义务,并且由于网络本身虚拟性和隐匿性,双方可以虚构自己的各个方面,人们完全可以在网络上实现在现实中不可能的婚姻,比如同性婚姻或者近亲婚姻等。

---

① 张迎秀.浅析网络婚姻的类别及危害[J].法制与社会,2009(29).

② "网婚"受到青少年热捧 渐成为"试婚石",http://news.ifeng.com/society/2/detail_2007_09/06/880713_0.shtml 2007 年 09 月 06 日 20:19.

从婚姻在整个社会的功能来说,在婚姻的基础上形成的家庭是整个社会的基本单位。婚姻法规定了婚姻中应有的功能,包括性爱功能、生育功能、经济功能、教育功能、帮扶功能和关系功能等六种功能,它既能够给人们一定的保障,又能够使人在婚姻中得到进一步的发展。然而,网络婚姻并不能承担上面的功能,人们除了在网络上寄托自己的情感,获得情感支持以外并没有其他的内容。并且有调查发现,大部分人们都不愿意在网络下见面,因此网络婚姻双方并没有真正的机会在一起结婚生子,并且由于网络婚姻关系的脆弱性,就更谈不上从网络婚姻中获得保障,实现婚姻的不同功能了。

(二)网络婚姻不能适用婚姻法规定的结婚要件

我国婚姻法规定,合法婚姻必须同时满足法定的实质要件和形式要件。实质要件包括结婚必备要件和禁止要件;必备要件包括男女双方完全自愿、达到法定婚龄、符合一夫一妻制等;禁止要件包括直系血亲和三代以内旁系血亲禁止结婚及患有医学上认为不应当结婚的疾病的人禁止结婚;形式要件要求结婚的男女双方必须亲自到婚姻登记机关进行结婚登记才能获得法律的认可。网络婚姻中的结婚在实质要件方面,无须遵守性别年龄的限制,更没有近亲结婚的限制。至于形式要件,网络婚姻只是向提供网婚游戏的网站的管理中心提出"结婚登记申请",其登记行为只是网站制定的一种游戏规则而已。因此,从法律意义上来说网络婚姻并不符合法律意义上婚姻的构成要件,其与现实的合法婚姻是有着实质性差别的[①]。

第四节　网络婚的法律问题

近年来,随着网络婚的出现和流行,现实生活中由于网络婚导致的各种诈骗、离婚案件频发,引起人们的广泛关注。与网络婚相关的法律问题也需要人们有所认识和理解,以更好地应对现实生活中的难题[②]。

一、有配偶者网络婚是否构成重婚

我国《婚姻法》规定,"重婚是指有配偶者又与他人结婚或明知他人有配偶而与之结婚的行为。"具体包括以下几种情形:第一,有配偶者又与他人办理了结婚

---

① 董芳宁.网络婚姻的法律规制[D].暨南大学,2011.

② 樊晓芳.网络婚姻的法律思考[J].法制与社会,2008(31).

登记;第二,有配偶者又与他人以夫妻名义同居生活;第三,无配偶者明知对方有配偶而与之办理结婚登记或以夫妻名义同居生活。而网络婚姻的双方当事人并未到法定的婚姻登记机关登记,也未在现实生活中以夫妻名义共同生活。因此,网络婚姻并非是现实法律的调整对象,也不能成为重婚中所称的"第二个婚姻"。所以,有配偶者再次发生网络婚并不构成重婚。

二、网络婚能否作为离婚的法定事由

我国《婚姻法》第 32 条第 1 款规定,符合下列条件的应当准予离婚,即离婚的法定事由:①重婚或有配偶者与他人同居的;②实施家庭暴力或虐待、遗弃家庭成员的;③有赌博、吸毒等恶习屡教不改的;④因感情不和分居满二年的;⑤其他导致夫妻感情破裂的情形。可见,我国现行的婚姻法在规定法定离婚事由时没有明确把"网络婚姻"作为法定离婚事由。而如前所述,网络婚姻并不是法律意义上的婚姻,不能认定其构成"重婚",所以,不能把其看作重婚而作为离婚法定事由。

但是如果网络婚姻对现实婚姻产生了实际影响,可以根据不同的法定事由按照相应的法律规定来判定。例如,如果有配偶者与他人发生虚拟的网络婚姻,然后从网络婚姻中又发展到现实生活中的婚外同居,那么这种情况就可以适用"重婚或有配偶者与他人同居的"规定而准予离婚。再者,我国婚姻法明确规定的五种离婚法定事由中,其中第五项"其他导致夫妻感情破裂的情形"属于兜底条款。因此,只要是由于网络婚姻导致了夫妻感情确已破裂,那么网络婚姻就成为导致夫妻感情破裂的原因,司法实践中就有可能在不违反立法宗旨、立法精神的情况下变通执行,判决离婚。

三、受害方能否因为网络婚姻获得损害赔偿

我国《婚姻法》第 46 条对离婚时无过错方提出损害赔偿的情形规定了四种情形:①重婚的;②有配偶者与他人同居的;③实施家庭暴力的;④虐待、遗弃家庭成员的。根据最高人民法院关于适用《中华人民共和国婚姻法》若干问题的解释(一)、(二)以及最高人民法院《关于确定民事侵权精神损害赔偿责任若干问题的解释》的相关规定,因"网络婚姻"导致离婚的离婚案件,无过错方想要得到精神损害赔偿没有现实法律依据的支持。

但如果在"网络婚姻"中,过错方的行为的确给无过错方造成了巨大的精神伤害,已构成了事实上的侵权,构成家庭"冷暴力",无过错方可以要求对方给予

精神损害赔偿。同样，如果从网络婚姻发展到线下的现实中的婚外同居关系，即符合《婚姻法》第 46 条第 2 款的规定①可以要求离婚损害赔偿。

婚恋结语：网络恋与网络婚作为一种网络恋爱与虚拟婚姻，确实存在于我们的生活之中，并且它们的存在正在弱化恋爱、婚姻中的责任观和家庭观。因此，我们需要在道德方面提高道德觉悟，注重培养公民的家庭伦理道德观和法制观念，夫妻之间增强婚姻责任意识。“责任是婚姻幸福的核心，互相忠实是夫妻之间的第一责任，是双方彼此平等、彼此信任的基础上彼此爱恋的专一。”

网络婚外恋，毁掉一个家庭

本章测试

网络恋与网络婚测试作业及答案。

测试作业及答案

本章问卷

网络恋与网络婚问卷调查。

问卷调查

本章思考题

1. 网络恋成功和失败的因素是什么？
2. 网络婚存在怎样的风险？

设计教学法——微视频采访调查作业

对网络恋与网络婚的认知与态度。

本章推荐阅读书目

1. 惠蒂、卡尔著，何玉蓉，周昊天译：《网络爱情——在线关系心理学》，商务印书馆 2010 年版。

2. 艾特瑞尔著，于丹妮译：《互联网心理学：寻找另一个自己》，电子工业出版社 2017 年版。

3. 危玉妹：《新世纪大学生婚恋》，福建人民出版社 2016 年版。

4. 杨大文主编：《婚姻家庭法》，中国人民大学出版社 2016 年版。

---

① 樊晓芳. 网络婚姻的法律思考[J]. 法制与社会，2008(31).

第七章　师生恋与老少婚

学习要求

通过本章学习，重点掌握师生恋的概念、特征、类型，师生恋的产生原因；师生恋的法律禁止问题；老少婚的概念、特点、与一般婚姻关系的区别；现代社会老少婚的类型以及老少婚引发的主要法律问题等。

师生恋是校园独特风景。从琼瑶的《窗外》到英国电影《教室别恋》，从 20 世纪 30 年代许广平与鲁迅到新世纪杨振宁与翁帆，师生恋是恒久的一种恋爱方式，有无数师生间动人情谊的美好故事在社会上流传。但师生恋为什么被禁止？师生恋违法还是有

📖 附法条

违道德？在婚姻中，老少婚自古有之，总会引起社会的关注。老少婚与一般婚姻关系有哪些联系与区别、老少婚又会引发怎样的法律问题？本章将进行阐述。

第一节　师生恋概述

一、师生恋的界定①

（一）师生恋的概念及特征

师生恋，广义是指大学生（包括研究生）与老师之间产生的恋情。狭义是指老师与自己正在教授的大学生（包括研究生）之间所发生的恋情。师生之恋，也

---

①　本教材的师生恋界定在大学校园的师生恋范围。

称为牛犊恋情，即小牛对母牛的依恋。牛犊恋情是指进入性萌动期的青少年对长者的仰慕和迷恋，是青春期男女特定条件下恋父情结①和恋母情结②的回归。这种牛犊恋的感情，几乎在每个人的青春期都有过程度不同的体验。比如有的表现为崇拜英雄人物、有的仰慕体育明星、有的追逐歌星影星；有的直接就崇拜或依恋身边的老师、父母同事等长者，以至于产生师生恋或老少恋、追星族等现象。师生恋有如下特点：

1.依恋性。大学校园里的师生恋根源于学生对才华横溢、风度翩翩又很关心学生的老师的崇拜和依恋。教师课堂上用自己丰富的知识、幽默诙谐的语言给学生"传道授业解惑"，老师的一言一行，一颦一笑，都可能被当成爱的信息传递，激起学生心中感情的涟漪，使一些学生不自觉地对老师产生了崇拜、依恋，进而发展为恋爱。

2.短暂性。因为牛犊恋情发生在青少年从性意识的萌发到恋爱过程中的特定阶段，因而师生恋情具有短暂性的特点。很多的师生恋情是短暂的，其持续的时间，短则一两年，长则五六年。随着性心理的发展，绝大多数的男女青年爱恋的对象会由年长者转变为同龄人。以至于毕业多年后的师生聚会上，说起当年学生对老师的爱慕之情，大家会心一笑而往事成风。

3.隐蔽性。师生恋因为不被社会习俗、道德所容许，尤其不被学校和家长所接纳，因此，绝大多数的师生恋人都会把感情深埋在心里，不敢表达。因此，陷入师生恋的双方表面看似若无其事，内心里的感情却很挣扎，对方的一举一动都会牵扯着自己的心，但却无法向外界尤其是亲朋好友公开，带有一定的隐蔽性。

4.不平等性，或者说是不公正性。因为，有些师生恋是建立在利益交换或权力强迫的前提下。有些师生恋的教师一方利用自己手中握有学生学业成绩评定

---

① 恋父情结，中译名为"厄勒克特拉情结"、"伊莱克特拉情结"、"奥列届拉情结"，弗洛伊德精神分析术语，指女孩恋父仇母的复合情绪，是女孩性心理发展第二阶段的特点。在这一阶段，女孩对父亲异常深情，视父亲为主要的性爱对象，而视母亲为多余，并总是希望自己能取代母亲的位置而独占父亲。这一情结的作用类似于男孩的俄狄浦斯情结。转引自百度百科"恋父情结"词条，https://baike.baidu.com/item/%E6%81%8B%E7%88%B6%E6%83%85%E7%BB%93/1280829? fr=aladdin。

② 恋母情结（Oedipus complex），中文翻译为伊谛普斯情结、俄狄浦斯情结、伊底庇斯情结。通俗地讲是指人的一种心理倾向，喜欢和母亲在一起的感觉。恋母情结并非爱情，而大多产生于对母亲的一种欣赏敬仰。是一种普遍的社会现象，男孩女孩都可能有恋母情结。大部分人多多少少都会在某一年龄段有恋母情结，而在儿童时期几乎所有人都有恋母情结。转引自百度百科"恋母情结"词条，https://baike.baidu.com/item/%E6%81%8B%E6%AF%8D%E6%83%85%E7%BB%93/574425? fr=aladdin。

和毕业分配等权力强迫学生与其谈恋爱甚至"同居",而有些学生正是看上老师手上有这些可以为自己谋取不正当利益的权力而与老师交往。这样的师生恋本身对恋爱的一方是不平等的,对其他同学是有失公正的。

(二)师生恋的主要表现形式

1.结婚型师生恋。这种师生恋是一种正常恋爱现象,原则上只要不违反我国婚姻法及相关法律法规的禁止性规定就不会触及法律底线,但是会触及道德底线。在大学校园里,结婚型的师生恋的单身教师一方与大学生一方真诚恋爱,恋情待学生一方毕业后再公开,最后双方顺利地步入婚姻殿堂。这种结婚型师生恋双方有相近或相同的人生经历,有较多的共同语言、情感、思想特点和生活理念,恋爱动机一般较为纯洁,相互了解较深,有较高的文化素养和思想道德修养,有较好的处理恋爱问题能力。但如果学生一方尚未毕业恋情就被公开,可能要引来社会舆论的指责。所以,尽管是以结婚为目的的教师与学生的恋爱被曝光后,因为师生恋颠覆了人们对师生关系的传统认识,不被社会公众所普遍接受,同样会受到社会舆论的指责。

2.利益型师生恋。所谓利益型师生恋是指恋爱的师生双方以各种利益交换为目的而发生的不平等恋爱与性关系。因为教师一方不仅有着独特的经济优势,而且手握学生考试评分、毕业答辩、保送推荐、评优评先等权力,一旦教师想与大学生发生不正当恋爱与性关系,就有可能以手中的权力作为条件诱骗、误导甚至强迫学生。同时,有些大学生为了从教师处获得自己需要的利益,主动与教师亲近甚至发生不平等的两性关系。这种以利益为目的师生恋使大学校园充斥着不健康交易和不公平竞争,严重影响正常的教学秩序,应该被禁止。

3.插足型师生恋。所谓插足型师生恋主要是指教师一方已经结婚,与学生发生了婚外情,学生一方插足已婚教师家庭而产生的违法师生恋关系。其发生的原因一是教师婚内出轨,教师声称自己婚姻失败、夫妻不和等诱骗学生发生不正当恋爱关系;二是学生自愿插足已婚教师的家庭,主要因为教师经济基础较丰厚、人生阅历较丰富,讲台上讲课风度翩翩,成熟稳重,深得一些学生的喜欢,学生也就不管教师已有家庭的事实,甘愿充当第三者,破坏教师家庭。这种师生恋不仅有违道德,严重的还涉及违法犯罪,甚至构成重婚罪,要承担刑事责任。

4.性侵型师生恋。所谓性侵型师生恋是指教师利用与学生独处的时间强行与学生发生性关系,或者酒后与学生发生不正当性行为或者使用迷幻药物迷奸学生等产生的违法师生恋关系。尽管此类师生恋作为教师一方往往事后利用各种好处或赔偿等消除不利后果,学生也可能为了顺利完成学业,避免丑闻泄露选择隐忍不举报。但此类师生恋是严重违法的,涉事教师要承担刑事、行政和民事法律责任。

二、师生恋产生的原因

师生恋的产生,既有社会方面的原因,也有教师方面和学生方面的原因。

(一)社会原因

大学教师被视为"人类灵魂的工程师",知识丰富,素质修养良好。但他们"要房没房,要钱没钱,社交能力差,一肚子墨水穷酸酸"。这便是当今社会公众对高校教师职业特点、待遇和素质等不全面、不客观的了解和认识,使得高校教师难以走向社会并融入社会,在一定程度上丧失从社会上选择婚恋对象的基础,成为师生恋产生的主要社会原因。

(二)教师职业原因

青年教师寒窗苦读十几载,从一个"象牙塔"毕业进到另一个"象牙塔"就业,社会经历少而简单,导致人际交往面窄,接触的人类型单一,要么是大学同学,要么是周围同事及身边的学生,使其面向社会择友的意识和能力较弱,婚恋对象在一定程度上被局限在自己授课或指导的学生。而青年教师与学生年龄相仿,经历、兴趣、爱好相似,加之教师本身的独特学识魅力,容易和学生沟通交流。正如心理分析学家西维尔·昂热尔的观点:"就是因为他们是老师,因为老师在学生心中有一种高高在上的感觉,从某种程度上讲是一种权威,因而这种感觉本身就会在异性学生心中产生一种诱惑力,而这种诱惑力便会慢慢地发展成为恋爱关系。"因此,教师有机会和时间与大学生接触,这一职业特点成为师生恋产生的重要原因。

(三)学生恋师原因

师生恋现象固然有来自老师职业方面的原因,但更有来自大学生方面的恋师情节。首先恋师现象是大学生性意识、性行为发展过程中的一种特有现象,它会对学生的成长产生一些消极的影响,但也是一种正常的情感。与大学生朝夕相处、关心自己成长、传道解惑的教师很容易成为其崇拜的偶像,在此基础上对异性教师产生爱慕之情,执着地追求。其次,大学生中出现的师生恋现象,是恋母或恋父情结的一种转移方式。很多的学生由于父母的过分溺爱造成对父母的心理依赖,不能完成自我成长。因此,潜意识中渴望父母的关爱转移到关心、爱护自己的教师身上,以至于误认为是一种恋情。再次,学生在师生恋中的地位不对等性。在师生的交往关系中,一般教师都处于强势地位,学生则处于弱势一方,这样教师容易对学生产生同情、占有的心理,因而,跨越年龄,冲破角色限制产生师生恋。

第二节　师生恋的法律禁止

很多人都对大学师生恋持赞同意见,其理由是大学生已经是成年人,享有恋爱婚姻自由。但事实上师生恋之间是一种不平等关系,是一种权力关系。教师一定程度地掌握着学生的命运,就很难在师生之间产生完全自愿的恋爱。正是因为这个原因,崇尚恋爱自由的西方发达国家,也普遍限制或禁止师生恋。

 师生恋的禁止问题

一、师生恋被西方发达国家禁止的原因

(一)老师和学生之间权力的不平等

师生恋中老师和学生的身份不同,权力不对等,以及当事人所处环境的特殊,使得"师生恋"很容易演变成悲剧甚至引发丑闻。所谓"双方同意"的两性关系在权力不平等的人之间是不存在的。同时,在权力不对等的情况下,师生恋有转化成性骚扰的风险。原本是两相情愿的师生恋,一旦发生感情纠葛,劣势一方的学生可能会出于报复的目的状告老师性骚扰等。因此师生恋最容易出现的问题是老师违背职业道德,滥用权力损害大学生公平竞争的良好环境,因此禁止师生恋的本质是防止老师滥用权力。

(二)出于"利益回避原则"

美国等西方发达国家基于"利益回避原则",出台禁止"师生恋"的规定,严禁老师和学生有任何的浪漫或两性关系。具体做法是在学校与老师的聘用合同中对有关师生恋等利益行为进行约定,不得违反,否则被聘老师将承担相应的法律后果。所谓"利益回避原则"是指如果老师(教授)与本校学生有恋爱关系,可能会影响到对该学生的学业评价、荣誉评定等事项,因而出现不公平现象。因此,如果学生与老师之间发生师生恋,为避免产生利益牵连,就必须做出选择,或者教师选择离开学校,或者学生退学或转学。

（三）对学习环境产生负面影响

当教师与学生之间存在的师生界限被打破，教育氛围就会受到损害，导致不利于学习的情况出现。师生恋无论是对双方当事人本身，还是对其他学生和老师，甚至对整个校园氛围都会产生负面影响。比如哈弗福德学院（该学院禁止所有老师与学生的恋情，是全面禁止）的政策指出："教职工与学生的恋爱（性）关系是不可接受的，因为它会干涉学院的教育使命，威胁到哈弗福德学院努力创建的信任、关心和尊敬的氛围。"[①]

二、各国及地区禁止师生恋的具体做法

（一）美国高校对待师生恋的不同立场

综观美国高校，对待师生恋问题存在三种不同立场：

1.相对禁止。所谓相对禁止是指仅禁止老师与其有直接教学指导关系的学生发生师生恋或性关系，无直接指导关系之外的师生恋，则保持相对宽容，并不禁止。哈佛大学于1984年率先颁布相对禁止师生恋政策，1986年紧随其后的爱荷华大学等高校都属于相对禁止型。如塔夫斯大学（Tufts University）制定的政策最具代表性，明确规定："如果教师与受其授课、评价、指导的学生发生恋爱或性关系，这违反了学校的政策。即使是学生自愿的，也是可疑的。"[②]由于相对禁止的政策更容易获得大学老师、行政人员和学生的认同，因此，美国多数高校采纳此立场。

2.绝对禁止。即禁止学校所有教师和学校行政人员与学生之间的师生恋。绝对禁止立场一开始在美国高校遭到教师评议会的反对。1986年德克萨斯大学（University of Texas）提议绝对禁止师生恋，该校教师评议会认为这一提议是对知情并同意的成年人的隐私和结社自由的干预，违反了宪法赋予个人的民事权利。美国学者凯勒（Keller）认为："成年人在双方同意下发展亲密关系，是一种必须予以保护的基本的个人自由。大学在制定强而有效的反性骚扰政策的

---

① Richards T N，Crittenden C，Garland T S，et. al. An exploration of policies governing faculty-to-student consensual sexual relationships on university campuses：current strategies and future directions[J]. Journal of college student development，2014(4).

② Dank B M, Fulda J S. Forbidden love：student-professor romances［J］. Sexuality&Culture，1997(1).

同时,认可教师与学生的隐私权,将有助于维护大学和个体的利益。"①直到 1993 年,安·莱恩(Ann Lane)②在美国全国发起绝对禁止师生恋的运动,认为教授 (老师)与学生之间的界限是不可打破的,学界所致力的言论自由,并不等同于性 自由。③在此运动推动下,美国一些高校制定了绝对禁止师生恋的政策。例如布 卢姆菲尔德学院(Bloomfield College)就规定:"教职工与学生的恋爱(性)关系, 无论两愿与否,都严格禁止。"④但是,美国高校的总数相比,绝对禁止师生恋的 高校数大概只占 3%,为数较少,且主要是具有宗教性质的学院或历史上向来比 较保守的大学对师生恋采取绝对禁止政策。

3. 不鼓励。即不明文禁止师生恋,但强烈不赞成,包括有指导关系的师生。 例如肯塔基大学(University of Kentucky)规定:"大学强烈地敦促那些拥有权 力的教师,不要与处在被评价或将来有可能被评价位置的学生发生恋情或性关 系。"⑤再如,东北州立大学(Northeastern State University)虽然并不禁止师生 恋,但对这一关系中所蕴藏的性骚扰风险发出警告:"虽然大学不打算干预教职 工的社会交往或男女关系,但任何一种构成性骚扰的行为,将为大学所不能容 忍,并依据肯塔基大学性骚扰政策进行处罚。"⑥

至于没有明确对师生恋制定相应政策的高校是通过同样具有法律效用的各 种学术惯例来约束师生恋。依据学术惯例,没有制定师生恋政策的高校,需要遵 守 1995 年大学教授协会(AAUP)颁布的一项政策——"教师与学生的恋爱(性) 关系充满了潜在的利用。学生赋予教授的尊敬和信任,以及教授在学术或评价 中所享有的权利,使得师生两愿的关系值得怀疑。即便双方一开始是两愿的,但 鉴于师生权力差异的存在,随着这种关系的发展,很容易导致老师和学校受到性 骚扰的指控。当老师与学生存在恋爱(性)关系时,应采取有效的措施,确保对该 生的评价与指导是不偏不倚的。"⑦

总之,没有制定相应政策的高校,同样是不鼓励师生恋的。而且,美国高校 在师生恋的态度上发展趋势是更为严格。表现为有的学校由不鼓励转为相对禁 止。例如加州大学系统一开始并没有制定禁止师生恋的政策,由于 2002 年加州

---

① Keller. E. Consensual relationships and institutional policy[J]. Academe: bulletin of the association of university professors,1990(76).

② 弗吉尼亚大学历史学教授兼妇女研究中心主任。

③④⑤⑥ Gossett J L,Bellas M L. You can't put a rule around people's hearts…can you?: consensual relationships policies inacademia[J]. Sociological focus,2002(3).

⑦ American Association of University Professors. Policy documents and reports[R]. Washington D C: AAUP,1995.

大学伯克利分校法学院院长卷入一桩性骚扰的丑闻,院长称他与学生的恋爱是两愿的,而学生称是性骚扰。最终结果是院长被辞退,加州大学亦于2003年制定了相对禁止师生恋的政策。有的学校由相对禁止转为绝对禁止。例如威廉·玛丽学院一开始只是相对禁止,但由于该校一名教授与一名已婚的学生发生婚外情,并导致已婚学生的丈夫自杀,此事件极大地损害了学校声誉,于是学校于2000年禁止教师与任何一名本科生发生恋情。还有耶鲁大学于2010年改变了相对禁止的政策,规定教师不得与任何一名本科生发生恋情[①]。

(二)新西兰通过职业操守管理师生恋

在新西兰,教师与学生相处是有相关守则的。教师不能与学生交往过密,更不能有亲密行为。师生恋更是不被允许,如果触犯红线,轻者会受到校方的警告,甚至丢掉教职,重则要受到法律惩处。新西兰对老师职业操守和职业道德的要求很高,对违反的老师进行严厉的惩处,以保持学校的秩序和质量稳定。否则,其中的漏洞,必定会被人利用,获得寻租权利的空间,谋取个人利益,进而危害到学校大多数人的利益,甚至危害到该学校的生存。

师生恋案件一旦被揭露,会交到教师同业公会或协会跟进调查,同业公会或协会有裁判权,经过对案件的调查,最后做出裁决,决定是否剥夺涉案人的教师执业资格证。违法的教师会受到司法机关的检控和判刑。

(三)日本"师生恋"不敢越雷区一步

日本社会极为重视名誉和信用,大学老师收入丰厚,社会地位高,因而要严格接受社会监督。在日本,只要学生一方未成年,师生恋是绝对不被允许的[②]。进入大学后,因为师生双方都是法律意义上的成年人,有自主行为能力。但由于师生间往往存在不对等的权力关系,老师可以通过扣学生分数、给学生不及格或者帮助学生获得更多利益,让感情变得不单纯,一旦被发现以权谋私或是发生桃色事件,当事人基本在学校"待不下去",学生同样不敢牺牲自己的名誉与老师发生亲密关系。因此,在日本"师生恋"被认为是不敢触碰的雷区,学生老师均不敢

---

① Dossou M. Faculty student romances[EB/OL]. (2015-02-02) [2015-11-25]. http://www.collegemagazine.com/editorial/2077/University-Policies-on-Student-Faculty-Romances.

② 日本法律有明文规定。如果与13岁以下女子发生性行为,不管有何种借口,都被法律禁止,无条件地用强奸罪逮捕并且起诉,刑期在10~12年。而依据《儿童福祉法》《儿童卖春色情禁止法》等规定,无论是否存在金钱往来,让18岁以下的儿童进行淫乱行为的人,都将面临10年以下有期徒刑或300万日元(约合18万人民币)以下的罚款,或者两项并罚。

越雷池一步。

（四）我国台湾地区明文禁止师生恋

2011年台湾教育部门将禁止师生恋的条款写进相关教育规定。一旦发现师生恋，教师将被解聘，并面临法律惩罚[①]。该条规定虽然引起了台湾各方的热烈讨论，但总体上得到了各方的理解和支持。基本一致的观点认为师生恋的背后，往往就是赤裸裸的教师性骚扰或性侵学生，应该被禁止。

三、我国法律关于师生恋的态度

我国现行《教师法》主要对教师权益、待遇的保障等问题进行了规定，没有明确规定"师生恋"相关的法律问题。《教师法》第8章第37条第3项规定教师"品行不良、侮辱学生，影响恶劣的"可能面临行政处罚，构成犯罪的，依法追究刑事责任。但规定较模糊，对教师性侵学生、师生恋等没有明确说明。一些高校自行尝试出台相关制度[②]，严禁教师与学生发生师生恋。但这些制度仅仅是某些高校自我约束的做法，且缺乏行之有效的执行监督机构，执行情况堪忧。

教育部于2014年9月颁布了《关于建立健全高校师德建设长效机制的意见》，首次将"对学生实施性骚扰或与学生发生不正当关系"列为高校教师在日常教学、科研及指导学生生活中不得有的情形。若有此情形的，依法依规分别给予警告、记过、降低专业技术职务等级、撤销专业技术职务或者行政职务、解除聘用合同或者开除。对严重违法违纪的要及时移交相关部门。建立问责机制，对教师严重违反师德行为监管不力、拒不处分、拖延处分或推诿隐瞒，造成不良影响或严重后果的，要追究高校主要负责人的责任。

作为高校教师师德禁行行为的"红七条"，对规范师生恋现象具有重要的积极作用。但其仅仅是一个意见，未上升到法律的层面，因此，我国高校应该研究制定师生恋的政策，明确底线和处罚措施。高校教师坚守职业道德，迫切需要法律的引导，而教师法也需要进一步丰富完善，与时俱进。

违法师生恋的界定

————————

① 刘润生.台湾向师生恋说不[J].看世界，2011(23)．

② 武汉科技大学城市学院要求辅导员签自律承诺书：不与学生谈恋爱或超出正常师生关系．高校禁止师生恋的道理在哪里．http://view.QQ.com,2007年11月06日09:19 广州日报．

第三节 老少婚概述

一、老少婚的界定

（一）老少婚的定义

老少婚也称老少配或忘年婚。即通常所说的夫妻老少配或老夫少妻式婚姻。指男女双方年龄相差悬殊而恋爱的婚姻。那怎样的年龄被界定为夫妻老少配呢？一般认为男大于女 20 岁或女大于男 10 岁才称为忘年婚。其依据是民间一般将男大于女 10 岁，都视为正常结婚年龄，超过一些，虽谈不上不正常，但还不属于夫妻老少配。而超过一倍的则视为老少配。同样民间一般认为女大于男 4 至 6 岁，都是正常婚姻，所以，稍高于基础数，不能算不正常，只有超出一倍，才被列入夫妻老少配的范畴。目前普遍的认识（通说）老少婚的年龄范围是指相差 20～30 岁以上[①]。

（二）老少婚的特征

1.少妻是事实，老夫只是表面。因为越来越多的老少婚相差年龄都在 30 岁以上，最典型的是于 2004 年 12 月喜结连理并引起了社会轰动的杨振宁与相差 54 岁的翁帆老少婚。事实证明尽管老少婚年龄相差 30 岁以上，但只是面孔老了些，头发少了些，多数情况下，老夫的心灵活动、思维状态等一点都不老，很多还能生出健康、聪明具有天才潜质的后代[②]。

2.男大女小是正常，女大男小是例外。自古如此，尤其是在过去的男权社会，基于男女生理差别、经济势力和传宗接代等因素，以男大于女为大多数。而且，在男女双方年龄差较大的婚姻中，男方多年长于女方，并且婚姻年龄差越大，规律越明显。现代社会"老少配"发生并成功的比例越来越高。年龄相差悬殊，尤其是男大女小的配对有没有道理？从心理学的角度讲，男大女小年龄悬殊的婚姻满足了女人内心隐藏的"恋父"渴望，而男人也因此获得了照顾女人，证明男性价值感的机会。而且，同年龄的男女之间，女人的心理成熟度普遍要比男人提

---

① 转引自百度百科"老少恋"词条，https://baike.baidu.com/item/％E8％80％81％E5％B0％91％E6％81％8B/8195797? fr＝aladdin.

② 孔子、李叔同、胡适都是老夫少妻的后代。

早两年甚至更多。同时,男女在社会成熟度上也存在差别。30岁可以说是女人走向成熟度的分水岭,而对于男人来说社会成熟往往在35岁前后,30岁的男人事业刚刚步入正轨,而同年龄段的女人也许已经成为职场老手。因此,大一点的男人基本上已经完成了生理和社会成熟度的建设,更能给女人带来身心双方面的幸福。这些都给男大女小"老少配"提供了前提基础。从优生优育角度,曾有研究表明,男性年龄比女性大7岁左右的"优化组合",生育的后代是较为理想的。女性的黄金生育年龄是25~30岁,35岁以后,卵巢生产卵子的质量就每况愈下,难以保证胎儿的健康。对男性来说,30岁达到生育能力高峰,此后生育能力虽然也会慢慢下降,但因为男性只是"给予种子"的人,就算过了35岁生育,也并不像35岁以后生育的女人风险那么大。如果他的健康没问题,与一个30岁之前的女人结婚,生出健康宝宝,延续自己优秀基因的概率仍然非常大。

二、老少婚与一般适龄婚姻关系的比较

在婚姻中,"老少配"自古有之,总会引起社会的关注。"老少配"与一般的婚姻关系相比,有相同点也有不同。

(一)相同之处

1. 都是一男一女的结合。

2. 都是以感情为基础的婚姻。老少婚建立在老少恋的基础上,所以绝大多数老少婚是以感情为基础,双方真心相爱自愿结合的;

3. 都是符合婚姻法结婚法定条件的婚姻。老少婚是符合婚姻法规定的结婚实质条件和程序条件的合法婚姻,受法律保护,任何人(包括子女)无权干涉。

(二)不同之处

1. 老少婚男女双方的年龄差距悬殊。这是老少婚与一般婚姻比较最主要的差别。

2. 老少婚面临的现实问题多。诸如"代沟"问题、与双方家人相处、老夫少妻性格磨合、夫妻在兴趣爱好、生活方式、生儿育女等问题,都比适龄夫妻婚姻生活复杂。老少婚尽管一般来说不被社会反对,但也不被鼓励,因为老少婚面临的社会、家庭、未来的压力比一般适龄婚姻大。

3. 老少婚与一般适龄婚姻相比幸福感更强,成为幸福婚姻的优势和家庭稳固的支柱。第一个幸福感是可以满足部分女性"三位一体"的愿望。生活中有部分女性希望丈夫兼具爸爸的成熟、兄长的呵护和朋友的活力,而丈夫年龄大,心

理更成熟,感情给予更丰富、自如;第二个幸福感是年长的一方通常有一定的经济基础,减少了因经济而发生纠纷的概率;第三个幸福感是家庭权力竞争少。一方年长,另一方自然会生发出依靠感和服从感,减少夫妻间权力的竞争,减少家庭摩擦。

三、现代社会老少婚的类型

现代社会催生老少婚的原因众多,老少婚的类型也丰富多彩。

(一)仰慕型的老少婚

此类老少婚一般是指一方仰慕另一方智慧、才气、事业有成为主的老少婚,无论是现实生活中还是影视作品中都是老少婚最主流的类型。孙中山与宋庆龄、杨振宁与翁帆以及电视剧《大丈夫》中的欧阳剑和顾晓珺的婚姻,可以说都是因男方学识渊博,事业有成、成熟稳重受到女方仰慕,逐渐产生感情,最后冲破艰难困苦走进幸福的婚姻。

(二)情投意合型的老少婚

很多人质疑老少婚有爱情吗?事实是很多名人都是情投意合型老少婚的幸福典型:如 27 岁之差的跳水冠军伏明霞和梁锦松,以及相差 20 岁的荧屏情侣姜文和周韵,等等。俗话说得好:爱情面前,身高不是距离,年龄不是问题。只要彼此情投意合、真心相爱就可以结婚。因此,男女之间的婚姻,难以用理性说清,以一个情字倒可以概括。一般认为,老少婚起步于老少恋,既然是恋就一定有爱情。因此,老少婚也是一种真实的、至死不渝的恋情,只要产生了,就成为美好,走向情投意合的老少婚是最好的归宿。

(三)兴趣爱好相同型的老少婚

这种老少婚同样是幸福的,因为双方有共同的兴趣爱好。老少婚面临的诸多现实问题如"代沟"问题、性格磨合问题、兴趣爱好、生活方式等问题,在这种类型的老少婚中都不是问题。相反,因为有共同的兴趣爱好,他们可以共同成长,互相学习互相帮助,传承手艺和技能,甚至可以把爱好做成夫妻事业,比翼双飞,最终爱情、事业双丰收。

(四)经济依靠型的老少婚

社会是复杂的,婚姻现象也是多面的。经济依靠型的老少婚在今天仍不在少数,主要原因大都因一方缺乏知识和生存能力,或贪图享受甘愿傍个"有钱人"，过上衣食无忧的生活。但这种类型的老少婚如果以感情为基础，相爱相依，无可厚非；如果为了仅仅是图财，没有感情基础，婚姻关系最终会走向破裂。

第四节　老少婚的法律问题

老少婚和一般适龄婚姻关系一样，会遭遇各种的法律问题，但由于老少婚的一些特殊性，比如年龄差距太大，容易引发重婚和财产继承问题；如果老少婚不是建立在感情基础上，纯粹以贪图钱财享受而缔结婚姻，容易出现谋夺财产、不尽法定扶养义务和遗弃罪、虐待罪等问题。

📹 老少婚易引发的法律问题

一、重婚问题

老少婚遭遇的重婚问题主要表现为婚姻中较年轻的一方隐瞒已婚的事实，再与其他人登记结婚或同居的事实。

重婚，是指有配偶的人又与他人结婚或以夫妻名义共同生活的行为，或明知他人有配偶而与之结婚或者与之以夫妻名义共同生活的行为。比如老少婚的一方在婚姻关系未解除（未离婚或未被认定无效或可撤销的情况下）又与他人公开以夫妻名义共同生活（同居），即构成重婚。

我国婚姻法明令禁止重婚。任何人都不得同时有两个或两个以上的配偶，一切公开的或变相的一夫多妻、一妻多夫的结合都是非法的。违反一夫一妻制的结婚不予登记；已经成立合法婚姻的男女，只有在配偶死亡（包括宣告死亡）或离婚后，始得再行结婚。《婚姻法》第45条规定："对重婚构成犯罪的，依法追究刑事责任。"重婚在民事上是婚姻无效的原因之一，在刑事上应依法追究犯罪者的责任。根据我国《刑法》第258条的规定："有配偶而重婚的，或者明知他人有配偶而与之结婚的，处2年以下有期徒刑或者拘役。"

老少婚中的任何一方若不想再维持已有的婚姻关系，必须先按照婚姻法的规定，通过协议或诉讼方式解除已有婚姻关系。反之，则有可能构成重婚，承担构成重婚罪的法律后果。

二、老少婚财产问题

老少婚因年龄差距较大，出现财产问题很正常，主要涉及婚前财产问题、财产继承问题以及谋夺财产问题。

（一）婚前财产问题

老少婚容易引发的财产问题首先就是年纪大的一方事业有成，在结婚前已经积累数额较大的财产。对于这些婚前的财产，另一方会认为结婚后就变成是夫妻共同财产，这种想法是不符合现行法律规定的。根据现行《婚姻法》第 18 条规定："一方的婚前财产属于夫妻个人财产，无论婚姻存续期间有多长，都不能转化为夫妻共同财产，除非当事人另有约定。"老少夫妻如想将一方的婚前财产性质变更为夫妻共同财产或另一方财产，只有通过双方协商一致书面约定才具有法律效力。除此之外，一律认定为是一方的个人财产。

（二）财产继承问题

老少婚因为双方年龄差距较大，"老"的一方存在比另一半过早死亡的问题，因而出现遗产继承的问题。在处理老少婚的遗产继承问题时应注意一下问题：(1)如果婚前双方签订了婚前财产协议，并公证了财产的归属，一方死后就不会发生遗产继承纠纷。(2)死亡方如果生前留下了遗嘱，指明财产继承人，只要遗嘱形式合法，内容没有处分他人的财产，也没有剥夺缺乏劳动能力又没有生活来源的继承人应保留的必要的份额的，遗嘱就合法有效，其死后遗产按遗嘱继承。(3)如果老少婚双方未签订婚前财产协议，也未留下遗嘱，死后一方的财产按法定继承实施继承。

（三）谋夺遗产问题

纯粹以贪图钱财享受而缔结的老少婚姻，容易出现谋夺财产问题。谋夺财产一方有可能构成刑事犯罪。但我国刑法没有规定谋夺遗产罪。谋夺遗产行为要根据犯罪的要件来确定罪名。一般可能构成侵占罪[①]或诈骗罪[②]，严重者可能构成故意杀人罪[③]等。

---

① 《刑法》第 270 条规定："将代为保管的他人财物非法占为己有，数额较大，拒不退还的，处二年以下有期徒刑、拘役或者罚金；数额巨大或者有其他严重情节的，处二年以上五年以下有期徒刑，并处罚金。将他人的遗忘物或者埋藏物非法占为己有，数额较大，拒不交出的，依照前款的规定处罚。本条罪，告诉的才处理。"

② 《刑法》第 266 条规定："诈骗公私财物，数额较大的，处三年以下有期徒刑、拘役或者管制，并处或者单处罚金；数额巨大或者有其他严重情节的，处三年以上十年以下有期徒刑，并处罚金；数额特别巨大或者有其他特别严重情节的，处十年以上有期徒刑或者无期徒刑，并处罚金或者没收财产。本法另有规定的，依照规定。"

③ 《刑法》第 232 条规定："故意杀人的，处死刑、无期徒刑或者十年以上有期徒刑；情节较轻的，处三年以上十年以下有期徒刑。"

三、不尽法定扶养义务问题

夫妻间的扶养,专指夫妻之间互相扶助、互相供养的义务。《婚姻法》第20条规定:"夫妻有互相扶养的义务。一方不履行扶养义务时,需要扶养的一方,有要求对方付给扶养费的权利。"

老少婚中"老"的一方存在身体健康、精神状态都不如年轻一方,特别需要另一方的关爱照顾的情况,而年轻的一方必须要顺其自然,接受对方衰老、体弱的事实,给对方扶养、照顾。夫妻双方的扶养义务和接受扶养的权利是平等的。有扶养能力的一方必须自觉履行这一义务,特别是在对方生病,丧失劳动能力的情况下,如果一方拒不履行扶养义务,对方有权通过调解或诉讼程序要求对方付给扶养费。对于年老患病或其他没有独立生活能力的配偶,如拒不履行扶养义务,情节恶劣的,应按《刑法》的有关规定,追究犯罪者遗弃罪或虐待罪的刑事责任。

遗弃罪[①],是指对于年老、年幼、患病或者其他没有独立生活能力的人,负有扶养义务而拒绝扶养,情节恶劣的行为。遗弃行为必须达到情节恶劣程度的,才构成犯罪。情节是否恶劣是区分遗弃罪与非罪的一个重要界限。根据司法实践经验,遗弃行为情节恶劣是指:由于遗弃而致被害人重伤、死亡的;被害人因被遗弃而生活无着,流离失所,被迫沿街乞讨的;因遗弃而使被害人走投无路被迫自杀的;行为人屡经教育,拒绝改正而使被害人的生活陷入危难境地的;遗弃手段十分恶劣的(如在遗弃中又有打骂、虐待行为的)等等。老少婚中有扶养能力的一方对年老、体弱无独立生活能力的另一方实施了以上的情节恶劣的行为,就构成遗弃罪,处五年以下有期徒刑、拘役或者管制。

虐待罪[②],是指对共同生活的家庭成员,经常以打骂、捆绑、冻饿、限制自由、凌辱人格、不给治病或者强迫其过度劳动等方法,从肉体上和精神上进行摧残迫害,情节恶劣的行为。虐待行为必须是情节恶劣的,才构成犯罪。所谓"情节恶劣",指虐待动机卑鄙、手段残酷、持续时间较长、屡教不改的、被害人是年幼、年老、病残者、孕妇、产妇等。对于一般家庭纠纷的打骂或者曾有虐待行为,但情节轻微,后果不严重的,不构成虐待罪。老少婚中有扶养能力的一方对年老、体弱

---

① 《刑法》第 261 条:"对于年老、年幼、患病或者其他没有独立生活能力的人,负有扶养义务而拒绝扶养,情节恶劣的,处五年以下有期徒刑、拘役或者管制。"

② 《刑法》第 260 条:"虐待家庭成员,情节恶劣的,处二年以下有期徒刑、拘役或者管制。犯前款罪,致使被害人重伤、死亡的,处二年以上七年以下有期徒刑。"第一款罪,告诉的才处理,但被害人没有能力告诉,或者因受到强制、威吓无法告诉的除外。

无独立生活能力的另一方实施了以上的情节恶劣的行为,就构成虐待罪,处二年以下有期徒刑、拘役或者管制。犯前款罪,致使被害人重伤、死亡的,处二年以上七年以下有期徒刑。

　　婚恋结语:像医生和病人、律师和客户、牧师和教堂成员之间不能谈恋爱或有两性关系一样,尽管一般的师生恋不违反法律,但禁止师生恋符合基本的职业道德原则。中国有句古话:"一日为师,终身为父。"老师对学生更多的是保护与责任,任何对学生们存在潜在伤害的事情,老师们都是不可为的。

　　这意味着选择教师作为职业,就应当放弃某些方面的自由和权利。

▶ 本章测试

师生恋与老少婚测试作业与答案。

▶ 本章问卷

师生恋与老少婚问卷调查。

▶ 本章思考题

谈谈你对校园师生恋的看法?并说明理由。

▶ 设计教学法——微视频采访调查作业

1. 观点对对碰:老少婚。

2. 大学师生恋:应不应该禁止?

▶ 本章推荐阅读书目

　　1. 林崇德、董奇:《教师人际关系和谐——师生心理成长丛书(万千教育)》,中国轻工业出版社 2008 年版。

　　2. 杨大文:《婚姻家庭法》,中国人民大学出版社 2016 年版。

🛡 测试作业与答案

👤 问卷调查

第八章　同性恋与同性婚

学习要求

　　通过本章学习,重点掌握同性恋的含义、成因、同性恋与异性恋的区别和联系、同性恋的生存现状,同性恋的非罪化问题以及同性恋群体的权利保障;掌握同性婚的概念、特征、同性结合的法律模式以及我国同性婚姻的法律保障等。

　　同性恋是性取向的一种,是自然的存在。每个人不同的性取向就如每个人眼睛的颜色不同一样,是自然给予的个体特征,并不是病态的存在。因同性恋而结婚即是同性婚。它把婚姻定义中的"一男一女"抹掉,也就代表者摒弃了传统观念的束缚,以现

📖 附法条

代的重视和尊重个体权利的道德观念来决定同性婚姻的有效。那么何为同性恋? 为什么同性恋要去罪化? 同性恋的发展和现状如何? 什么是同性婚姻? 同性婚姻不同的立法模式有哪些? 我国对同性婚姻合法的态度及立法趋势如何? 这些问题是本章的重点介绍。

第一节　同性恋概述

　　我们的社会为什么不接纳同性恋者? 因为我们的性文化里,把生育当作是性的目的,把无知当纯洁,把愚昧当德行,把偏见当原则。爱情应该是一个灵魂对另一个灵魂的态度,而不是一个器官对另一个器官的反应。

🎬 同性恋 VS 异性恋

　　　　　　　　　　　　　　　　——柴静

一、同性恋的含义

"同性恋"（homosexuality）一词最早是由法国医生贝科特于 1869 年创造，用于描述无法对异性做出性反应，而被与自己性别相同的人所吸引。中国最早开展同性恋研究的王小波和李银河在《他们的世界》中认为，同性恋行为是指以同性为对象的性爱活动；同性恋者则是以同性为性爱对象的个人（男人或女人）。但是，著名的金赛博士和他的研究团队在一项大型调查研究中发现，有 37％的人至少有过一次同性性行为，有 4％的人终身只有同性性行为，并且提出了性连续体理论，将绝对异性性行为者到绝对同性性行为者以一个过渡的状态进行划分。简单来说，就是绝对的异性恋和绝对的同性恋就像一个事物的两个极点，而大部分人都是在"同性恋"和"异性恋"之间，既有同性性行为也有异性性行为。

"如果不把人区分出具有异性恋者的特征或同性恋者的特征，而是区分出有某种程度的异性恋者的经验和某种程度的同性恋经验的个体，则会鼓励（或刺激）人们更彻底地去思考这些事情。不应用这些术语作为描述个体的名词或形容词，而应以它们更好地来描述各种公开的性关系的本质或描述个体在性方面对刺激的反应。……如上所述，很明显，有关世上同性恋者的数目和异性恋者的数目是无法统计的。"

性社会学者张北川区分了"同性性行为"和"同性恋者"，认为同性性行为范围较广，只要同性之间发生性行为的，不论是自愿或是被动、经常性的或者暂时的，都可以视为同性性行为，而同性恋者仅指那些自愿的、经常性的同性性行为者。事实上，人们并不一定终其一生保持相同的性取向。有些人可能很长时间是同性恋者，然后才开始与不同性别的人谈恋爱；也有些人只拥有异性伴侣，但随后认识到自己是同性恋者。同性之间的性吸引/性行为和互动是真实存在的，（绝对的）异性恋和（绝对的）同性恋并不是一成不变的。

因此，作为一种性取向，我们把同性恋定义为以同性为对象的性爱倾向与行为。它是一种发生在相同的生理性别或者社会性别之间的，情感上的、浪漫关系上的或者情欲上的人际吸引。同性恋者则是以同性为性爱对象的个人（男人或女人）。它同样是指一些人基于在这些性吸引中、相关的行为中以及在拥有共同性吸引的人群之中的身份。

在英文中，一般用"gay"来称呼男同性恋，用"lesbian"来称呼女同性恋。

由于社会文化的影响，人们通常套用异性恋思维模式来思考同性恋者之间的关系。通常认为，同性恋者分为"1"和"0"两种，也就是在性行为中分别担任男性和女性的角色。而在生活中,有些同性恋的确在男性特质和女性特质上存在差异。然而,很多研究表明,在同性恋性别角色中双性化和未分化的类型占据了较大部分。以往关于男同性恋的研究也发现,在男同性恋群体内部,对于1、0的划分实际上是为了表明自己在性行为上的偏爱,而且对于大多数男同性恋者来说,1或0的身份是可变的。

作为社会建构的产物,人们尝试使用性取向来定义我们是谁,给一个人贴上"同性恋"、"异性恋"或者"双性恋"的标签。当我们使用语言来给非异性恋者贴上标签时,实际上是在对他们进行分类、边缘化和贬低,忽略了所有性向的多样性而只看到了异性恋[①]。酷儿理论认为,人们只存在一时的同性性行为,而不存在同性恋与异性恋二分。酷儿理论向传统的异性恋制度与异性恋霸权发起挑战,反对那种仅仅把婚内的性关系和以生殖为目的的性行为作为正常和标准。在传统的性别观念中,异性恋机制的核心在于生理性别、社会性别和性欲这三者之间的关系,一个人的生理性别就决定了他的社会性别特征和性别倾向。事实上,如果以社会建构的产物来理解"同性恋"和"异性恋",两者就像演员的表演,根本不存在"恰当的"或者"合适的"性取向,生理性别也不存在社会属性。酷儿理论的性是建立在不断变化的表演之上,也是对性别身份与性欲之间的挑战。

二、同性恋和异性恋的区别和联系

凯查·多利在《人类性行为基础》上写道,"同性恋者当中既有穷人也有富人,既有受过高深教育的人也有无知无识的人,既有有权的人也有无权的人,既有聪明人也有愚笨的人。同性恋存在于各个种族、各个阶级、各个民族和各种宗教信仰的人们当中。"[②]然而,在媒体的渲染之下,男同性恋有很大一部分形象表现为"女性化",男同性恋者往往被贴上"娘娘腔"、"不男不女"等标签;女同性恋者往往与男性化、像男孩子或者平胸等字眼联系在一起,女扮男装也是经常被提到的,以此突出同性恋者的性别错乱。事实上,同性恋者仅仅是性取向不同,同性恋者看起来与异性恋并无二致,甚至某些同性恋为了突出自己的性吸引力,会广泛参与健身、运动等,性别角色则更为突出。同性恋与异性恋之间的差异比大众所想象得要小很多。

①　李银河.酷儿理论面面观[J].国外社会科学,2002(2).
②　李银河.他们的世界[M].太原:山西人民出版社,1992.

（一）恋爱过程

同性恋相识的渠道、恋爱的过程和异性恋相似。他们或因朋友或熟人相识，也会从相互吸引，最终坠入爱河。其中，女同性恋通常从闺蜜开始发展，而男同性恋则从性关系开始，而且外表吸引力对男同性恋更为重要。相比较而言，同性恋伴侣间的权力分配比异性恋伴侣要均衡许多，但他们同居后，家里的大小事宜并不会按照传统性别观念进行分配，因此需要更多的沟通和协商。他们也同样会采用异性恋伴侣在维持感情时经常常用的方法和技巧，而且在冲突的起因、发展、结果以及感情引发的暴力事件，也和异性恋基本一样。虽然同性恋情侣的分手概率比异性恋高，但导致他们分手的原因大同小异①。

（二）恋爱体验

在恋爱的体验上，同性恋在相爱、相处和感情满意度上均与异性恋相似。正如李银河在《同性恋亚文化》中所描述的②，在那些真正发生了感情的同性关系中，他们的情感体验在形式、内容、程度与趋势上，都与异性恋相似。当让同性恋者描述自己的恋爱经历时，他们也会用类似诸如"爱上"、"占有"、"海誓山盟"、"感情破裂"等等词汇；也有人相信缘分、保持精神恋爱关系并只愿意享受感情生活的；他们同样也会为感情牺牲、也会陷入单恋无法自拔，或者基于感情考虑长久未来。

> 一位同性恋者将自己的一次罗曼史叙述如下："那年我爱上一个人，爱得神魂颠倒。我们有三个月时间，每星期有三四天住在一起。我爱他，他也爱我。他有一个女朋友，但他对她完全是在演戏。我们虽然有过海誓山盟，但后来感情还是发生了裂痕。我怀疑他另有男朋友，有欺骗我。我跟踪他，到他门前守候，发现他夜不归宿，去和别的男朋友睡觉去了。我对他说：我会给你爱，你不能拿我的感情开玩笑。我当时真想去把他男朋友的家给砸了。"

——选自李银河《同性恋亚文化》

（三）性倾向认同

相较于异性恋者，同性恋者还要面临性倾向认同的问题。性倾向认同指的

① 苏珊·亨德里克.因为爱情：成长中的亲密关系[M].洪菲，译.北京：世界图书出版公司，2014：325.

② 李银河.酷儿理论面面观[J].国外社会科学，2002(2).

是个体承认自己同性恋的身份,并把自己视为同性恋群体中的一员。与一般人形成自我概念不同,由于主流社会对于同性恋的偏见和污名,同性恋者往往会在发展过程中面临性认同的困难,他们往往无法接受自己的性倾向,产生认同困惑。有学者将同性恋认同发展过程分为三个过程,认同之前、认同期间和认同之后[1]。

在同性恋还未形成认同之前,他们会经历内心冲突。一方面,一些事件(如性梦,同性吸引,对同性的爱慕,等)会起到催化剂的作用,让他们逐渐意识到自己的同性恋倾向;另一方面,一些阻碍(内在的同性恋恐惧)让他们压抑自己对同性的欲望。其中,父母(家庭)、文化、伙伴、大众媒体等因素往往同时起到催化剂或阻碍的作用。内心冲突会产生精神压力推动个体形成自我认同,但这并不意味着人们一定会形成认同,他们也可能会否认自己的性倾向,拒绝同性恋的标签。

> 央视著名记者柴静《看见》节目中,同性恋者翼飞这样表述:"我曾经说过,只要自己不是那种人,我愿意一无所有。""我觉得全世界只有自己一个人不正常。因为我觉得自己那种现象是一种不健康,是一种病态。我强迫自己不去接触任何一个男孩子,尽量疏远他们,尽量去找女孩子,精神上对自己压力很大。"

在性认同期间,个体会努力解决自己的内心冲突,表现为在接受与拒绝同性恋倾向之间拉锯,此时环境对同性恋宽容的态度就显得尤为重要。在这一过程中,同性恋者需要对自己的认知(关于同性恋的想法)、行为(与同性的身体接触和性行为)以及情感(对同性的爱慕)进行评估。如果对这三部分能够有清晰的认识,那么就容易达到自我认同。但并不是所有人都能够构建出这一完整的三维结构,矛盾往往伴随着整个认知过程。

在认同之后,人们会开始形成积极的同性恋价值观,形成整体感和真实感,逐渐与其他同性恋者发生联系,并努力发展亲密关系。他们认同自己的同性恋身份,愿意向他人公开自己的性取向(出柜)。

(四)性行为

在性行为方面,金赛的调查发现,同性恋者与异性恋者最大的不同在于性交

---

① 刘俊,张进辅.同性恋认同发展的理论模型述评[J].心理科学进展,2009(2).

方式的不同,而在同性恋者与异性恋者性反应上,两种身体反应却是基本相同的。同样的,同性恋者也会像异性恋一样会有性方面的障碍[①]。

三、同性恋的成因

同性恋现象是在人类历史上各个文化中普遍存在的一个基本行为模式,无论是在高度发达的工业社会,还是在茹毛饮血的原始部落,无论是在 21 世纪的今天,还是在远古时代。大量研究发现,同性恋者在任何国家始终保持着 3‰～5‰的人口比率。

人们通常假设,同性恋无法生育,按照"优胜劣汰"的生物进化论来说,"同性恋基因"早应该在大自然演化中被淘汰掉,然而它为什么还会一直出现呢? 尽管我们在仔细查看同性恋的形成原因时会隐含着一个前提——我们似乎不太会思考异性恋的形成原因,我们认为异性恋是理所当然,而同性恋形成的原因则值得深究。尽管很遗憾可能会带有这样的影响,但在目前的环境下,我们对同性恋的形成原因进行探索会加深人们对于同性恋的认识和理解,使我们能更为宽容地看待同性恋。

(一)先天论

目前,同性恋平权运动的一个主要观点是,同性恋较大程度是先天的,它不是个体"自愿"或者"选择"的结果,我们无法去强迫别人违背自己的本性,改变自己的性倾向。就如同左利手(左撇子)一般,过去我们的社会文化会尽可能地要求人们对其进行"纠正",而当我们知道左利手是由遗传因素决定以后,左利手也逐渐司空见惯。那么同性恋究竟多大程度受生理因素影响? 各个生理因素又是如何发挥作用的? 强调同性恋是由生理因素所决定的学者,主要探讨遗传基因、性激素与脑结构等各方面因素对于同性恋形成的影响,这部分研究主要集中于男同性恋者。

1. 遗传基因。1952 年,克尔曼的研究发现,40 对同卵双生子(具有完全相同的基因)中同性恋的同病率为 100%,而 45 对异卵双生子(基因不完全相同,生活环境基本相同)中同性恋的同病率不足 15%;后来有学者对此结果表示质疑,重新进行实验后发现五对同卵双生子同病率为 40%;2015 年,一项针对 384 个家庭、409 对同性恋兄弟组成的样本群体的研究发现,同性恋性倾向和 8 号染色体、X 染色体上的几处基因区域,包括 Xq28 基因段有高度相关性。关于遗传基

---

① 琼·瑞妮丝,露丝·毕思理. 金赛性学报告[M]. 北京:明天出版社,1993:223.

因的最新研究发现,遗传基因能够较为显著地影响同性恋倾向的形成,性取向的全部遗传力大约是 53%。

2.性激素。有研究发现男同性恋者尿液中睾酮与男异性恋相比较少,而女同性恋者尿液中睾酮相对于女异性恋者较多;2012 年的一份研究指出,同性性取向很可能受到胎儿时期对雄性激素的基因表达调控的影响。2014 年塔克等人对 37 对男性同卵双胞胎兄弟进行了研究,其中只有 10 对兄弟双方都是同性恋。他们在 140000 个基因段中筛查出五处区域,这些区域的 DNA 甲基化行为(表现遗传机制的一种)与同性恋行为有高度相关性。我们可以认为,同性恋现象与激素水平有关,但是目前难以确定究竟是激素水平的变化导致了个体的同性恋倾向,还是同性恋个体的心理与行为导致了激素水平的变化。

3.脑成像。还有研究同性恋者的大脑结构发现,下丘脑中存在能够控制男女两性性反应类型的脑中枢,但我们同样无法确定大脑结构的不同究竟是导致同性恋的原因还是结果[1]。

(二)后天论

尽管我们已经知道同性恋较大地受到生理因素的影响,但我们很容易想象一个人在幼时经历了某些遭遇以致长大以后成为同性恋,又或者听说军队、监狱等封闭环境有较多同性恋者。对此,有很多理论从不同方面来解释心理社会因素是如何影响人们的同性恋倾向的。

1.性心理发育。根据弗洛伊德的观点,每个人在幼时都有双性恋特征,在 3~5 岁时阶段,幼儿会对自己的异性父亲或母亲产生依恋,而如果父母在此阶段的养育方式不当,儿童会将"恋父情结"和"恋母情结"压抑至潜意识,导致在随后的性心理发生异常。青春期是个体性心理发育的重要阶段,人们开始在这个阶段产生性萌芽,性意识开始觉醒,性心理不断发生变化。然而,社会仍然对青少年间异性交往较为谨慎,防止青少年"早恋"。很多青少年会因为好奇而与同性发生性接触。首次性经历对于性取向的形成具有重要意义,当事人很可能会将首次性经历的快感与同性对象联结起来,将自己认定为"同性恋"。

2.性情感体验。性情感体验是指人自身的性需求是否得到满足而产生的体验。有研究调查显示,62.7% 的男同性恋在高中毕业前有与异性交往受挫,不愉快的经历,而非同性恋人群这一比例只有 37.3%。如果某人在与异性交往的时候受到挫折,有过一段不愉快的性经历或者婚姻,他们无法在异性情感中得到满

---

① 于茂河,王栩冬.男性同性恋成因的研究进展[J].中国性科学,2015(6).

足,而在此期间他与同性接触的时候感受到了情感满足,那么他可能会改变性取向[①]。

3. 家庭环境。家庭环境对于同性恋的形成可以是很多方面的。第一,单亲家庭以及单亲家长的性别会对子女自身性别认识产生影响。单亲家庭由于父母一方的缺失,减少了子女认识男女性别差异的机会,失去了对男性/女性性别角色的模仿对象,从而使其对性别的认识以及行为产生一定程度的偏差。第二,父母在家庭中地位的高低会对个体性取向的选择造成影响。中国传统文化认为,父亲应该是家庭的主导者,母亲应该表现为温和、顺从。而这种模式逐渐受到冲击,有的母亲在家里过于强势,而父亲又相对懦弱,会让家里的男孩形成对母亲的崇拜,他们会不自觉寻求像母亲一样强势的女孩子,因而难以在身边找到满意的对象转而寻求同性。第三,父母不恰当的养育方式也会影响个体的性取向。在许多家庭中,如果孩子的性别与父母所期待的不相符合,有的父母会将孩子按照异性别的抚养方式进行养育。张北川对 240 名男同性恋的调查发现,18.3%的人在儿童期曾经被当作女孩抚养。在这种养育方式之下,个体很容易在童年期对自己的性别认同产生偏差[②]。

4. 社会环境。个体所在的社会环境也同样能够影响个体的性倾向,如单一的同性环境有可能会造成情境性同性恋产生。军队、男性监狱、远洋船队等环境与外界相对隔离,身处其中的人很少能够看到女性,无法与女性发生性关系。个体在需要发泄自身性欲时,一般除了手淫这一替代方式之外,只剩下同性性行为这一选择。

需要指出的是,从先天还是后天来理解同性恋,决定了我们看待同性恋的视角。如果是学来的,那么必然可以予以纠正,改造回去;而如果是天生的,我们面对自然的力量,以目前人的能力,只好随他去。但我们也必须意识到,个体有自由选择的权利,选择自己的生活方式的权利,选择自己喜欢的对象,无论他(她)是同性还是异性。

四、同性恋者生存现状

(一)出柜

同性恋在完成自我认同之后,首先得面对是否出柜(coming out of the clos-

---

① 张艳辉,鲍宇刚,陈浩,等.男性同性恋人群的性取向成因研究[J].中华预防医学杂志,2013(11).

② 熊明洲,洪福昌,蔡于茂,等.同性恋心理社会学成因研究进展[J].医学与哲学,2015(5).

et)这个问题。出柜是指个体向他人公开自己的性取向或性别认同的行为。如果不愿意表达自己的性倾向,则称之为"躲在衣橱"(closeted)或"深柜"。

一般来说,出柜具有三种形式和目的[①]:一是私下的出柜,仅仅告知亲朋好友自身的性取向,在有限的人际关系内得到他人的理解;二是公开的出柜,在同事、熟人范围内停止对自身性取向的隐瞒,以得到更为宽广的人际关系网络的认可;三是基于政治考虑的出柜,通过大众媒体或重大公共事件将隐秘的性取向公布于众,以做出有广泛社会影响的反歧视姿态。仅有大约5%~15%的同性恋者选择出柜,大部分仍然选择隐藏自己的性取向。在那些选择出柜的同性恋者中也会根据人际关系的不同而采取不同的举措。

有调查发现,选择出柜的同性恋者中向自朋友、同学等告知自己性取向的大约占2/3,告知父母的比例接近7%,告诉兄弟姐妹的将近10%,告诉其他人的比例为16%[②]。我们可以发现,一旦涉及亲人,如父母,兄弟姐妹等,出柜者的比例明显下降。对于在农村或县城长大的男同性恋者来说对家人出柜面临更大的阻力。这是因为村落、乡镇或小县城一般都是熟人社会的范畴。农村的熟人社会压力导致男同性恋者的父母不仅受到孩子公开身份带来的心理冲击,还要面对面地忍受"家丑"曝光后招致的社会偏见。

(二)婚姻

1.异性婚姻。中西方同性恋最大的不同在于,在中国,大量的男同性恋者要和异性结婚,而在西方,他们或者终身独身,或者和同性同居,还有少部分会选择进入婚姻。费孝通在《生育制度》中说,"婚姻是对性的限制和规范,使得两性的结合符合种族繁衍的文化要求。"人们传统对婚姻关系的定义为丈夫,妻子以及他们的孩子共同组成,这将看似"不合理"的同性关系排除在外。另一方面,同性恋者会试图进入异性婚姻,以此来得到社会和家庭的认可,成为一个"正常人"。这不仅是因为目前中国的文化是以家庭为中心的,中国的同性恋还要面对来自于家庭传宗接代的压力——爱与性总是排在婚姻的后面。2016年,在联合国开发计划署支持下,北京大学社会学系和北京同志中心所做的中国性少数群体生存现状报告指出,已婚的同性恋中,84.1%选择与异性恋配偶结婚,其中有13.2%为"形式婚姻",2.6%在国外登记同性婚姻。在异性婚姻之中,同性恋者

---

① 景军,王晨阳,张玉萍.同性恋的出柜与家本位的纠结[J].青年研究,2014(5).

② 王晴锋.认同而不"出柜"——同性恋者生存现状的调查研究[J].中国农业大学学报(社会科学版),2011(4).

过着双面人的生活,妻子/丈夫对自己的抱怨和不满、父母长辈对子嗣的期待等问题接踵而至,其结果往往是同性恋者由于内心的自责、罪恶感带来更多的精神压力问题,最后伤害到更多无辜者,这种婚姻无异于饮鸩止渴。

在某种程度上,同性恋者进入异性婚姻是从受害者转变为施暴者,将婚姻中的异性置于被动的、懦弱的和失声的地位,将异性作为情感安慰剂和生殖的工具,是将一个无辜的异性恋异性拉入了一场原本与他/她不相干的婚姻。

"同妻联合会"负责人托儿在"同志父母恳谈会"上宣读了一篇文章《为何同志不该结婚》中谈到目前中国同妻的数量,认为"1600万只是一个保守的数字"。信中说:"几乎每一个这样的婚姻中,同性恋丈夫都如兽性般生活几年,努力试图成为异性恋世界里的一分子,但却无法真正享受幸福,性压抑会滋生挫败感,谎言会驱使他向妻子和孩子发怒。他像一面镜子,审视着自己的家庭,又不断承受着谎言带来的内疚。"

2.形婚。由于异性婚姻遭受同性恋社群内部的反对,以及异性婚姻本身所产生一系列心理问题和社会问题,不少同性恋考虑以"形式婚姻"来应付父母和社会,即男同性恋和女同性恋相互约定,仅有婚姻的形式而没有实质的内容。一些同性恋者将形式婚姻过成"连续剧",演员一旦进入角色,恐怕一时难以退出,需要一直不断演下去,因为观众(主要是双方父母)不断地提出新的要求和期待。与进入异性婚姻不同的是,形式婚姻没有伤害无辜者,婚姻双方对彼此都是透明的,相互之间甚至还会有各种协议。而这个"善意的谎言"的对象则是男女同性恋双方的父母。当然,也有同性恋者对形式婚姻持有质疑、不赞成态度的。这些人对形式婚姻更多的是感到疲惫与无奈,认为不是万不得已还是不要走这条路,在家庭条件允许的条件下,适时向父母表明出柜是最好的选择。

3.其他。还有一部分人群既不选择进入异性婚姻,也不选择形式婚姻,而是转而探索同性恋群体中的亲密关系。他们往往依照酷儿理论重新定义婚姻关系,"一群个人彼此界定为家人,共同承诺对于彼此的情感和经济责任,无论他们是否居住在一起,是否具有血缘关系,是否收养或者生育子女,是否得到了法律承认"。他们不再认定异性婚姻为正统去试图迎合社会,而是探索包含更多可能性、更为灵活的家庭模式。他们也会努力提升自己,尽量出国到同性婚合法的国家以期得到社会法律认可保护。

(三)心理健康

尽管研究显示同性恋并不属于心理疾病,却一直广泛与心理疾病联系起来。我们都知道,一些社会压力同样会导致心理疾病的发生。很多同性恋尤其是在青少年的时候会遭受侵害或者歧视。因而,同性恋更容易遭受心理障碍的困扰。有研究对同性恋的资料进行整理分析发现,感觉到经常性的负面情绪者(以焦虑为主)占总人数53.1%,孤独感者为21.6%,87%感觉到痛苦以及没有安全感,40.5%的同性恋者有自杀企图,另外在酒精依赖、药物依赖和进食障碍等等方面发生率也远远超过异性恋者。

(四)社会环境

有学者对同性恋心理障碍比例较高的原因进行了解释:社会污名、偏见以及歧视建构了一个充满敌意、带有压力的社会环境,从而引发了同性恋群体较高的心理疾病流行比例[①]。

1.社会污名。对同性恋者的社会污名是导致其较高心理疾病流行率的重要原因,在社会污名的影响下,同性恋者对自我的认知与社会对自己的认知之间存在冲突,个体难以抉择究竟哪一部分属于真实的自己,这就导致了同性恋形成不稳定和脆弱的自我知觉,带来较大的心理压力。

2.内化的恐同观念。同性恋者在成长过程中不断地接触到异性恋者对同性恋的厌恶、反感和敌意等消极态度,并且在成长过程中将这些消极态度内化成自我的一部分,进而对自己的性取向产生一系列的消极态度。这种态度会严重影响到同性恋者的心理健康,产生一系列不良情绪和行为。

3.偏见和歧视。同性恋者在校园、工作以及生活中,都会遭受各种各样的偏见和歧视。绝大部分的同性恋者作为学生,会在校园内听到同学或老师关于对同性恋消极、令人厌恶和反感的评价;而在工作中也经常会遭到因歧视和偏见而产生的拒绝录用、工资偏低等不公正待遇。在一项全国性的调查发现,同性恋员工的薪资收入比起相同教育背景、相同职位的异性恋员工低11%到27%。

有研究人员对同性恋者的歧视经历做调查发现,同性恋者报告说他们相比异性恋更多地在生活中和工作中受到歧视,并且许多同性恋者在回答时在问卷中说,"我没有'出柜',不然答案将完全不一样。"结果显示,将近33%的同性恋者在最近半年内受到各种各样的歧视,其中超过半数是经常性的歧视。同性恋者为了避免歧视,获得和其他人一样的地位,往往需要隐瞒自己的性取向,在上一节中我们也提到过,同性恋者选择出柜的人数较少,同性恋者为了逃避社会的歧视会拒绝公开自己的性取向。

---

① Meyer I H. Prejudice, social stress, and mental health in lesbian, gay, and bisexual populations[J]. Psychological Bulletin, 2003, 129(5):74-97.

4.社会支持。人们在遭受各种负面的生活事件或承受社会压力时,往往会寻求他人(家庭、亲属、朋友和同事等)和社会各方面的心理上和物质上的帮助,社会支持显得尤为重要。由于同性性取向并不受到社会大众的认可,他们无法得到家人的支持和帮助,甚至有父母会对同性恋者施以暴力,强制要求"治疗"同性恋性倾向。

我们可以发现,同性恋本身作为一种正常的价值取向,本身不会引起心理疾病。但是在异性恋为主体的社会之中,同性恋者被加以社会污名,遭受到歧视和不公正的待遇,面临着严峻的生活、事业和人际关系问题,得不到社会支持和帮助,从而威胁着同性恋者的心理健康。

第二节　同性恋群体的权利保障

现代社会,同性恋现象普遍存在。历史上同性恋的去罪化、去病化,以及各个学界对同性恋的研究皆已表明对同性恋权利进行保障是正当且必要的。

一、同性恋的去罪化问题

在全球范围内,同性恋的去罪化经历了一个漫长而艰难的过程,反映了不断变化的社会和道德对同性恋态度的变迁,也体现出时代的进步。

(一)同性恋罪行论阶段

人类发展初期,为了部落的生存和繁衍、抵御外敌的入侵,或为了争夺资源,人们非常重视劳动力的规模,因此全球各个文明几乎都走过生殖崇拜的阶段。而同性恋性行为不伴有生育功能,即使没有受到强烈谴责或惩罚,也至多被视为有闲阶级的"趣味",当事人还必须履行娶妻生子的职责,古代中国也是如此。在这之中,具有代表性的观点是认为:同性恋违反自然规律,背离性行为的天然作用,是一种反常的性行为。性是不同雌雄特征的个体的生理功能;同性恋违反社会进化规律,因为人的性不仅受自然属性的影响,还受社会道德和法律的控制,而大部分的文化都是鼓励生育,鼓励男女结合。

宗教对于同性恋的谴责,至今仍然是西方社会反对同性恋的主要理由。全球目前有一定数量的国家仍然在刑法中保留对同性恋行为的惩罚条文,主要集中在阿拉伯国家和一些殖民时期受基督教影响的非洲国家。即使在同性恋行为被非罪化的很多国家和地区,宗教也往往是人们歧视同性恋者和反对同性婚姻合法化的主要理由。而中国反对同性恋,更多的是依靠道德标准,传统中国的情感关系联结是依托于血缘关系为纽带的亲属关系,同性恋乃至同性恋者所构建的家庭与传统的伦理观念发生根本性的冲突,那么它也必然遭受传统伦理强烈反对①。

同性恋与犯罪联系起来主要根据是宗教教义和道德标准,那么同性恋非罪化也必然从这两方面来解决,促使法律向世俗化和非道德化方向变革,但在同性恋正常化之前,很多国家和地区还经历了一个同性恋病理化的过程,试图从生理和心理来探讨同性恋的成因,用疾病论来代替犯罪论,很多人认为这是同性恋被社会接纳和理解的一个过渡阶段。

（二）同性恋正常化阶段

随着科学的不断发展以及同性恋者不断出现在大众视野之中,学者们开始从不同角度重新审视同性恋这一现象。

在所有的研究中,最著名的当属金赛博士,他和他的研究团队从统计学和生物学的角度,用客观和不带道德评价的语调来看待人类的行为。他们搜集了18000个与人类性行为及性倾向有关的访谈案例。在他的研究中发现,大约有33%的男性在青春期开始之后,至少有过一次和同性交往（如相互自慰）而达到高潮的经验。在美国约有8%的男性,一生中曾有一段至少三年的期间仅仅与同性的伴侣交往,但只有约4%的男性终其一生都是同性恋者。在美国女性中,约50%大学程度的女性,以及约20%未受大学教育的女性,在青春期过后只有一次同性的性接触;这些女性中,只有2%或3%一辈子都是同性恋。在结论中,金赛暗示说不应该把异性恋当作唯一正确的性行为,性更多的是一种连续状态,同性恋也是一种正确的表达②。这在当时还视同性恋为犯罪的时代引起了轩然大波。

人类学家从另一个角度探讨了同性恋的问题,福特和比奇走访了全球的很多部落,其中包括一些经济方面未发展的部落。在能够获得数据的49个文化中,他们发现同性恋行为在一些社会中不仅被视为正常,甚至还特许某些成员这么做;另一些社会中,同性性行为是进入青春期的重要标志之一,而且在婚前都被认为是正常的。有研究表明,在相对较少的情况下,同性性行为还具有某些社会职能;绝对同性恋不仅被接受,而且受到尊重;在某些社会中,虽然同性性行为被认为是不可接受的,但仍旧有迹象表明,隐蔽和稀少的同性恋行为是存在的。

① 高燕宁.同性恋健康干预[M].上海:复旦大学出版社,2006:202.
② 金西.金西报告:人类男性性行为[M].北京:光明日报出版社,1989.

在心理学研究领域,胡克于 1957 年比较了同性恋者与异性恋者的"罗夏墨迹测验"结果,发现在隐去被试者的性倾向之后,精神病学专家并不能根据测验来区分他们的性倾向。因此,她首次对同性恋属于心理疾病的假设进行质疑,并认为实际上同性恋者的心理压抑往往是与社会压制的结果。这个研究揭开了同性恋者去病化的序幕①。1973 年,美国心理协会、美国精神医学会发表声明将同性恋行为从疾病分类系统中去除,第三版《精神疾病诊断手册》中,同性恋被彻底从疾病诊断标准中去除。2001 年,我国颁布的《中国精神障碍分类与诊断标准》也将同性恋从精神障碍中去除,将同性恋归于新设立的"性心理障碍"条目中的"性指向障碍"的次条目下,而只有那些为自己的性倾向感到不安并要求改变的人才被列入诊断。

(三)同性恋去罪化

英国的《沃芬敦报告》是西方国家对同性恋合法化的转折点。1954 年英国内务部决定成立一个专门委员会,研究法律应该如何处理"同性恋犯罪与卖淫"。雷丁大学校长约翰·沃芬敦被任命为委员会主席,委员会最终于 1957 年发表著名的《沃芬敦报告》,报告中指出:"同性恋不是一种病"以及"任何成年人之间,在相互允许的情况下,私下进行的同性恋活动不应被认为是犯罪"。这份报告被公认为在西方国家同性恋合法化上具有里程碑意义。它的一个主要思想就是法律不应管道德领域的事,相信成年人有自己做出道德选择的能力。"1956 年,英国颁布了第一部《性犯罪法》规定,只要公民年满 21 周岁,双方同意的同性恋行为不构成犯罪。"1967 年英国国会通过"同性恋改革法案",这一法律规定年满 21 岁,双方同意的同性恋行为不算犯法。这使得成年人间的同性关系合法化。时至今日,越来越多的国家加入到同性恋非罪化的队伍。然而,根据《美国国家地理》的报道,截至 2016 年,至少有 73 个国家的法律认定同性关系属于违法行为。

(四)同性恋在中国

中国的性观念是与西方不断交互接触的产物,而这种过程更多是中国吸收西方文明的结果。传统中国没有可以同时称呼男女两性的同性性行为的术语,人们通常称男同性恋为"龙阳"、"断袖"、"兔子"等,而以"磨镜"、"对食"等隐晦地称谓女同性恋。随着西方性学思想引入中国,民国初期,同性爱欲开始被人们称为"同性恋"、"同性爱"现象,这一称谓一般认为是从日文转译而来;汉字"性"也

---

① 高燕宁.同性恋健康干预[M].上海:复旦大学出版社,2006:208.

被赋予了性的意味，在此之前，"性"在儒家思想中更多是指"人性"。直到二十世纪二十年代，"性"才开始具有现代的用法。受西方权威医学和性学思想的影响，同性恋的病理化用语如"性变态"、"性倒错"也开始传入中国，被当时的公共知识分子所广泛接纳。

中国法律在同性恋问题上一直是空白。对于同性恋并没有明确的法律条文加以禁止，发生在两个成年人之间的自愿的同性恋行为，只要不涉及未成年人，无人起诉，很少会导致法律制裁。但如果涉及未成年人则有可能按鸡奸罪论处，如有同性恋的配偶或其他人起诉，也曾按照流氓罪论处。1997年中国新《刑法》施行，删除了过去常常被用于惩处某些同性恋性行为的"流氓罪"，这被认为是中国同性恋非刑事化的标志。2001年4月，由"中国精神科学会"出版的《中国精神疾病分类与诊断标准》（第三版）（CCMD-3）中，将同性恋从精神诊断分类中删除，这普遍被认为标志着我国同性恋群体的"非病化"。然而，我国现行的婚姻法律规定婚姻双方必须是异性，同性婚姻在我国仍不许可，法律也没有对性取向做任何区分。

另一方面，除了法律上的缺失之外，还有一种更扩大化的禁止，即言论审查，对相关表达的禁止。例如在新闻出版或其他教育媒体上的管制。国家新闻出版署《关于认定隐晦及色情出版物的暂行规定》（1988年12月27日）第2条①第6款明确规定："淫秽性地具体描写同性恋性行为或者其他变态性行为，或者具体描写与性变态有关的暴力、虐待、侮辱行为"属于淫秽出版物。在这一规定下，很多同性恋题材的文学、影视以及其他艺术作品的公开发行，出版和展览都是相当困难的。2017年6月30日，中国网络视听节目服务协会发布的《网络视听节目内容审核准则》②第8条第6款第2项中，仍然包括同性恋内容："表现和展现非正常的性关系、性行为、如乱伦、同性恋、性变态、性侵犯、性虐待以及性暴力等。"

---

①　《关于认定隐晦及色情出版物的暂行规定》第2条："淫秽出版物是指在整体上宣扬淫秽行为，具有下列内容之一，挑动人们的性欲，足以导致普通人腐化堕落，而又没有艺术价值或者科学价值的出版物：（一）淫秽性地具体描写性行为、性交及其心理感受；（二）公然宣扬色情淫荡形象；（三）淫秽性地描述或者传授性技巧；（四）具体描写乱伦、强奸或者其他性犯罪的手段、过程或者细节，足以诱发犯罪的；（五）具体描写少年儿童的性行为；（六）淫秽性地具体描写同性恋的性行为或者其他性变态行为，或者具体描写与性变态有关的暴力、虐待、侮辱行为；（七）其他令普通人不能容忍的对性行为的淫秽性描写。"

②　《网络视听节目内容审核准则》第8条："网络视听节目中含有下列内容或情节的，应予以剪截、删除后播出；问题严重的，整个节目不得播出：……（六）渲染淫秽色情和庸俗低级趣味；……2.表现和展示非正常的性关系、性行为，如乱伦、同性恋、性变态、性侵犯、性虐待及性暴力等；……"

社会在一个更广的范围内实现着对同性恋的管制。

尽管同性恋者在世界乃至中国的地位和形象在不断发生变化，但政治地位的不确定，法律身份的缺失，不断地疾病化，道德地谴责，官方有意无意地遗忘，等等，都促使同性恋者将自己隐匿在"橱柜"之中，从公共领域消失，同时各种权益和地位不断受到侵害。

二、同性恋权利保障

尽管同性恋已经在医学上得到正名，法律和法规上对于同性恋的歧视也逐渐消失，但是这并不意味着同性恋在文化道德价值观上不受歧视。在相当多的国家和地区，同性恋在文化上和道德价值观上仍然不被接受。因此，同性恋在实际的生活、就业和社会地位上仍处于不平等的地位。从观念和道德上改变对于同性恋的看法，提高同性恋的社会地位并非易事，但这是同性恋平权的奋斗目标。尊重多元，反对歧视，同性恋者应当拥有平等权益，正逐渐成为共识。

（一）同性恋人格尊严

人格尊严，是公民人身权利的重要组成部分。公民的人格，就是公民作为人所必须具有的资格。从法律上讲，公民的人格是指作为权利和义务主体的自由的资格。为了保障公民的此项权利，我国《宪法》第38条规定"中华人民共和国公民的人格尊严不受侵犯。禁止用任何方法对公民进行侮辱、诽谤和诬告陷害。"这是我国《宪法》对人格尊严的明确规定，是对公民人身自由不受侵犯权利的补充和扩展。《宪法》对公民的人格尊严的保护主要包括三个方面：即不受侮辱、诽谤和诬告陷害。同时我国《民法通则》第101条也规定"公民的人格尊严受法律保护"。可见，我国是从公法和私法两个层面来保护公民的人格尊严，无论是在公法意义上，还是在私法意义上，人格尊严都是公民的一项重要权利。"人格尊严是公民作为一个人所应有的最起码的社会地位，并应受到社会和他人最起码的尊重。"同性恋虽然在整个人口中占少数，但他们也属于我国公民，理应享受人格尊严不受侵犯的权利。但目前我国同性恋受到主流社会的忽视甚至歧视，同性恋者一旦公布自己的身份，常被视为异类，不为主流社会所接纳，得不到社会和他人的起码尊重。因此，同性恋群体无论在道德上还是法律上都没有一个明确的地位，使他们的活动不得不转入"地下"。所以对同性恋人格尊严的保障是使这个特殊群体生活在"阳光下"的基本前提。同性

同性恋矫正治疗侵权案

恋作为性少数，自身权利、社会地位和人格尊严等均在不同程度上受到损害。

在上面的案例中,法院的主要判决依据在于,同性恋者具有完整独立的人格,不存在人格缺陷。同性恋者与其他人一样,不因同性恋的性取向而存在任何人格缺陷。同性恋者作为与异性恋者并无二致的完全理性、自治的人,均应是法律所保障基本权利的民事主体,应该享有与异性恋者完全平等的民事权利。同性恋者诸如人格自由、人格尊严和性自主权等人格权益,均应受到法律保障。另一方面,既然我们认为同性恋本身没有任何缺陷,那么就应该对同性恋者的人格尊严进行保护。

（二）同性恋平等权

平等权是《宪法》赋予公民的一项重要的基本权利,是法律的公正、正义价值的有力的体现。我国《宪法》明确规定公民享有平等权。《宪法》第 33 条第 2 款规定中华人民共和国公民在法律面前一律平等。同性恋者是我国的合法的公民,他们的平等权理应得到保护,任何人不应因为其性取向而对他们给予歧视等不平等的待遇。平等权不仅仅意味着绝对的无差别的平等,我们还需要承认现实中的差别因素,在某些方面给予不同的主体有差别的待遇。这样实际上是在体现实质意义上的平等。比如相对于异性恋来说,同性恋属于弱势群体,而且是因为自身的性倾向而成为这一特殊的群体,因此,在立法上就要考虑这种不同的情况,给同性恋者与普通人某些不同的待遇,这是实质意义的平等的体现。

虽然我国在《宪法》中已经明确规定了平等权,也先后加入了一些国际人权公约,但我国的法律却未将同性恋纳入调整的范畴,甚至在法律领域根本不承认同性恋者现象。作为我国的公民,同性恋者与所有的自然人一样,在法律人格上应该是平等的,不应以任何特定事实如性取向方面的差异而被剥夺。目前,我国同性恋者基本上处于不公开或者半公开的状态,这是由很多原因造成的,现实中还存在很多对同性恋者的不平等待遇,有的因为自己的性取向而失去理想的工作、受到来自家庭、社会的种种责难和歧视,使他们很难享受到一般人所能过的生活,迫于各方面的压力,不得不隐瞒自己的性取向,减少来自社会施加给他们的巨大的压力。

（三）同性恋人身安全权

人身安全不受侵犯是国际公认的人权之一,人身安全权具有普遍性,不因性取向的不同而改变。根据《宪法》规定,在我国,任何公民非经人民检察院批准或决定,或者非经人民法院决定,并由公安机关执行,不受逮捕。此外,《宪法》还规定,禁止非法拘禁或者以其他方法非法限制、剥夺公民的人身自由,禁止非法搜查公民的身体。但是我国现阶段法律体系中在保障同性恋人身安全方面还存在着较大的漏洞,例如强奸罪的行为对象仅指女性,倘若男性遭受性侵犯,若被侵犯对象未满

14 周岁则判以猥亵儿童罪,但若被侵犯对象是年满 14 周岁的男性则面临法律空白而不能对施暴者进行刑事处罚,而近年来同性恋者遭受同性侵犯的事件频发。

2010 年 5 月的一个晚上,年仅 18 岁的李某(化名)在单位的宿舍遭到犯罪嫌疑人张某的"强奸",导致李某肛管后位肛裂。伤残等级鉴定书中的结论是李某的伤情达到轻伤等级。事后李某报案,张某第二天被抓。3 个月后,检方以故意伤害罪对张某提起公诉。法院审理期间,对张某和李某与进行了调解,张某赔偿给李某 2 万元。朝阳区法院审理完毕后做出判决,判决书中理由部分为:张某故意伤害致人轻伤,其行为已构成故意伤害罪。由于张某当庭自愿认罪,并且对被害人进行积极赔偿,进而得到被害人的谅解,法院对其酌情予以从轻处理,最终判处张某的刑期为故意伤害罪中法定刑的最低刑 1 年。

与上例类似的事件发生不少,存在一些共同的特点:①实施性侵的主体和受害者都为男性;②实施的性侵害方式,为男性通过暴力将阴茎插入男性的肛门发生性交;③案件的处理结果,均未将强行与男性发生性关系的行为以强奸罪进行处罚。同性恋者相关的人身权得不到保障,原因归咎于在我国刑事立法中,与性有关的罪名如强奸罪、强制猥亵罪、侮辱妇女罪等,这些犯罪对象只能够是妇女和儿童,但是在具体的生活中,被性侵害的不仅仅是妇女和儿童,同性恋的人身也常常受到侵害,例如在上面的案例中,同性恋对其他男子进行强奸,但是根据现有的法律很难对他们定性,受害者只能够通过一些其他的方式寻求保护。而且刑法立法者认为有关性犯罪的主体一般男性,对于女同性恋性侵犯其他女同性恋的情况是否可以适用现有规定,法律没有明确规定,以致一旦在社会中出现这种现象,法律很难对受害者加以保护。因此,必须通过完善法律规定来保障同性恋群体与性有关的人身权。

(四)同性恋性自由权

《人权宣言》和《公约》上所禁止的行为和所赋予的权利从理论上是应该给视为自然人的同性恋每一个人应有的权利①。但是,《人权宣言》和《公约》中的规

① 《世界人权宣言》宣称:"人人生而自由,在尊严和权利上一律平等。他们赋有理性和良心。"《公民权利和政治权利公约》和《经济、社会和文化权利国际公约》规定,公民享有平等权,名誉权,隐私权,人格尊严权,婚姻自由,劳动权,劳动自由,自由选择职业权,雇佣机会平等权,享受适当工作条件权等权利。

定和现实情况存在着一定的差距,对某一特殊人权的保护仍需要特定的公约和条款。并且,《人权宣言》和《公约》更多的是一种指导性的理论思想,更应将这些内容细化为专门的人权公约,使之具有可操作性,真正成为人权保护的重要方向。在 1999 年 8 月,由世界性学会组织、30 多个国家参与的世界性学大会在香港举行,会议通过了《香港性权宣言》对性权利进行了全面的阐释。

> 《香港性权宣言》宣称,性是每个人人格之不可分割的部分,性权是基本的、普世的人权,并规定了性自由权、性自治权、性完整权、性身体安全权、性私权、性公平权、性快乐权、性表达权、性自由结合权等 11 项性权利。

性自由权作为性权体系的核心,代表着个体有权利表达其全部性潜力的可能性,并且排除生活中所有形式的强迫、性剥削和性侮辱。其应有之意包含了"个人就其性生活自主决定的能力"、"个人根据自己的性意愿自主决定与他人行为的权利"、"个人有权通过交流、接触、情感表达与爱恋,表达其性欲"、"个人有结婚、不结婚、离婚以及建立其他负责任的性结合的权利"、"个人享有自由的负责任的是否生育子女的决定权以及生育的数量和间隔,并获得充分的生育调节措施的权利"以及"获取性快乐的权利"。因此,同性恋者的性自由权需要获得保障。

(五)同性恋婚姻权

同性恋者的婚姻权是当今饱受热议的话题,同性婚姻在我国目前争议较大,早在 2000 年,李银河就开始提出同性婚姻问题,"婚姻是得到习俗或法律承认的一男或数男与一女或数女相结合的关系,并包括他们在婚配期间相互所具有的以及他们对所生子女所具有的一定权利和义务。"同性恋者的婚姻权是同性恋群体满足自我认同需要的关键。

第三节　同性婚概述

一、同性婚姻与同性结合

（一）同性婚姻的界定

同性婚姻（same-sex[①] marriage），字面解释即同性之间的婚姻关系。在同性婚姻的支持者中，将其称为婚姻平等或平等婚姻权。关于同性婚姻有不同的界定。百度词条释义的同性婚姻是由同性恋权利支持者使用的婚姻的定义：一个获得社会承认的、自愿的、忠贞的、单配的、合法的两个成年人之间的契约结合，由政府或社会通过给予特定的权利、待遇和责任表示认可。这些权利包括经济、税收、遗产、抚育子女、收养子女以及做出医疗决定的权利[②]。

同性婚姻的法律模式

同性婚姻可以从狭义和广义两个方面来理解[③]。狭义的同性婚姻是指真正意义上的婚姻制度，即同性婚姻得到法律上的认可，不仅名称与异性婚姻相同，并且同性夫妇可以享有与异性伴侣完全相同的权利（包括人格权、身份权和财产保障权）。广义的同性婚姻是指法律采取某种制度来对同性的关系进行规范，通过登记等程序给予同性伴侣部分或全部配偶权。这种意义上同性婚姻包括的范围比较广泛，只要是对同性伴侣关系加以确认，将其纳入法律体系，给予其相应的法律保护或是法律项下的利益，就可以被纳入该范围之内。

所以广义上的"同性婚姻"既包括狭义（真正意义）上的婚姻制度，又包括类似于真正婚姻的法律制度。比如注册伴侣关系、民事结合等。

同性婚姻是对传统婚姻模式的一种创新，体现了现代婚姻多元化的发展趋势，满足了选择同性婚姻的人士的需求，具有重要的历史进步意义。截至 2017

---

① 同性（same-sex）是指两个同样性别的人，而不是单指男同、女同或者同性恋（gay, lesbian or homosexual）还要包括双性恋，性转换者或第三性（bisexual, transgendered or transsexual）这里强调的是同性可以是来自任何一个群体的两个成年人。同性婚姻，http://www. smth. edu. cn/pc/pcarch. php？userid＝souvent&y＝2004&m＝5，2008 年 3 月 19 日。

② 转引自百度百科"同性婚姻"词条，https://baike. baidu. com/item/％E5％90％8C％E6％80％A7％E5％A9％9A％E5％A7％BB/4031157？fr＝aladdin。

③ 孙媛媛. 评述美国同性婚姻合法性论争[D]. 长春：吉林大学，2007.

年,全球范围内实现狭义同性婚姻合法化的国家和地区达到 30 个①。

（二）同性结合

同性结合意指同性二人间类婚姻的共同生活
关系。广义的同性婚姻目前已被学者界定为同性
结合。认为同性结合法律认可模式包括:伴侣模
式、婚姻模式、互助契约模式、互惠关系模式和民
事结合模式五大类②。

📖 截至 2018 年同性婚姻合法化
国家和地区年表

之所以用同性结合取代广义的同性婚姻。原因之一:在基督教传统国家,尤
其是基督教历史悠久的国家,认为婚姻作为社会的一项基本制度,即具有法律意
义上的"民事婚姻"概念,又具有宗教意义上的"宗教婚姻"概念。在现代的政教
分离国家,两层概念分属国家与教会的管辖范围。在同一个国家,某些婚姻,例
如异教徒、不同种族、同性之间等的婚姻,可能仅由国家或教会一方承认,而另一
方不承认,或者某些教会承认,某些教会不承认。由于保守宗教人士反对将同性
婚姻称为"婚姻",法律采用"民事结合"的名称。原因之二:在一些国家或行政管
辖区,由于历史或公众民意的原因反对给予同性伴侣以"婚姻"的名义结合,但同
时为了给同性伴侣提供近似婚姻的法律保护,创立了有别于"婚姻"名称的其他
关系,包括:民事结合（civil union）、同居或注册伴侣关系（registered partner-
ship）等,这些类似婚姻的模式统称为同性结合或广义的同性婚姻。

二、同性结合法律模式

自 20 世纪 90 年代至 2018 年,同性婚姻与民
事结合在全球五大洲实现合法化。共有 42 个国
家和我国台湾地区以及英国北爱尔兰相继立法,

📖 截至 2018 年,同性结合在全球
五大洲合法化年表

分别以伴侣模式（partent mode）、婚姻模式（marriage mode）、互助契约模式（sol-
idarity pact mode）、互惠关系模式（vecipro-cal beneficiary mode）及民事结合模
式（civil union mode）认可了同性结合。以英国《同性伴侣关系法》、加拿大《民事
婚姻法》、法国《民事互助契约法》、美国夏威夷州《互惠关系法》及佛蒙特州《民事
结合法》等为代表的同性恋权益保障的历史性法律对这五大模式分别进行了法

---

① 转引自百度百科"同性婚姻"词条, https:∥baike.baidu.com/item/％E5％90％8C％
E6％80％A7％E5％A9％9A％E5％A7％BB/4031157? fr=aladdin.

② 熊金才.同性结合法律认可研究[M].北京:法律出版社,2010:158-159.

律规范。

(一)伴侣模式

伴侣模式是英国、德国、北欧的丹麦、挪威、瑞典、冰岛等国家以及美国的加利福尼亚州、新泽西州、缅因州、华盛顿州、俄勒冈州及哥伦比亚特区在实行同性婚姻模式之前采用的同性结合法律认可模式[1]。该模式以伴侣身份区分传统婚姻与同性结合,并对二者做出了不同的界定,即异性结合称为婚姻(marriage),同性结合称为伴侣(partent);前者受婚姻法调整,后者受伴侣关系法调整。英国《同性伴侣关系法》[2]是一部系统、完整的与婚姻法相对应的法律。它规定了同性结合的相关权利,包括财产权、继承权等,主要就同性伴侣间的权利、义务和关系的取缔三个方面做出相应的规定。

1.同性伴侣的权利。依据英国《同性伴侣关系法》,依法确认的同性伴侣关系当事人双方的权利内容涉及财产权、继承权、家庭住宅占有权、基于家庭住宅占有权而享有的代理权、保险利益享有权、收养权和监护权、社会保障享有权、诉权、知情权、平等就业权等。

2.同性伴侣的义务。依据《同性伴侣关系法》,同性伴侣同时也承担该法所规定的义务。如不依法履行义务,将承担相应的责任。应承担的义务内容包括诚实义务、共同生活义务、忠实义务、协商义务、缴纳社区税的义务。

3.同性伴侣关系的终止。同性伴侣关系因死亡、解除或无效而终止。

2005 年英国《同性伴侣关系法》的生效,意味着英国在同性权利保护进入了新的进程,但远未达到英国同性群体的心理预期以及英国社会对于该群体进一步宽容的要求。同性伴侣认为,他们的伴侣关系并未获得与异性婚姻同等的权利,伴侣关系是一种创新,但其本身也是一种歧视。他们认为个人选择应当受到无差别的对待及法律的正式保护。他们不是仅要求获得某些具体的权利义务,更重要的是要获得法律上的平等身份和对待,且最终目的是得到整个社会的认同。因此,无论从实质上还是形式上,《同性伴侣关系法》离他们的要求还有很大

---

① 英国(苏格兰,英格兰,威尔士)2014 年、德国 2017 年、丹麦 2012 年、挪威和瑞典 2009 年、冰岛 2010 年、美国 2015 年实现同性权利从伴侣法到婚姻法的模式转换。

② 英国《同性伴侣关系法》于 2004 年 11 月 9 日英国下议院通过三读程序,以 389 票赞成,47 票反对的绝对优势通过,后经英国上议院三读程序和英女王批准,于 2004 年 11 月 18 日正式成为法案,2005 年 12 月 5 日正式实施并适用于大不列颠全境,包括英格兰、苏格兰、威尔士与北爱尔兰。2005 年 12 月 21 日根据此发规定注册成立的同性伴侣关系正式生效。该法共包括 8 个部分,22 章,合计 264 条,约 10 万字。

差距。此后,随着英国同性群体对自己婚姻权的不断争取以及英国社会对同性群体的认同感的不断提升,2013年英国《同性婚姻法议案》以压倒性优势在下议院获得通过,该议案后经英国上议院通过并由女王批准成为正式法案,于2014年3月29日正式生效。《同性婚姻法议案》共计18条,适用于英格兰、威尔士和苏格兰地区。至此,英国对同性婚姻与异性婚姻提供一致的无歧视的待遇,除涉及宗教婚姻仪式时的个别特殊规定之外。

（二）婚姻模式

同性婚姻模式是指通过直接修改该国婚姻法中有关婚姻的定义和相关的内容以及民法中相关的部分,将婚姻的缔结双方不再限定为男女异性,将婚姻制度向同性恋者开放,使同性恋者享有与异性恋者同样的婚姻家庭权益。荷兰、比利时、西班牙、加拿大、南非[①]、葡萄牙及阿根廷等国家一开始就采用婚姻认可模式。截至2017年,全球范围内实现同性婚姻模式保护的国家和地区达到26个。该模式将婚姻界定为异性或同性二人间的结合,受婚姻法的一体调整。

以加拿大《民事婚姻法》为例,该法仅15条。根据该法规定,同性伴侣享有与异性伴侣相同的权利与保障,包括收养子女的权利。该法序言指出,加拿大《人权与自由宪章》无歧视地保护同性婚姻和异性婚姻。该法条文内容如下。

第1条规定:该法简称为《民事婚姻法》;第2条将婚姻定义为"二个人之间排他性的合法结合";第3条规定:"宗教官员有基于宗教信仰拒绝为同性结合者举行结婚仪式的权利";第4条规定:"不得仅基于婚姻当事人双方的性别相同而视婚姻无效或可撤销";第5至第15条是修改有关法律法规中的性别规定,从而将同性婚姻关系纳入调整范围。如第8条《婚姻法》修正案将"异性配偶"(opposite-sex spouse)修改为"婚姻当事人双方"(two persons who are married)等等。

（三）其他模式

其他模式是指互助契约、互惠关系和民事结合三种模式。这三种模式均未明确同性结合的法律身份,而是将同性结合视为两个成年人之间建立的"互助"、"互惠"或"合作"的共同生活关系,在搁置身份的前提下赋予同性结合者享有和异性婚姻配偶相同的部分权利和保障并承担相应义务。由于立法形式简单、身份缺失以及权利保障的有限性,这三种模式被认为是同性结合的过渡性模式。

---

① 南非《民事结合法》虽未采用婚姻表述,但规定任何法律有关异性婚姻之规定均适用于同性结合,是事实上的"婚姻"立法模式。

1.互助契约模式。互助契约模式是两个同性或异性之间为组织共同生活缔结的民事合同。法国在 2013 年认可同性婚姻模式之前对同性结合采纳互助契约模式。其《民事互助契约法》[①]对《法国民法典》进行了修订,新编入一章即《第十二章:民事互助契约和同居》。第 515 条第 1 款规定:"民事互助契约是两个异性或同性成年人为组织共同生活而订立的协议。"而所谓"共同生活"是指两人之间的"夫妻"生活。

根据法国宪法委员会的解释,民事互助契约是一种无期限的民事合同。订立民事互助契约须符合《法国民法典》有关合同之债的规定,且符合民事合同成立的一般要件,包括:(1)缔约双方意思表示必须真实。存在欺诈、胁迫或者认知错误的契约是可撤销的。"订立并且在主管的司法官面前登记民事互助契约,契约本身说明了双方的合意。"[②](2)目的合法。民事互助契约即两个同性或异性成年人相互成为伴侣并共同生活而缔结的合法的要式合同。其目的是对两个成年人的共同生活进行组织,处于非法目的(如未获得居留权或税收优惠等)缔结的民事互助契约自始无效[③]。

民事互助契约制度是一个既可以是同性也可以是异性配偶组成的民事合同,赋予当事人一定的民事权利并规定一定的义务。该模式与婚姻模式相比,相同之处是两种模式都具有互相承诺和契约的效力。但民事互助契约可以单方解除且不具有对抗第三人的效力;当事人对日常生活开支之外的债务不承担连带责任;一方死亡,其养老金不能由另一方领取等。这些都表明民事互助契约所提供的保障远不及婚姻模式的保障,对契约双方是不利的。

2.互惠关系模式。互惠关系实质上是一种互助的同居关系,同性之间及异性之间均可适用。缔结互惠关系不改变当事人的民事身份,缔结者依然为单身,享有和他人结婚的权利。它以美国夏威夷州《互惠关系法》为代表。该法将互惠关系定义为"两个成年人之间建立的有效的互利关系",[④]其目的是"赋予依州法不能结婚的伴侣异性婚姻配偶所享有的部分权利和利益"[⑤]。它给予的缔结互惠关系的同性恋者享有的权利是有限的,主要包括健康保险、医院探病、健康照护决策、保险、继承和死亡利益等等[⑥]。任何一方可以在任何时间单方面终止互惠关系,但要按照规定到卫生部签署终止互惠关系的公证声明,并缴纳规定的费

---

① 《民事互助契约法》(PACS)于 1999 年 10 月 13 日通过,同年年底正式生效。

② 熊金才.同性结合法律认可研究[M].北京:法律出版社,2010:185.

③ 熊金才.同性结合法律认可研究[M].北京:法律出版社,2010:186.

④ 熊金才.同性结合法律认可研究[M].北京:法律出版社,2010:195.

⑤⑥ 熊金才.同性结合法律认可研究[M].北京:法律出版社,2010:196.

用。互惠关系中任何一方结婚的,互惠关系自动解除。

3.民事结合模式。民事结合模式是一种介于婚姻和同居制度的中间模式,它承认同性恋双方以伴侣的身份同居,但不涉及对婚姻身份权的确认,只是为同性恋者提供一定的权利保障和保护。

以美国佛蒙特州为例,该州议会于 2000 年 4 月 26 日通过一项具有历史性意义的允许同性结合的《民事结合法案》。依据该法案规定,凡年满 18 周岁、单身、同性,且不属于法律禁止的正常人均可以申请注册为民事结合关系,并享有与异性婚姻配偶相同的权利,承担相应的义务。具体内容包括:以与异性婚姻配偶相同的方式在经济上互助;家庭关系法有关异性婚姻无效、分居、离婚、子女监护与抚养、财产分割与生活供给、财产的继承、收养以及虐待等规定均适用于民事结合者;侵权行为法以及税法中有关异性婚姻配偶的规定等均适用于民事结合者;异性婚姻配偶所享有的一切福利,如就业保障、工伤赔偿、失业救济、休假等均适用于民事结合者。

随着 2015 年 6 月 26 日美国最高法院 9 位大法官以 5 票赞成 4 票反对的结果做出的裁决:美国各州不能禁止同性婚姻,这就意味着同性婚姻在全美 50 个州合法化。美国为保护同性恋权利而产生的同性伴侣关系、互惠关系以及民事结合关系都已成为历史,全部被同性婚姻所取代,意味着美国平权历史性时刻到来。

民事结合模式特点有二。第一,程序特点。民事结合模式要求同性伴侣必须去法定登记机关办理登记手续获得法律上的承认,从而拥有类似于婚姻的地位,与同性伴侣另一方一起享有婚姻的权利和义务。这点和婚姻模式有着相似之处。第二,民事结合模式与婚姻模式的本质区别。直至目前仍采取民事结合模式的国家,是因为这些国家或地区认为所谓的婚姻制度只能限制于异性之间,民事结合与婚姻模式依然存在着本质上的区别。因此,采用民事结合这种过渡制度使得对同性婚姻持保守态度的人士更能接受,也在一定程度上获得他们的支持,并在一定程度上给予了同性恋者独立的空间,使他们享有了正常婚姻的部分权利,有了一定的法律地位。

与互助契约模式和互惠关系模式相同,民事结合模式也未赋予同性结合者相同或类似于异性婚姻配偶的身份权。但与上述两种立法模式不同的是,民事结合模式为同性结合者提供了更加充分的权利和保障。其最大的优势是在搁置身份权的前提下赋予同性结合与异性婚姻配偶同等权利和保障,使得它与同性婚姻模式一起成为世界范围内两大最主要的同性结合法律认可模式。

第四节　我国同性婚①的法律保障

一、我国同性婚姻的现状

1997 年我国对同性恋实现了非罪化②,2001 年实现了对同性恋的去病化③。由此同性恋的生存环境得到良好改善。但公众对同性恋的认知感与认同度仍然较低。据李银河研究员的调查,全国范围内支持同性婚姻合法化的人只占27.3％,反对的高达近 70％④。由此可见,公众对同性恋不仅缺乏科学认知和客观态度,而且普遍存在对同性恋的道德谴责、伦理桎梏和社会歧视等。这导致我国同性恋中的绝大多数不仅不敢公开自己的性取向⑤,其自身认可的"同性婚姻"迫于外界压力也是处于"地下"状态,不能被社会大众认可。由于我国同性婚姻法律制度缺失,其权益缺乏法律保障,对同性恋走进异性婚姻造成了一系列社会问题。

二、同性恋的异性婚姻及其危害

由于社会公众普遍对同性恋缺乏科学认知和客观态度,为在家人、朋友前掩饰自己是同性恋,很多同性恋选择与异性结婚,形成同性恋的异性婚姻。因为同性恋的异性婚姻缺乏性爱基础,违背了婚姻自愿原则及婚姻的对等性、专一性、排他性等,对同性恋个人、家庭和社会均造成严重的危害。

---

① 注:此节的同性婚姻采广义之义,即同性结合。

② 1997 年,修订后的《刑法》删除了"流氓罪",以往被解释为"鸡奸"的某些同性性行为,不再有对应的刑法条款相适应,这被认为是中国同性恋非罪化的重要标志。

③ CCMD-3(中国精神疾病诊断标准)与同性恋有关的部分:性指向障碍(F66 与性发育和性指向有关的心理和行为障碍)指起源于各种性发育和性定向的障碍,从性爱本身来说不一定异常。

④ 《李银河 2007 年对同性恋的最新调查结果》,载新浪博客:http://blog. sina. com. cn/s/blog-4b71cc95010008f4. html,访问时间:2010 年 11 月 21 日。

⑤ 39 健康网调查显示:对表明自己的同性恋身份,50.2％的人不会对任何人说;8.5％的人表示不介意对所有人都说;29％的人只会对要好的朋友说;只有 1.3％的人会对家长说。《2009 年中国同性恋生存状况调查报告》,载 39 健康网:http:/sex. 39. net/dcbg/bg/098/5/951445-6. html,访问时间:2010 年 9 月 19 日。

（一）对同性恋者本人的伤害

同性恋的异性婚姻有违传统婚姻中有关婚姻与性的观念，也不符合现代婚姻的爱情理念，这种婚姻既"不道德"也缺乏性爱。同性恋异性婚姻中的当事人有的过着双重性生活，有的克制自己的性倾向，履行为人夫或为人妻的义务和职责，由此产生重大的心理压力和精神痛苦，使得同性恋者的生活质量大大降低，严重影响同性恋者人生价值的实现。

（二）对配偶方及子女的损害

同性恋者走进异性婚姻时多数未尽诚实告知义务，向配偶隐瞒自己的性倾向，侵犯了配偶一方的知情权，致使其异性婚姻缺乏真实意思表示与完全自愿的基础。结婚后，不少同性恋者因无法控制自己的本能而与同性伴侣过着双性人的生活，冷淡配偶一方，严重地伤害了配偶一方的情感和婚姻权益，最终导致婚姻的破裂。由此产生的子女抚养、监护、探视等一系列问题与普通离婚案件相比更加复杂，对子女的不利影响更加严重和深远。

（三）对国家或社会的不利

已经走进异性婚姻的同性恋者有的为隐藏自己的身份而与同性进行"地下"活动，有的因难以找到长期稳定的性伴侣而频繁变换性伙伴。如此情形使得走进异性婚姻的同性恋者成为艾滋病传播的"桥梁人群"，不仅增加了性病传染的可能性，也扩大了性病传染的范围，加大了社会治理成本。

因同性恋异性婚姻对配偶一方婚姻权益的损害以及因家庭破裂而给未成年子女的不利影响等，不利于婚姻家庭稳定与社会和谐。因此，有必要对同性婚姻进行立法，保障同性婚姻者的人格权、身份权和财产权，使同性婚姻成为合法的选择，为阻断同性恋走进异性婚姻提供制度保障。

三、我国同性婚姻法律保障趋势

各国同性婚姻法律规范实践之所以采用不同的模式，是因为同性恋权益保障具有显著的民族性特征。我国若对同性婚姻进行法律规范，不可能完全照搬他国经验。因为我国同性恋权益保障的障碍主要是文化传承桎梏、道德谴责和异性恋的同化、司法创造力匮乏、社会对同性婚姻认同度低等，与西方国家显性的宗教禁忌和法律制裁是完全不同的。因此，我国同性婚姻法律规范应依照同性恋"人格权平等保障—财产权合理调整—身份权暂时搁置"的路径①,有序推进我国同性恋权益保障,逐步建立同性婚姻法律规范,以契合我国文化传统和社会现实。

(一)保障同性恋者人格权

世界各国在法律认可同性婚姻之前,通过人权法、反歧视法、反性倾向歧视法或性倾向平等法等积极立法措施确立同性恋法律地位,使其拥有独立享有权利并承担义务的法律主体资格,防范社会各领域对同性恋的排斥与歧视以及侵犯同性恋人格独立、平等和尊严的现象,为同性婚姻身份认可及财产权保护奠定基础。

因此,我国在通过立法认可同性婚姻之前,应借助反歧视法等保障同性恋人格权,防范教育、就业及社会保障等各领域基于性倾向对同性恋者的歧视。这有助于深化社会对同性恋的认知,引导公众转变对同性恋的态度,为同性婚姻财产权和身份权进行法律规范创造条件。

(二)建立同性婚姻约定财产制和分别财产制

同性婚姻财产法律制度,是同性婚姻法律规范的核心内容。它有利于对内确立当事人的财产权利和义务,对外确保交易安全和第三人权益,是同性婚姻稳定与交易安全的保证,也是同性婚姻财产纠纷的解决依据。

同性婚姻具有不能生育子女的事实,因此同性婚姻应实行约定财产制和分别财产制。同性婚姻者可以约定共同生活关系存续期间所得财产以及缔结共同生活关系前的财产归各自所有、共同所有或部分各自所有、部分共同所有;约定应当在缔结共同生活关系之前采用书面形式并经公证、在相应登记机关登记才具有对抗第三人的效力;如要变更或撤销财产约定,须经双方意思表示一致并在相应机构作变更登记。无约定或约定不明的,适用分别财产制,但财产归属不明确的,推定为共同所有。同性婚姻者相互享有遗产继承权。

(三)逐步推进保障同性婚姻的身份权

在我国,由于同性婚姻的身份认同仍难以逾越公众的认知障碍,只有在不冲击传统婚姻制度,根据经济社会和法治发展状况以渐进的方式逐步推进对同性婚姻者的身份认同,才符合我国的文化传承和立法的实际。应在搁置同性婚姻者身份的前提下,先理性地选择实质性保障同性婚姻的具体身份权,包括享有同

---

① 熊金才.论同性结合的民法规范[J].北方法学,2012(2).

居请求权、忠实请求权、日常家事代理权及住所商定权等。但因为同性婚姻者不能自然孕育子女，以及能否成为合格父母且同性婚姻家庭环境是否有利于未成年子女成长仍是未知因素，应此不宜赋予同性婚姻者收养权和共同监护权。

　　婚恋结语：根据西方发达国家的调查统计，同性恋在人群中的比例是 2% 左右。同性恋的研究专家认为：同性恋不是犯罪，也不是邪恶，更不是心理疾病，只不过是有这种倾向的人将自己的这种愿望付诸实现。他们有属于自己的感觉，他们只能自己选择，而不能听从于别人或社会所需的那种选择。

　　作为一个新时代的年轻人，对待同性恋应在一种科学了解的基础上，有自己的角度和原则。要明白一个人的性取向和一个人的品质并没有直接联系。

　　对同性恋做过深入研究的中国社科院研究员李银河在一项调查中发现：在同性恋形成的过程中，后天因素即社会、心理因素中，最为重要的是最初的性经历，即青春期的遭遇和经历，而同性恋者的身份认同时间最早在 14 岁，最晚在 29 岁，年龄中位值是 18 岁。有调查对象明确提出：第一次性经验极其重要，如果发生在同性朋友之间，就可能导致终生同性恋[①]。

　　因此，不要抱着好奇去尝试同性恋，同性恋人群不能同化异性恋。每一个人都应充分尊重自己的自然性取向。

本章测试

同性恋与同性婚测试作业与答案。

测试作业与答案

本章问卷

同性恋与同性婚问卷调查。

问卷调查

本章思考题

你歧视同性恋吗？理由是什么？

设计教学法——微视频采访调查作业

1. 大众眼中的同性恋。

---

　　① 梁发启：用正确的态度对待同性恋，http://www.xywy.com/lxkj2/zhttj/txl/shhxx/20070611/18662.html。

2.同性婚:你周围的人能接受吗?

▶ 本章推荐阅读书目

1.李银河:《同性恋亚文化/李银河文集》,内蒙古大学出版社 2009 年版。

2.吉野贤治著,朱静姝译:《掩饰:同性恋的双重生活及其他》,清华大学出版社 2016 年版。

3.褚宸舸:《自由与枷锁:性倾向和同性婚姻的法律问题研究》,清华大学出版社 2014 年版。

4.李拥军:《性权利与法律》,科学出版社 2009 年版。

5.王森波:《同性婚姻法律问题研究》,中国法制出版社 2012 年版。

6.熊金才:《同性结合法律认可研究》,法律出版社 2009 年版。

7.危玉妹:《新世纪大学生婚恋》,福建人民出版社 2016 年版。

第九章　无性恋与无性婚

⊙ 学习要求

通过本章学习，了解无性恋与无性婚的内涵、类型，并对社会中产生的"草食男""不性不婚主义"等现象有一定的认知能力，进而掌握无性恋与无性婚的本质特征及其无性婚所引致的法律问题，反思性、爱情、婚姻三者之间的关系。

无性恋、无性婚是婚恋生活中的现实存在，有必要对此进行了解。因此什么是无性恋、有哪些类型、无性恋对待性、伴侣的态度以及多元社会对无性恋群体的认可问题、无性婚的内涵界定、类型表现、无性婚会带来哪些法律问题等内容将在本章进行重点阐述。

📖 附法条

第一节　无性恋概述

一、何为无性恋

在日本，近几年兴起了"草食男"现象，即 20 到 30 岁的年轻男性都不怎么亲近异性，即使与女生交往，也不会主动，一些缺乏性驱动力，一些即使有生理需求也会克制自我，同时也不拘泥于大男子主义了。据日本家庭计划协会公布的问卷调查显示，在 20～29 岁男性中有 42％称"没有与异性发生性行为的经历"，而女性则只有 21％。2008 年出版了一部风靡全日本的《"草食男"正在改变日本》的书，该书对位于东京和日本其他大城市的 100 名 20～30 岁男子进行访问总结出"草食男"的几个特征,并得出"草食男"更准确的表达是女性化的男人:首先是对工作不是很在意;其次,对时尚比较敏感,吃得不多以便保持身材苗条;第三,和母亲的关系比较亲密,经常和母亲一起出去购物;第四,对与女孩子约会兴趣不大,对性也没多少兴趣,更别提结婚生育;最后,对自己的钱看得比较紧,身上经常会带着多家零售商的优惠卡①。一种美颜纤细、白净的外表,一种温和、安然处世的态度和被动、冷漠的婚恋行为,正在日本男性中弥漫,让少子化严重的日本感到紧张。

之所以会出现这种状态,从社会学的维度看,主要有以下因素:一是日本进入中产阶层社会,整体物质生活的富裕和较好的社会保障,使得人们缺乏奋斗的目标,因而会把大部分精力投入兴趣爱好上,如注重考究、精致的生活,关注音乐、美术、体育、运动、旅游等精神生活享受与个人消费,以此来实现人生乐趣与自我价值,缺乏恋爱成家的紧迫感,减少了对工作和性欲望的需求;二是日本社会严格的科层体系与程序化规划,如在职场通过年龄增长开始的晋升、家庭生活的规则化、人际交往的礼仪化等,因而使得年轻人感到压抑,并产生反抗行为;三是过多的性暴露使得性缺乏神秘性,日本的超市、媒体、书店等刊物、影视中有相当多的成人作品,这些作品肆意暴露身体、描绘性行为,青少年在较早时期就接触这些作品,从而对身体、对性的"祛魅"在这一阶段就完成了,当他们进入青年阶段,也就觉得索然无味;四是女性地位的提升和女性对"草食男"的认可,女性开始越来越多进入职场获取收入,并在家庭生活中开始走向平等地位,她们并不反感男性的"草食化"现象。

从上述日本男子"草食化"案例与分析中,我们仅仅从性与爱的维度上看,实际上有两种类型:一类是无性驱动力的爱情,即生理上的性缺乏;二是有性驱动力但采取克制方式,如有性的欲望但不强烈,厌恶在婚前进行性行为。这些都可以称为"无性恋"(Asexuality,也称为 Nonsexuality)。在学术研究中,对"无性恋"的定义莫衷一是,但多数学者采用"性吸引力"作为评判的核心指标,因此性欲衰退者、性欲匮乏者、禁欲主义者、独身主义者都可以称之为无性恋者。

鲍嘉(Bogaert)认为,无性恋是对任何性别的人都不会产生主观性吸引②。无性恋可能会基于各种原因而有性行为、性觉醒、愿意与他人缔结浪漫关系等,

---

① 日本"草食男"PK 中国"80 后",http://www.chinanews.com/hb/news/2009/06-04/1720870.shtml.

② Bogaert A F. Asexuality:Prevalence and associated factors in a national probability sample[J]. The Journal of Sex Research,2004(3).

但如果被吸引者在情感或生理上不认为自己被吸引,仍然不能排除无性恋的范畴[①]。Bogaert 还进一步对约翰逊(Johnson)等学者在 1994 年对全英国居民(年龄在 16~59 岁)的抽样调查(N > 18000)资料进行再分析,以在性倾向上选择"我从来都没有对任何人感到过性吸引"的人作为无性恋者,得出约有 1‰的人属于无性恋者的调查结论[②]。尤尔(Yule)扩大了无性吸引的对象,将"不会产生"相对化,即无性恋是"缺乏性吸引力"的。不过 Bogaert 和 Yule 都将无性恋视为一种倾向,此外还有斯托姆(Storms)和联合国开发计划署的观点。如斯托姆(Storms)认为"无性恋"应作为一种性倾向,它是传统性倾向的缺失[③];联合国开发计划署发布的《中国性少数群体生存状况调查报告》中,明确将无性恋列为与异性恋、同性恋、双性恋并驾齐驱的第四性倾向[④]。

卡瑞(Carrigan)反对将无性恋视为一种倾向,他认为,无性恋是感受不到性吸引力者,包括半性恋(demisexual),即只有与特定对象建立足够深厚的感情联系后,才会从这些对象身上感受到性吸引力的人;(有性恋与无性恋的)灰色地带(Grey-A),如"极少感受到性吸引力的人"、"感受性吸引力持续时间极短的人"等和流动的无性恋(A-fluid),他认为由于上述情况具有极为类似的无性经验,可以与无性恋放在一起讨论[⑤]。古普塔(Gupta)认为,"无性恋"可能是一种亲密关系倾向或"类似于有性的元类别"关系倾向的类型[⑥]。

也就是说,如果使用性倾向的概念来定义无性恋的话,无性恋是与异性恋、同性恋、双性恋相对应的类型(见表 9-1),如果使用无性倾向的概念,那么无性恋是与有性恋对应的类型(见表 9-2)。

---

①　Bogaert A F. Toward a conceptual understanding of asexuality[J]. Review of General Psychology,2006(3).

②　Bogaert A F. Asexuality: Prevalence and associated factors in a national probability sample[J]. The Journal of Sex Research,2004(3).

③　Storms M D. Theories of sexual orientation[J]. Journal of Personality and Social Psychology,1980(38).

④　联合国开发计划署,《中国性少数群体生存状况:基于性倾向、性别认同及性别表达的社会态度调查报告》,2016。

⑤　Carrigan M. There's more to life than sex? Difference and commonality within the a-sexual community[J]. Sexualities,2011(4).

⑥　American Psychiatric Association. Diagnostic And Statistical Manual Of Mental Disorders Fifth Editions[M]. 2013:478.

表 9-1　性倾向的类型

性倾向	异性恋
	同性恋
	双性恋
	无性恋

表 9-2　无性倾向的类型

无性倾向	有性恋
	无性恋

因此,狭义的无性恋是一种性倾向,是感受不到性吸引力的、没有性的欲望。从这个概念来看,诸如性欲衰退、禁欲主义者都不属于这一类型。比如对何为性欲衰退,美国的《精神障碍诊断与统计手册》(第 5 版)认为,若被诊断者认为性欲低下的原因是自己是个无性恋,则不能被诊断为性欲失调,只有导致'显著的痛苦或人际交往困难',才被认为性欲衰退;禁欲主义者通过自制力或个体价值维度规范、压抑性欲望,是一种选择性结果;而性倾向上的无性恋则是非选择性、自然的结果,是无法改变的性倾向。而广义的无性恋则是既包括有性倾向者,如自然非选择的无性驱动力者属于这一范畴;也包括感受不到性吸引力者,如自主选择的禁欲主义者、独身主义者,及其性欲衰退与匮乏者等感受不到性吸引力者也属于这一范畴。本书采用广义的无性恋概念,因为就一般社会大众认知而言,狭义的无性恋认知程度低,广义的无性恋认可程度更高,特别是感受不到性吸引力者这一类型在社会中亦有相当多的存在,如独身主义者、禁欲主义者;其次,就所引起的社会关系、恋爱关系、家庭关系而言,感受不到性吸引力者所产生的婚姻、家庭关系所引起的社会问题更多,更具有一般的社会意义。

进一步而言,无性恋不是一种疾病,对于性并不恐惧,只是把性看得平常、平淡,对性的渴望、欲望非常低甚至没有,它一部分是天生的,一部分是选择的结果。

二、无性恋的类型

如果以"自然—选择"二分的角度来看,天然形成的没有性驱动力的是一类,是一种没有欲望的无性恋者;而后天形成的、具有选择性的但感受不到性吸引的为另一类无性恋者。就前一种而言,它与精神恋爱、禁欲主义、独身主义、性冷淡、性功能障碍是有区别的。精神恋爱与天然没有欲望的无性恋既有联系又有区别,两者都主张把恋爱与性分离,但不同点是精神恋者更为关注精神同感,当精神恋爱发展到一定程度后并不排斥肉欲,但主张"因爱而性但高于性"的观念。禁欲主义是一种自主、自制选择,可能出于宗教、价值观、群体认同等而禁欲,不过有性欲激起但不参与和对方的性行为。独身主义推崇既不恋爱、也不结婚,注重个体自由,不愿意与他人有恋情交往或生活在一起,但并不排除性的活动。性冷淡只是表明性欲比较弱或低下,但不表明没有性欲,它往往存在性安抚没有反应或快感反应不足等。性功能障碍是存在着生理或心理的问题,但大部分的性功能障碍者往往是生理上有问题,但心理上渴望的,是有性恋的一种类型。

不过,更经典的分类是以浪漫吸引力为核心的分类体系,有研究者指出,无性恋者虽然从未(其他定义也可认为极少)感受过性吸引力,但仍可能感受到浪漫吸引力,即无性恋者或许会产生爱情,对他人可能产生愿意发生浪漫关系的吸引力,但并非性吸引力[①]。也就是说,无性恋者缺乏的是性趣,而不是缺乏爱。

从浪漫吸引角度看,分为无浪漫情结无性者和有浪漫情结无性者,后者就是有爱情或浪漫情节的无性恋,它可以分为异性浪漫情节无性恋者、同性浪漫情节无性恋者、双性浪漫情节无性恋者和泛性浪漫情节无性恋者[②]。

异性浪漫情节无性恋者(heteromantic asexual)是异性之间有浪漫爱情但没有性;同性浪漫情节无性恋者(homoromantic asexual/gay asexual/homo-asexual)是同性之间有浪漫爱情但没有性;双性浪漫情节无性恋者(biromantic asexual 或者 bi-asexual)是某种性别既有对同性、也有对异性有浪漫爱情但没有性;泛性浪漫情节无性者(aromantic asexual)是不爱任何性别的无性恋者。

第二节 无性恋的社会问题

一、无性恋与性行为

无性恋并不是所有性行为的缺失,但性驱动力或欲望与有性恋相比非常低甚至没有,更主要的是"性吸引力"弱,但他们有可能由于各类原因而发生性行为,如进行自我探索、表达亲密关系、适度满足伴侣的需求等等。Bogaert 推测认

---

①② 武琳悦,于慧如.无性恋研究的历史与现状——对 2004—2015 年 28 篇中英文学术文献的再分析[J].中国性科学,2017(10).

为,无性恋的性行为多是为了取悦伴侣[①]。但与有性恋相比,性行为发生会更为迟缓,也不会和当前的伴侣发生过多的或频繁的性行为。即使是无性恋的自慰行为,绝大多数无性恋者的自慰频率也显著低于有性恋[②]。不过,研究者仍然认为,大多数的无性恋者缺乏性方面的兴趣或欲望,之所以自慰是一种非性方面的原因驱动的,如为了催眠或减缓压力,而不是为了发泄性欲或者体验性兴奋[③]。而且,这种自慰很少产生性幻想或性幻想一个性伴侣。如 Yule 的调查发现,在无性恋群体中,从未有过性幻想的无性恋者比例为 40%,而在有性恋者人群中为 1%～8%,产生过性幻想的无性恋者也与有性恋群体在性幻想模式上有很大不同,11% 的无性恋者报告自己的性幻想从未有涉及其他人,这一情况在有性恋者中仅有 1.5%。[④]

二、无性恋与伴侣、幸福

在无性恋者看来,性不会让生活变得更好或者更糟,无性恋者也具有多样性,会经历不同的事情,诸如关系、吸引力和唤起等。在无性恋者看来,交流、亲密、有趣、幽默、兴奋与信任既可以发生在有性恋中,也可以发生在无性恋中,但是没有性的期望在无性恋中是基于个人需要和无欲望的方式建立的。而吸引力,对无性恋者而言,不是表现在性方面,而是一种想要了解他(她)人的渴望,以非性的方式接近,它也会被特定的性别所吸引。而在性唤起方面,无性恋认为它与寻找性伴侣或伴侣的欲望没有关系,一些人可能会采用自慰的方式进行,还有一些无性恋者很少或者没有性唤起,他们以享受其他类型的兴奋与快乐来取代性唤起的兴奋。他们认为不需要通过性唤起来保持健康,不过他们同样承认,在某些情况下,缺乏性唤起可能是有一定疾病,因此从安全的角度来看,对这种情况,需要进行干预。这样,如果双方都是无性恋者,基于对无性恋的共同认知与行为方式,同样可以建立亲密关系,如有些人保持亲密的友谊,有些人比"朋友的"友谊更深一步,比如与爱人拥抱或者牵手等亲密行为,但这种行为与朋友则不可能,即进入一种浪漫关系但非性方面,因此他们同样拥有幸福和快乐,同样

---

① Bogaert A F. Asexuality: Prevalence and associated factors in a national probability sample[J]. The Journal of Sex Research,2004(3).

②④ Yule M A,Brotto L A,Gorzalka BB. Sexual fantasy and masturbation among asexual individuals[J]. The Canadian Journal of Human Sexuality,2014(8).

③ Brotto L A,Inskip K J,Rhodes K,et al. Asexuality: A mixed-methods approach[J]. Archives of Sexual Behavior,2010(3).

拥有成功的恋爱与浪漫关系。正如一个无性恋者的独白所显示的那样：

> "在无性恋群体内部，每个无性恋对性的态度、感受也是不一样的。就像有性恋中有人性欲高，有人性欲低，有人对性保守，有人开放一样。说到底，每个人都是不一样的，任何两个人在一起，都需要相互磨合。即使是有性人的感情，也并不见得就能一帆风顺。长久关系需要考虑人生目标、生活方式、政治观点、个性搭配等多项因素的契合程度，性和谐只是其中一项。由这点看来，无性和有性的关系是差不多的。无性恋只是你这个人的一小部分，就像你是蓝眼睛一样。它决定不了你的人生，你也可以像其他人一样幸福。"①

但是，对一般社会大众而言，也包括无性恋者而言，可能都会问以下一些问题：无性恋者与有性恋者之间恋爱可行吗？怎么样在没有性的关系下建立亲密与爱情？以下一个案例非常有代表性：

> 1980 年出生的李维至今还记得前妻说过的话，"你连欲望都没有，你是男人吗？"他和前妻是相亲认识，算是他的初恋。在此之前，他只在学生阶段暗恋过女生。他强调和前妻结婚是出于喜欢，但也承认交往几个月就领证有父母逼婚的因素。他对性无感，但想要孩子。等到妻子终于怀孕之后，他和妻子的亲密接触就只停留在亲吻。时间久了，妻子怀疑他要不是同性恋要不就是有外遇。两人剧烈吵架，妻子整夜哭泣，他整夜沉默。婚后第二年，忍无可忍的妻子和他离婚了。
>
> 离婚后，他有天在网站上浏览新闻，看到"无性恋"这个词，又查了相关科普网站后，他感到"活了 32 年，终于知道了自己是谁"。

对相当一部分有性恋者而言，性与爱是不可切分的，当对方不愿意和自己发生性行为时，就很可能上升到不爱的维度，李维的妻子就是这么想的。可以说，无性恋者与有性恋者之间的恋情不仅在性价值观上，在性欲望与主观吸引力方面也是不同的，因此他们之间确实会面临紧张关系，不过也可能存在一些调适行为。根据大型无性恋群体 AVEN 的一些案例发现，在这种关系中，有些无性伴

---

① 什么是"无性恋"，真的存在"无性恋者"这样的一个群体么？转引自 https://www.zhihu.com/question/19750449.

侣会在某种情况下偶尔发生性行为来"妥协"有性伴侣;还有一些则通过假性行为来找到对他们双方都有效的办法;还有的则通过非性亲密关系的方式来实现,如通过拥抱或爱抚来享受身体上的亲密,通过分享他们内心深处的恐惧与秘密来交谈表达亲密,通过分享共同的兴趣和活动,或者共同实现目标来感受与伴侣的亲密①。AVEN 的案例实际上想表明的是性与爱之间是可以分离的,如果无性伴侣与有性伴侣两者对这一观点认同,建立彼此亲密的情感共同体且这种"一对一"亲密的情感共同体对他者之间有排斥,那么无性恋者与有性恋者之间是可以建立恋情的,反之,则不可行。

三、无性恋群体与多元社会

长久以来人们普遍认为,性是自然与生物的本能,特别是"异性相吸"及其所引致的繁衍后代功能,使得"异性之间"的恋情与婚姻成为自然的"铁律"。"异性恋"最早的排斥对象是"同性恋",认为其违反自然规律、违反社会规则和家庭伦理,使得"同性恋"长期被视为病态,同样"无性恋"的存在也被认为是病态的,难以接受的,因为在他们看来,性的冲动是人的本能,有些人之所以不发生性行为,只是由于生理或心理的"不能",或者价值观及其情感克制,如性生理缺陷者、禁欲主义者、独身主义者等等。但是"同性恋"率先发起了反抗,这种反抗既是"性吸引力"上的倾向性反抗,如在人类社会中,"性吸引"不仅存在异性,还存在同性,甚至双性,也是对"异性恋"的意识形态抗争,认为"异性恋"是一种权力霸权与话语霸权。当然,这一进程是与现代社会的发展密切相关的,与对宗教的改革也密切相关的,也与对性的研究相关,多元社会的兴起及其各种利益团体的产生,使得社会日益多元、开放和包容,也逐渐促使"同性恋"、"无性恋"群体开始发声,并成为一种重要政治与社会力量。如"同性恋"的抗争行为,已经使得一些国家和地区,如丹麦、挪威、瑞典、冰岛、荷兰、西班牙、德国、瑞士、比利时、中国台湾等 20 余个国家和地区承认"同性婚姻";同时对"无性恋"的研究及其群体的存在,也使得"无性恋"被认可的程度大大增加。不过,也要看到,由于"同性恋"、"无性恋"对传统家庭及其伦理模式、对人类种族繁衍和对一般社会认知和既有制度的挑战,其合法化的进展仍然处于博弈状态。

但是,总的来说,一个社会越是多元、开放和包容,对性的研究越是深入,性的群体越是多元、越能发声、越是成为一种社会运动,其被接受的可能性就越大。

---

① 转引自 http://www.asexuality.org/? q＝relationship.html。

据 AVEN 这一无性恋者认知和教育网络群体的负责人大卫·杰伊看来,"无性恋"曾在经历第三阶段:第一阶段开始于 2000 年,互联网让人们开始认识"无性恋"到底是什么,它不是一种性压抑而是一种缺乏性欲的表现,不过他提醒人们并不是说之前就没有"无性恋",而是没有社会认知的统一称呼、并不被人了解;第二阶段开始于 2006 年,是动员阶段,开始在媒体发声,当然仍然受到很多质疑;第三阶段是 2012 年后,重点是挑战正常性欲的主流定义,认为缺乏性欲不是一个问题,不能被"污名"化[①]。

除了宏观社会环境之外,中观的群体或组织维度也是不可或缺的因素。人作为社会性的动物,其自我身份界定,不仅取决于个体生活情境与价值观,还受到甚至更主要受到他人和社会的影响,不然无法与他人建立关系、难以获得归属感与认同感。无性恋者也不例外,作为一个较为新颖的事物,其被社会的认可程度还较低,往往会通过群体内认同来建立各种支持系统,这种群体内认同有助于其解决认知困境、参照行为、情感归属、生活意义、无性爱情等,并对主流认知观念与行为产生抵抗。因此,"物以类聚、人以群分"同样会发生在无性恋者中,如在国外的 AVEN 群体中,无性恋者已经达到 9 万人,他们在群体内建立人际关系、表达观点、解决困惑、发现恋人、协调家人关系等。不过,中国对这一问题仍然缺乏认知,有研究者通过 QQ 为首的无性恋者线上社交平台发现,与无性恋者有关的社群中,大多数都是性功能障碍者,他们希望找到无性恋伴者,但真正的无性恋者一般不愿意接受性功能障碍者[②]。可以说,中国人对"无性恋"的研究与认知仍然在路上。

---

① 古木编译.调查显示全世界人口约有 1% 是"无性恋"者,腾讯科技［微博］,2012 年 3 月 4 日。载 http://tech.qq.com/a/20120304/000028.htm.

② 武琳悦,于慧如.无性恋研究的历史与现状——对 2004—2015 年 28 篇中英文学术文献的再分析[J].中国性科学,2017(10).

第三节　无性婚概述

一、无性婚的内涵

在这一案例中,一开始,有性恋者与无性恋者建立了亲密的爱情关系,性不成为他们情感交流的唯一媒介或负担,但随后的发展却是一个无性恋者对另一个人产生了性唤起与情感关系,从而对婚姻关系中"一对一"的亲密爱情产生了冲撞,进 无性婚案例1而导致了婚姻的解体。这是一个有性恋与无性恋在婚姻中长久没有性的案例,但在社会中,大部分的无性婚姻往往都是有性恋者之间一段时间内的无性生活。

在这一案例中,双方都是有性恋者,并产生了性与爱情的结晶,但是在婚姻生活中,性的激情在下降,取而代之的则是亲情,尽管存在遗憾,但性生活的减少并没有太多影响夫妻感情,性爱没有成为他们婚姻生活的全部。不过,亦有很多的案例显 无性婚案例2示,无性的婚姻生活导致了对方的不满,并产生了从生理不满到心理不满进而上升到对情感的怀疑等线性发展的态势。因为它挑战了婚姻生物属性与社会属性,婚姻的生物属性认为性是人类的本能,性的欲望是作为一个"完全人"的重要部分,也是人类种族繁衍的基础;婚姻的社会属性认为婚姻是一种社会制度与社会规范,婚姻中的性需要按照社会的规范进行,彼此享受、享有和负有性的权利与义务。不过,性倾向中的同性恋、双性恋和无性恋及其同性婚、无性婚则提出了挑战,如同性恋及其同性婚挑战的是性与婚姻生物属性中的"异性相吸"和"繁衍",更主要的挑战则是性与婚姻的社会属性,但对性唤起等性欲本能则没有过多挑战,只是性唤起与性欲对象发生了改变;而无性恋及其无性婚则是对两者都提出了挑战,即生物属性上的性欲和性吸引力都感受不到,也不进行或很少进行性行为,社会属性上则不享受性的权利与不履行性的义务。

对无性恋者而言,如果双方都认知、认可自己是无性恋,有亲密爱情关系并没有迁移他(她)者,进而两人结婚,产生无性婚,其婚姻的可续性还是能得到较好保障,但是对一般社会大众而言,特别是有性恋者而言,无性婚到底是个什么状态?是不是正常的?能不能可续性?有没有危害?这些仍然都是问题。

对"无性婚"的研究,还刚刚起步。性社会学家认为,夫妻间没有生理机能方面的原因而超过一个月没有默契的性生活,即为"无性婚姻"。不过,也有的专家认为必须要建立在"有力无心"基础上,并且要在三个月以上不发生性生活为标准。据潘绥铭在 2000 年对全国城乡 60 个地方 3824 名 20 岁到 64 岁男女的调查发现,已婚或者同居男女中,一个月都没有性生活的比例达到 28.7%,一年都不过性生活的比例也有 6.2%;不过在 2010 年的调查中,这一比例在下降,而他预测到 2015 年,这一比例将下降到不足 10%①。这些调查引起了媒体的关注,进而开始宣称"无性婚"时代的来临,不过,在潘绥铭教授和其他一些性社会学家看来,这只是小众群体的行为,不必大惊小怪。据潘绥铭等人的调查还发现,夫妻间性生活的频率满意度还是呈现了积极变化:在丈夫中,认为性生活次数太少的,从 2000 年的 39.8% 减少到 2010 年的 27.3%;在妻子中则是从 23.8% 减少到 21.4%②。不过,即使这一比例下降到 10%,即使夫妻对性生活次数太少的比例,依然在某种层面上揭示,无性恋及其婚内乏性依然是存在的,仍需要关注。

基于上述案例与观点,我们认为无性婚姻是指婚姻主体不进行或者很少进行性生活的婚姻,很少进行的时间界定往往是 1～2 个月。

二、无性婚的类型

(一)无性恋基础上的无性婚

无性恋感受不到性吸引力、缺乏内生驱动力,但或基于情感或基于社会压力而形成法律基础上的婚姻关系,由于他们对无性婚有共同的认知、有特定的亲密情感表达,如在婚姻的持续期间保持"一对一"亲密关系并排斥其他(她)人,不进行或极少进行性生活,即有可能保持一种无性恋的无性婚。不过,由于在婚姻缔结关系中,并没有性生活作为构成要件,而且性具有隐私性,因此,很难判断哪些人或哪些类型是无性恋的无性婚,除非它有明确的宣称或表达。

(二)有性恋者无生理障碍但无性生活的无性婚

它往往表现为"有力无心",即有从事性生活的能力,但由于工作与生活压力、紧张、认知困境、价值理念、兴趣转移、情感迁移等因素,不愿或很少进行性生活的婚姻关系。比如工作压力过大、生活成本越高、心理疲劳越多,性生活的频率就会越低;还有一些离婚案例中,一些男方认为"一滴精、十滴血",过多的性生活导致精力匮乏,双方发生关系少,引起女方不满,进而导致情感破裂;还有一

---

① ② 潘绥铭,黄盈盈.性之变——21 世纪中国人的性生活[M].北京:中国人民大学出版社,2013.

些还存在性激情向亲情的转移,对性生活的欲望减少,代之以其他兴趣、爱好、抚育小孩等与另一方保持亲密性关系。当然,还有一些发生了情感迁移,对婚外性或婚外情发生感觉,减少甚至不予婚内主体发生性生活。

(三)有性恋者因遭遇创伤无法进行性生活的无性婚

一些人因生理或心理原因存在性功能障碍或者遭受不可抗力导致性功能丧失,有些是先天的、有些是后天的,因此无法完成性生活;还有一些人在恋爱或婚姻过程中心灵遭受巨大创伤,导致对性产生恐惧或者不感兴趣,但都希望在形式上保持婚姻关系。

(四)因时空、职业等在特定阶段内无法进行性生活的无性婚

婚姻主体双方均无生理机能方面的原因,但因长期分居两地,或者由于一些职业特性,如海员、军人等因为工作原因,需要长期待在某地,难以过性生活。

二、无性婚能否长久:性、爱与婚姻

(一)性、爱与婚姻的本质

从形式上讲,无性婚与有性婚一样,都会面临关系维系、关系修补、关系紧张甚至关系解体等情况,但其具体的方式、原因与类型则是不同的。因为它本质上涉及如何看到婚姻中的性、爱与婚姻三者之间的关系。

性首先具有生物学属性,它以性的生理特征和行为方式为基础,如性欲、性冲动、性与身体,但同时也具有社会属性及社会建构意义上的性。有研究者认为,性的社会建构意味着性具有弥散性,不仅仅是"男女之事""床上之事""生殖相关之事",更是爱情和亲密关系之事、情感表达之事、人伦与交往之事、生存体验和生命价值之事;它还是由主体感受的,也是被主体所标定的,即主体依据自己的感受、认知和自我反馈所做出的种种标定、解释和评价的综合,以及由此而产生的种种日常生活实践;性是意义化的,它可以对主体及其各种相关物产生各式各样的价值和意义;它来源于主体之间的以及主体与"情境"之间的互构,包括与不同的人过性生活就会有不同的方式、感受和意义,同时主体与各种情境也会产生不同的样态,它不是单纯的认知和外力作用[1]。

从这个角度出发,我们发现,婚姻中的性自然对于生理功能的满足是重要

---

① 潘绥铭,黄盈盈."主体建构":性社会学研究视角的革命及本土发展空间[J].社会学研究,2007(3).

的,且性的社会属性一方面很容易与其他,特别是爱情、婚姻产生重要衔接,如缺乏性,有可能上升为不爱、不珍惜这个感情;但另一方面也意味着性具有多样性、性具有意义赋予的功能,如不赋予性是爱情、婚姻的基础功能,只是一个辅助功能,且在婚姻过程中能感受到爱、感受到情感与付出,那么性与爱情、婚姻的线性相关就会被摒弃。

爱情则更为复杂,其生物学定义关注通过感觉器官输入而激活脑内生产苯异丙胺,产生兴奋,进而通过交往产生爱情;而心理学的定义则是亲密、激情和承诺。社会学的定义则喜欢从"关系"的维度进行,如认为爱情关系是从松散关系起步的,体现了一个人的内在冲动、自由与偏好等倾向,在西方社会加入了"浪漫"这一自主自由的驱动,并称为现代社会的主流,而中国人在此过程中主要加入了"缘分"这一外在因素①。无论是浪漫性爱情关系还是缘分性爱情关系,性都不是唯一的,不过浪漫性爱情关系更强调激情、爱欲与探索、冒险等,性成为一个重要的纽带,但是爱情也受到社会的规范,特别是承诺或忠诚机制。

在性与爱的关系上,则可以分为有爱的性、无爱的性和无性的爱、无性的无爱四个类别。有爱的性强调"只有爱方能性"、"有爱的性更幸福",这已经成为社会伦理常态。当然随着社会的多元性和性解放运动的发展,现在这一命题越来越转化为"只要爱就可以性"。无爱的性不仅存在于非婚交往中,也存在婚姻之中,如男女朋友之间已经没有爱的感觉,但出于生理需求而发生性;在传统中国婚姻秉持"父母之命,媒妁之言"的情况下,夫妻双方只有在洞房花烛夜才相识,这时发生的性很多都是"无爱之性";在现代社会中倦怠期的婚姻或者买卖性婚姻,性成为例行公事或繁衍后代的工具。此外,强奸或性商品化,如买春卖淫、援助交际等也成为"无爱之性"的重要途径。"无性之爱"则有可能发生在无性恋之中,也可能发生在无性恋与有性恋之中,亦可能发生在有性恋与有性恋之间,因为爱情与性并非等同,爱与性既可能存在着交集、也存在着非交集。无爱无性,一种情况下是他们非恋情关系,还有一种情况是存在于婚姻关系之中,如婚姻存在紧张与将要解体阶段,双方没有爱情,也没有性的行为。

婚姻作为一种社会制度,包含婚姻主体(并不尽然是两性,也可能同性)的个人意愿和契约关系,其结果是导致家庭的出现。人类在很长一段时期内的婚姻都与爱情无关,而与等级、门第、生计和种族繁衍相关。阿里耶斯认为,从古罗马到中世纪,西方婚姻的稳定性来自于古罗马社会制度、后来宗教的清规戒律及其

---

①　翟学伟.爱情与婚姻:两种亲密关系的模式比较——关系向度上的理想型解释[J].社会学研究,2017(2).

社会自身的要求①。中国传统的婚姻现实也是很少强调情感之爱,冯友兰认为:"儒家论夫妇关系时,但言夫妇有别,从来未言夫妇有爱也。"②其稳定性,则受到"家国同构"政治制度和儒家伦理文化影响。在西方,将爱情与婚姻相连受到中世纪骑士精神的影响,但真正发生则是资本主义社会来临才出现。恩格斯认为,爱情与婚姻的衔接需要以"自由、平等、个人意愿和契约为前提条件③"。后来亲密性关系的研究中,提出了爱情的"浪漫"特性。在费孝通看来,它是一种不易被中国人理解的那种不求后果、超越婚姻意味的爱④。由此拥有浪漫爱情成为现代婚姻的基础。但是婚姻不仅限于爱情,还包括制度和价值观所规范的专一、忠诚与责任,也包括内部的生产关系、生活方式、亲子关系及其所构建出的社会关系等。可以说,爱情式婚姻是现代婚姻的"元类型",不仅是人们和社会的追求及其理性类型,也具有相当的社会事实性,但另一方面,由于主客观原因、社会制度要素,依然也存在非爱情式婚姻存在的情况。

简单地说,性、爱情与婚姻三者的社会属性是层层递进的,婚姻的社会属性最高,受社会规制的影响更大,同时,它们三者有多种组合的情况。不过现代社会一般的认知和规范较认同的观点是婚姻要以爱情为基础,性是爱情和婚姻的重要或必要组成部分,但非唯一构成要件。

(二)四种类型无性婚的可续性问题

对无性婚而言,不同的无性婚类型及其婚姻主体价值观、亲密互动关系、社会压力与规范,对其可续性或解体会造成影响。

1.无性恋的无性婚。如果不发生情感迁移,则可续性较好。但也可能存在不稳定性,如无性恋一方有可能在特定情境下、特定人出现下或者特殊的社会压力下成为有性恋者,如果这时他们之间发生了价值观与生活方式的差别,那么就可能面临关系紧张或解体。

2.有性恋者无生理障碍但无性生活的无性婚。性需求是大部分有性恋者的正当性需求,是对生理与心理的满足,为此"有力无心"不满足对方的正当性需求,将会对他(她)人生理、心理造成影响,引致对方的不满。尤其是对有性恋者

---

① 菲利浦·阿里耶斯.牢固的婚姻.载于菲利浦·阿里耶斯,安德烈·贝金.西方人的性[M].上海:上海人民出版社,2003:157.

② 冯友兰.中国哲学史上册[M].北京:中华书局,1961:432.

③ 恩格斯.家庭、私有制和国家的起源.马克思恩格斯选集(第4卷)[M].北京:人民出版社,1974:76.

④ 费孝通.美国人与中国人[M].北京:三联书店,1985:104.

的婚姻中,性的排他性与主体情感建构,很容易使对方认为有能力但不发生性,并在婚姻生活中缺乏浪漫、情感关怀等,是不爱的表现,将引致婚姻的紧张甚至解体。不过,对大部分中国人来说,恋爱时或结婚初期的浪漫、亲密、激情往往会在婚后延缓下来,转变成人们所说的"过日子"或另一种类型的"亲情",注重彼此关系的维护、家庭的责任、个体与家庭的安全等,因此即使有时性难以满足身心要求,但只要双方没有发生婚外情或婚外性的情感迁移,依然存在着"过日子"的想法与生活方式,那么这种情况下的无性婚也不一定导致婚姻的解体,但是确实会对"婚姻质量"造成影响。

3.有性恋者因遭遇创伤无法进行性生活的无性婚。正如上面所说,对有性恋者而言,婚姻是性欲、性生活、归属、亲密性、责任与承诺、契约关系等的总和,它一方面有性欲、性行为的正当性需求,也有亲密性爱情的要求,还有个体与家庭责任及其社会规范、社会伦理的要求。对不可抗力或心理受到巨大创伤而无法进行性生活的无性婚,一方面也需要承认它存在着性功能缺失,会对婚姻质量产生影响;但另一方面,无论是个体还是社会的认可度都较多倾向于同情、理解和宽容。心理受到巨大创伤而在短时间内无法进行性生活的个体,可以开展心理干预和心理治疗。

4.因时空、职业等在特定阶段内无法进行性生活的无性婚。这一类型的无性婚对于婚姻质量和可续性有影响,但没有 2、3 两种类型影响大。因为它不是基于个体生理原因或情感原因,而是因为外部性影响。进一步而言,在这一类型中性、爱情与婚姻在心理与情感上并没有分离,只是在身体上产生了分离。不过,亦需要注意,过久的身体的"脱嵌"也可能会引起心理与情感的"脱嵌",因此利用探亲假、工作调动、视频分享、频密联系、家庭责任感建设、礼物赠送等方式,有助于提升无性婚的甜蜜度。

第四节 无性婚的法律问题

一、法律并无禁止无性婚

在我国,实行的是婚姻自由、一夫一妻和男女平等的婚姻制度。要缔结婚姻关系,主要的构成要件有两个:一是男女双方完全自愿;二是结婚年龄,男不得早于二十二周岁,女不得早于二十周岁。这一规定考虑了自然因素与社会因素,自然因素主要关注人们的生理与心理发育程度与成熟程度,社会因素关注一定的生产方式及其与之相适应的社会条件,如婚姻的自主意愿、自由选择,及其明确表达异性之间的一夫一妻制度等。

《婚姻法》也规制了禁止结婚的情况:一是直系血亲和三代以内的旁系血亲;二是患有医学上认为不应当结婚的疾病。此外,重婚也是被禁止的。医学上认为不应当结婚的疾病,在司法实践中主要是以下几类:一是患性病未治愈的,如梅毒、淋病、软性下疳、尖锐湿疣、生殖器念珠菌病、生殖器疱疹、传染性软疣、性病性淋巴肉芽肿、腹沟肉芽肿、阴道滴虫病、艾滋病等未治愈的性病,因为这些性病不仅使得患性病者自己承受痛苦,还传染殃及他人,危害极大,所以禁止结婚;二是严重的精神病(包括精神分裂症、躁狂抑郁和其他精神病发病期间);三是先天痴呆症(包括重症智力低下者);四是非常严重的遗传性疾病。

从上述表述可以看到,婚姻法并没有规定无性行为能力者不能结婚,也就是说它实行的是愿者不禁原则,即如果一方明知对方无性行为能力,但愿意与之结婚,婚姻登记机关是不干涉的。但如果婚前不知对方为无性行为者,婚后发现"上当",则可以以此为由起诉离婚,但它不是充分条件,必须由此导致夫妻感情破裂,如《婚姻法》第32条第3款第(五)项规定:"其他导致夫妻感情破裂的,应当判决离婚。"

二、无性不是解除婚姻关系的充分条件

我国婚姻法规定,以下几类情况,可以离婚。

(一)男女双方自愿离婚的,准予离婚[①]

双方必须到婚姻登记机关申请离婚,婚姻登记机关查明双方确实是自愿并对子女和财产问题已有适当处理时,发给离婚证。

(二)男女一方要求离婚的,可由有关部门进行调解或直接向人民法院提起离婚诉讼[②]

[①]《婚姻法》第31条规定:"男女双方自愿离婚的,准予离婚。双方必须到婚姻登记机关申请离婚。婚姻登记机关查明双方确实是自愿并对子女和财产问题已有适当处理时,发给离婚证。"

[②]《婚姻法》第32条规定:"男女一方要求离婚的,可由有关部门进行调解或直接向人民法院提出离婚诉讼,人民法院审理离婚案件,应当进行调解,如感情确已破裂,调解无效,应准予离婚。"

法院审理离婚案件,应当进行调解;如感情确已破裂,调解无效,应准予离婚。有下列情形之一,调解无效的,应准予离婚:①重婚或有配偶者与他人同居的;②实施家庭暴力或虐待、遗弃家庭成员的;③有赌博、吸毒等恶习屡教不改的;④因感情不和分居满二年的;⑤其他导致夫妻感情破裂的情形。一方被宣告失踪,另一方提出离婚诉讼的,应准予离婚。

(三)现役军人的离婚

现役军人的配偶要求离婚,须征得军人同意,但军人一方有重大过错的除外①。所谓军人一方有重大过错,一般是指军人一方的重大违法行为或其他严重破坏夫妻感情的行为。比如:军人重婚或与他人同居;军人实施家庭暴力或虐待、遗弃家庭成员的;军人有赌博、吸毒等恶习屡教不改的;以及军人有其他重大过错导致夫妻感情破裂的情形等。

(四)离婚对女方的特殊保护②

女方在怀孕期间、分娩后一年内或中止妊娠后六个月内,男方不得提出离婚。女方提出离婚的,或人民法院认为确有必要受理男方离婚请求的,不在此限。

从上述规定来看,离婚关注的是"感情破裂"及其对家庭造成的损害,而不是婚姻主体相互之间的"性行为"或者"性活动"。也就是说,无性婚并不是离婚的充分条件,无性婚只有导致夫妻感情确已破裂,才构成离婚的充分条件。所以无性婚是感情破裂的原因,而不是因为无性婚就可以提出离婚。

不过,在现实生活中,特别是对有性恋者而言,不是生理因素而长时间不与婚姻对象发生性行为这一"有力无心"的情况,确实会对夫妻情感造成损害,易导致夫妻感情破裂,主要原因是涉及配偶权的问题。所谓配偶权是指配偶之间要求对方陪伴、钟爱和帮助的权利,其核心是性权利。这种权利义务的实现需要双方同时履行和协调配合,而且配偶双方既是权利主体,又是义务主体,缺一不可。配偶权派生的同居权是婚后男女一方都享有与对方以配偶身份共同生活于同一住所的权利,另一方有与对方同居的义务,包括夫妻间的性生活、共同寝食和相

---

① 《婚姻法》第33条规定:"现役军人的配偶要求离婚,须征得军人同意。但军人一方有重大过错的除外。"

② 《婚姻法》第34条规定:"女方在怀孕期间和分娩后一年内或中止妊娠后六个月内,男方不得提出离婚,女方提出离婚的,或人民法院认为确有必要受理男方离婚请求的,不在此限。"

互扶助等权利。在一些人看来,婚姻关系的成立,即意味着放弃性的拒绝权,但实际上性权利并不是绝对的,一方的权利即是另一方的义务,如果强调一方有自主决定是否与对方发生性、同居的权利,其实就是剥夺对方的自主决定权。所以,从根本上说,这种牺牲一方利益保护另一方利益的做法,将使得夫妻双方的权利、义务关系随着一方的意志转移,显而易见,这违反了夫妻双方的平等原则。

婚恋结语:无性恋不是一种病态现象。加拿大最新研究表明,全球约有7000万人为"无性恋"者,这种现象被称为"第四性"。与无性恋者应正常交往,并尊重其性取向。每个人都有追求幸福婚姻的权利,只要是在法律允许的范围内,无论他有没有"性能力"。但在婚姻关系中,夫妻性生活是维系婚姻关系的重要纽带。婚姻法把夫妻"感情破裂"作为离婚的主要理由,从近年来审理的离婚案件分析导致夫妻"感情破裂"的重要原因包括夫妻无性生活,这充分说明性生活在婚姻关系中的特殊重要性。因此,从某种意义上来说,缺少"性"的婚姻是令人遗憾的,甚至是导致离婚的危险信号。

因此:无性婚姻应予以包容,但不值得提倡!

▶ 本章测试

无性恋与无性婚测试作业与答案。

▶ 本章问卷

无性恋与无性婚问卷调查。

📱 测试作业与答案

▶ 本章思考题

谈谈对无性恋的看法。

👤 问卷调查

▶ 设计教学法——微视频采访调查作业

对无性恋与无性婚的认知与态度。

▶ 本章推荐阅读书目

1. 米歇尔·戴维斯:《走出无性婚姻》,光明日报出版社 2005 年版。
2. 杨大文:《婚姻家庭法》,中国人民大学出版社 2016 年版。

第十章　失恋与离婚

　　通过本章学习,重点掌握失恋的含义、失恋的生理表现、失恋/分手的原因和过程、失恋心理及其发展过程,以及摆脱失恋心理的对策。重点掌握离婚的概念、分类,与别居的区别,离婚的法定条件、程序、法律效力以及离婚的心理危机及调适等。

📖 附法条

　　累累的创伤就是生命给你的最好东西,因为在每个创伤上面都标志着前进的一步。

——罗曼·罗兰

　　失恋是痛苦的,大多数人能正确对待和处理失恋,愉快地走向新恋爱。然而也有一些人失恋后不能及时排除失恋受挫情绪,导致心理失衡,性格反常。而离婚则是家庭的破裂,它也是夫妻双方解除婚姻关系,终止夫妻间权利和义务的法律行为。那么,何为失恋?引起失恋痛苦情绪的原因有哪些?摆脱失恋痛苦的良方对策是什么?何为离婚?离婚的方式与条件、程序?离婚产生哪些法律后果?如何调适离婚心理?本章将给出答案及建议。

第一节　失恋概述

　　失恋对于每个珍视情感的个体的伤害都是巨大的,尤其对于初恋的人来说,失恋的伤害在所难免。大学生由于身心发展和社会环境的影响,更容易陷入恋爱之中,自然也会有一定的概率要面对失恋。失恋对于大学生来说是非常大的打击,必然会引起一系列的消极心理和挫折感受。学习如何正确地面对失恋,度过这段困难期,对每个正在面对或者还未面对失恋的大学生来说都是十分重要的。

一、失恋的含义

失恋(Cross in love)指恋爱中的一方终止恋爱关系后给另一方造成的严重心理挫折,或者由于各种因素关系不得不终止后给双方带来的一种严重的心理创伤。当人们回答在他们的生命中不同事件所带来的压力和变化时,亲密关系的结束通常都是非常重大的应激事件。失恋者内心会体验到强烈而不可遏制的悲伤、忧郁、绝望等创伤性情绪体验,在一定时间内会表现出颓废、沮丧、烦躁、逃避或者攻击等行为。

二、失恋的生理表现

越来越多的研究者试图从生理的层面来解释失恋所带来的"撕心裂肺"的感觉。费希尔采用 fMRI 脑成像技术研究了刚刚被甩、仍深陷爱情的 10 名女性和 5 名男性,结果发现被试脑部有三个区域出现了活动,包括腹侧被盖区(号称大脑的"奖赏系统")、伏隔核的核心(计算得失的区域);还有与深度依恋相关的脑区(涉及渴望和成瘾)[①]。失恋的痛苦和戒毒的痛苦是一样的,因此,大多数被抛弃却依然深爱着对方的男女都会表现出戒断反应的常见特征,包括抗议、无理由的哭泣、倦怠、焦虑、睡眠障碍、胃口减退或暴食、易激惹等等。

失恋对于每个人来说都是痛苦的,而这些疼痛可能真的是"心如刀割"般的物理痛苦。哥伦比亚大学的研究者让一群刚经历分手的年轻大学生观看他们前任或者朋友的照片,然后扫描他们的大脑。紧接着让这群大学生再观看一些风景图片,同时胳臂上会受到要么热烫要么温暖的刺激。研究发现观看前任照片时大脑的活动情况,和这些人胳膊上感受到痛刺激时的大脑活动情况极其相似。也就是说,心理上的痛苦和肉体上的痛苦,大脑解读起来是很类似的。

三、失恋/分手的原因

造成分手的原因往往是很复杂的。巴克斯特曾要求女大学生阐述他们结束亲密关系的原因,并总结了八条亲密关系的准则,按提及频次依次为:自主、相

---

① Fisher H. Your Brain In Love[J]. Time International,2004(3).

似、支持、开放、忠贞、共处、公平和魔力。这些准则描述了个体在亲密关系中所期望得到的，如果一方经常触犯，那么伴侣有可能会因此提出分手。

　　研究者达克提出了三种会直接导致分手的重要事件或行为。第一类是"注定会分手"。也就是说双方完全不匹配，包括性情、风格、兴趣还有背景，或者是由于其中一方酗酒、吸毒、好赌等等；第二类是"机械损耗"，即双方一直在做有损于彼此感情的行为；第三类是"突然死亡"，不仅包括偷情、背叛或者欺骗，还包括一方因个人原因而提出分手。这一类的分手往往会因为行为不道德而给感情带来致命创伤。科德克则总结出五方面原因：长期缺席、缺乏爱意、精神折磨，性无能以及不忠出轨，其中，前四条都属于"机械损耗"。除此之外，还应考虑感情的障碍和阻力，比如社会压力、孩子、经济原因等①。

　　需要强调的是，两个人的恋爱就如同建立了共同的感情账户，双方不同形式的行为象征着存款或者提款，比如有效沟通、给予社会性支持或者表现爱和关注会有更多积极的情感体验，相当于存款；相反，抱怨、唠叨、想办法控制对方甚至争执冲突，会激起消极的情感体验，则相当于取款。如此可以理解，一段成功的感情，积极的情感经历要远远大于消极的情感经历。有研究表明，当这个比值至少是5：1时，这段感情才能健康、稳定和长久。"机械损耗"由于只存不取，其对于感情的解离性作用也就可以解释了。

四、失恋/分手的过程

　　从相恋到分手的过程并不是一蹴而就的。达克将关系解体的过程描述为五个基本阶段，并就每个阶段适宜的做法提出了建议。最初，在"破裂期"，伴侣一方开始不满意，经常从关系中体验到沮丧和不悦。这个阶段最关键的是"敏感"，即能够及时觉察到感情关系并没有想象中或者以前那么好，但这并不意味着哪一方有过错；然后发展到"双向期"，不幸福的伴侣开始表露不满，紧接着是双方的协商、对峙或者尝试适应，这时候往往伴随着震惊、愤怒、伤害，有时还会出现解脱感。这一阶段需要双方有技巧地进行沟通、了解、协商以及谈判；如果克服不了，亲密关系将会面临解体，这时候"社交期"开始了。伴侣会向家人、朋友解释他们自己的遭遇，并寻求支持和理解；在关系结束后随之而来的是"善后期"，伴侣重新修正整理记忆、创造出可接受的关系历程故事，或者可能对关系进行合理化解释和重新评价；最后，在"复兴期"，分手的双方作为单身重新进入社交生

---

　　①　张秋丽,孙青青,郑涌.婚恋关系中的相似性匹配及争议[J].心理科学,2015(3).

活。实际上,分手的过程是非常特异化的,在最终结束前往往具有矛盾反复、迂回曲折的特征。

第二节　失恋心理及其发展

每个人由于恋爱状态、性格等方面的差异,在面对失恋时体验到的情感以及发展过程是不一样的。有的人是悲伤和绝望,充满着难堪和羞辱感,甚至感到羞于见人,而有的人则是充满了虚无感和失落感。热恋时对爱情的存在越肯定,产生的依赖心理倾向越大,得到恋人的温暖和安慰越多,失落感就会越强。有的失恋者在失恋后会对平时所感兴趣的事物感到索然无味,失恋者爱的能量总是在寻找一个喷射口,当这种能量向内时,则表现为自我评价降低和低自尊,这种能量向外时则表现为攻击性倾向与行为,如憎恶对方。

一、失恋后的消极心理

有调查显示,近期发生分手情况的被调查者比近期爱人去世的被调查者更容易患抑郁症[①]。也就是说,当丧失爱人的事件伴随着屈辱感发生时(尤其自己是被甩的那个),这种压力比单纯的丧失事件(包括死亡)更加容易令人抑郁。因为相比较于爱人的离世,人们只能归因于命运多舛,而诸如被移情别恋之类的失恋事件,除了失去恋人,还意味着社会比较中的失败,面对的是对自我的否定,更让人难以承受。在心理学上,这种经历叫作"针对性拒绝",是指个体遭受到他人有针对性的、主动的、故意的社会拒绝。2009 年的一个调查显示,近期经历过针对性拒绝的人会比经历其他压力的人更快变得抑郁,变抑郁的速度几乎是后者的三倍[②]。一般来说,失恋后产生的消极心理有以下几类。

(一)抑郁

失恋者可感觉到焦虑、冷漠、痛苦、颓废,情绪不稳定,心理情感无希望、没有

---

① Kendler K S, Hettema J M, Butera F, Gardner C O, Prescott C A. Life event dimensions of loss, humiliation, entrapment, and danger in the prediction of onsets of major depression and generalized anxiety[J]. Archives of General Psychiatry. 2003,60(8):789.

② Slavich G M, Thornton T, Torres L D, Monroe S M, & Gotlib I H. Targeted rejection predicts hastened onset of major depression[J]. Journal of Social and Clinical Psychology. 2009,28(2):223—243.

依托,内心感到极度的忧伤和烦恼,茶不思、饭不想,并伴有失眠等症状。失恋者会不断回忆过去美好的记忆,看到旧物会忍不住悲伤,女生则更可能痛哭流泪、发呆,对一切事物提不起兴趣。

（二）单相思

失恋者对抛弃自己的人一往情深、自欺欺人、否认失恋的存在,从而陷入单相思的泥潭,有的时候忍不住会去联系挽回对方,或者心里默默地喜欢他(她),不愿意接受新的人。也有人会出现一个特殊的感情矛盾——既爱又恨,不能自拔。

（三）自卑与迷惘

由于失去爱情的挫折感而导致自我评价过低和自我价值感降低,自尊心的摧毁。在感情中突然失去了情感依赖对象而感到恐慌和迷惘,不知道未来该怎么办。

（四）自我封闭

这是采取避免与现实接触的方法来逃避挫折的一种自我保护机制,是一种消极的反应。失恋者主要表现为沉默寡言、不愿与人交往,将自己与外界隔绝开来,很少或者根本没有社交活动,对周围的环境逐渐变得敏感和不可接受;当重新面临恋爱时,往往不由自主地出现预期性失恋体验,担心再一次遭受失败,缺乏勇气,心有余悸,谨小慎微,乃至望而却步;有的则抱定"终身不娶"或"终身不嫁"的想法。

（五）自我攻击

失恋者会将失去爱情的痛苦和怒气全部迁怒于自己,他们非但不怨恨原来的恋人,反而在深刻地"自省"中为自己罗织了许多"罪状",从而感到羞愧、自责、自恨、极端的自我攻击形式,甚至表现为自虐、自残、自杀等。失恋者会认为失恋的根本原因是自己卑劣的心灵与对方崇高的人格不能匹配,从而沉浸在自我编织的痛苦深渊中。

（六）直接外向攻击

用嘲笑、谩骂、毁容、伤害对方的方法来摆脱挫折感的一种行为机制,极度的占有欲受到挫折容易唤起报复心理。部分失恋者会由于报复心理,快速开始下一段恋情,想以此来表达自己对上一段恋情的不在乎,以求让对方嫉妒和后悔。占有欲强的人,常用"非爱即恨"的感情模式来处理生活中的感情危机。

（七）他向攻击

失恋者在爱和恨的感情上无法解脱时，他（她）不忍心攻击自己昔日的偶像，而是把矛头指向与恋爱无关的第三者。

二、失恋后的心态变化

一段感情的终结，对个体来说不是一件容易的事情。人们往往会低估处于"约会"阶段的恋人分手的严重性。事实上，失恋的悲伤和离婚的悲伤是同根的，并没有太大差异，也同样会随着时间的推移而逐渐改变。失恋后的心态大致会经历以下几个阶段。

（一）震惊与慌乱

当失恋突然来袭的时候，失恋者会感觉地动山摇，内心十分焦虑和惊慌失措，生活处于一片慌乱之中，焦虑和无助主宰了一切。

（二）痛苦与否认

失恋后，失恋者会体验到极度的悲伤，或者以泪洗面，或者痛不欲生，不愿意承认恋爱的失败，这似乎意味着人生的失败。这一阶段，失恋者开始否认失恋这个事实，他（她）不愿意接受这样的失败，也不接受生活的改变。

（三）纠缠与挽回

这个阶段失恋者开始在留与不留中纠结，任何一个理由都成为抓住对方的借口，失恋者会不断地去找对方，乞求、道歉、一哭二闹三上吊，利用一切方法想要挽留对方。但真正能够去挽回的感情是建立在理性的沟通层面上的，不惜牺牲自尊换来的感情是难以维持长久的。

（四）愤怒与攻击

当失恋者并没有成功挽留对方时，失恋者会体验到自尊心被摧毁的愤怒感，并觉得自己的付出毫无价值，最爱的人转眼成为最恨的人，优点全成为缺点，如何恨他/她都不为过。更有甚者，会实施报复，攻击他人。

（五）哀伤与抑郁

在愤怒过后，伴随而来的便是极度的悲伤情绪，当外部世界没有被改变时，失恋者会选择退缩回自己的世界，由于自我的封闭，失恋者会整日沉浸在自己的世界中，不由自主地回忆过去，想到在一起时的美好记忆而伤心哭泣。有的失恋者会自我放纵而无节制,主要表现为暴饮暴食、没日没夜的上网、沉迷酒精等等。

（六）反思与装不在意

到这个阶段,失恋者会开始去思考:分手到底是什么原因？是自己做错了什么？是对方爱上了别人,还是自己根本不值得别人去爱？在结束了一段亲密关系后,反思是必要的,因为这可以让失恋者在这段感情中有所成长,并能更好地去面对下一段感情。这时候,失恋者已经可以开始渐渐的能够去做一些新的事情,仿佛不再在意分手这件事,虽然偶尔还是会愣神,但是,已经不会再觉得那么悲伤了。

（七）接受与开始新的生活

这是失恋的最后一个阶段,失恋者逐渐开始接受分手的事实,已经不再念念不忘过去,生活开始发生了变化,有了新的生活习惯,结交新的朋友,虽然偶尔还是会想到他(她),但不会再对其生活有什么影响。失恋者可能很惊奇没有他(她)的生活竟然可以一样美好,甚至有了新的魅力,能够开始在一些事情上重新投入精力。失恋虽然总是让人伤心难过,但生活还要继续,这就是真实的人生。

由于不同的人的抗挫能力是有限的,所以每个人面对失恋的表现都是不一样的,从失恋的悲伤中恢复过来的时间也是不一样的。2012 年在纽约的 Pace 大学有一项对 162 名大学生失恋状态的研究显示,失恋所带来的焦虑和悲伤实际上 否认的心理机制
并不存在性别差异,而真正起作用的两个影响因素分别是依恋类型和自尊[1]。回避型依恋类型的人本身就倾向于在亲密关系中保持一定的距离,认为没有安全感是一件很正常的事情,所以分手给他们带来的焦虑并不会很严重。另一个则是自尊,因为高自尊的人更容易摆脱分手带来的负面影响,但是这也可能是因为他们本身在一段感情中投入的并不多。失恋的挫折感受还与每个人的性格、人生观与恋爱时间的长短和恋爱关系的深浅程度不同而不同。

当然在一段刻骨铭心的感情结束过后,正常的失恋心理反应会持续 3～5 个月,有研究者发现 68% 的人会在失恋后的半年内过上正常的生活,19% 的人在半年至 1 年内恢复正常生活,只有 13% 的人疗愈期到达 1 年以上。有研究对失恋后的大学生的情感体验进行实时记录,结果发现分手确实痛苦,但大约 1 个月

---

① Robak B, Griffin P. Dealing with romantic break-up and rejection: Understanding the nature of relationships and romantic break-up[J]. Student-Faculty Research Projects. 2012, Paper4.

之后，他们爱意明显减少，勇气和力量也在慢慢恢复。因此，"时间是良药"这句话确实是永不过时的箴言，尤其在失恋这个问题上。随着时间的推移和记忆的淡化，理智会战胜情感，失恋者能够慢慢恢复到正常的生活状态。而且，失恋似乎也并没有想象得那么可怕。有研究问年轻人如果他们当前的恋爱关系结束，他们的感觉会怎样。结果发现，虽然他们知道时间会治愈一切，但却会高估分手起初的痛苦。然而，当失恋后极度的悲伤体验和持续时间过久的创伤性体验影响到正常的工作、学习和生活，那就可能是产生了心理疾病，需要心理援助了。

第三节　摆脱失恋阴影的对策

爱情是可以最大限度地调动自身的心理能量的，而这些调动起来的心理能量突然失去了表达对象，那么失恋者失去的不仅仅是爱情，生活也会随之发生改变。这种情感依靠突然的消失，会让失恋者非常的不适应，并感到极度的空虚和孤寂。如何进行心理调适，平稳快速地走出失恋期开始新的生活，对每一个失恋者都是非常重要的。

■ 如何摆脱失恋的阴影

一、正视失恋的事实

（一）面对事实

首先，失恋者必须勇敢面对失恋这个残酷的事实，坚强地承受失恋可能带来的伤害。每个人都有爱与不爱的权力，都可以选择接受或拒绝别人的爱，既然已经成为事实无法改变的事，那就只有接受它。根据情绪 ABC 理论，并不是失恋这件事让人变得痛苦和难以承受，而是失恋者对待失恋的信念决定了失恋这件事影响人的程度，只要改变自己的信念，失恋不会那么痛苦。所谓"强扭的瓜不甜"，感情是以互爱为前提的，即使勉强维持下去，也毫无意义。当失恋者被迫掉入失恋的深渊时，需要控制好自己的情感，要以理智的态度对待他人，也要以负责的态度对待自己。在失恋时仍能做到理智宽容，是一个人高贵品质的显现。

（二）分析失恋的原因

每个人在分手以后都会问一个问题：为什么？当对方给出理由以后，有时反而会更困惑。比如有个男生和女生说了分手，给出的理由是现在不喜欢了，家里反对了，对她的感觉已经不是爱了，在一起已经没有意义了。然而女生却是在听到这些理由以后更加的沮丧和悲伤。这时候我们需要分清两个概念,分手借口(attribution)与分手解释(explanation)。分手借口只是分手的导火索,分手解释不单单是一个导致分手的理由,而是人们对情感失败的解释。我们可以看看《失恋33天》里陆然和黄小仙分手的例子。

> 分手借口是:陆然劈腿
>
> 分手解释是:"黄小仙,我们俩不是一不小心才走到今天这一步的。你仔细想想,我们在一起这么长时间,每一次吵架你都要把话说绝了,一个脏字不带,杀伤力却足以让我撞墙了一百了。吵完以后你舒服了,你想过我的感受吗?我每次都像狗一样地觍着脸去找一个台阶下。你每一次都是趾高气扬地站在那儿一动不动。你每一次都是高高在上,我要站在底下仰视你。我仰视够了,我受不了了。我仰视得脖子都快断了。你想过吗?全天下就只有你一个人有自尊心吗?我想过,要么我就一辈子仰视你,要么我就带着我自己的自尊心开始我自己的新生活。你是改变不了的,你那颗庞大的自尊心,谁也抵抗不了。我不一样,我想要往前走,你明白吗?"

从这个例子中我们可以看出分手借口和分手解释的重大区别:分手借口,短小精悍;分手解释,长篇大论,有矛盾产生、发展和解决,有人物有画面,像个故事,因此心理学家给分手解释起了一个名字"分手故事"(relationship dissolution narrative),人们试图搞清楚感情失败的过程就叫作"编故事"(story-making)。解释的好坏会影响失恋后心理调节。解释得越好,心理调节得就越快。美国波士顿大学医学院基因遗传研究所罗伯特·维斯认为如果一个人能够很清楚地解释分手失败的原因,那么他就会明白这段失败的感情并不是一个不小心,一个偶然,而是一个必然的结果。找到了问题的症结,以后再发生同样的问题,就可以轻松地解决它,避免感情再次失败。

那么怎样来确定一个分手解释的好坏呢?我们可以看看以下两个故事。

> 故事1:我们的感情那时候还不错,我就跟我的家人一起外出旅游,大概有2、3周。当我回来后,她开始很高兴,后来老躲着我。我装作不在意。过了一阵,我去找她,问她是不是躲着我,没想到她提出了分手。分手后的几个星期,我一直在左思右想是谁导致的分手和其他一些事。我已经有6个月没有见到她了。

故事2：我们在联谊派对认识并且开始交往。他很幽默、风趣特别有魅力，比我大三岁，很时尚……他一周会约我出去一次，每次我们都玩得很开心。然而过了一阵，我发现我们对生活的看法不太一样。信仰也不同。（我觉得）他想找一个年龄大一点，身材好一点（他之前的女朋友是健身教练），还能跟他睡觉的女朋友。而我是一个略微超重，反对婚前性行为的高三学生。

我们可以发现故事一思维混乱，故事二逻辑顺畅，前后一致。经研究发现，人们对于自己的分手故事描述得越顺畅，前后逻辑一致，心理调节能力也就越强，也就是说越明白为什么会分手，就越能够很好地调节自己。

所以比起一味地沉湎在失恋的痛苦中，更应该去做的是去思考为什么会失恋，冷静客观地分析原因，吸取教训。如果双方是因为性格不合、价值观、文化教养差异等原因分手，那么你应该明白分手是这段恋情注定的结果，这是不可调和的矛盾。如果对方是因为一些次要原因比如金钱、胖瘦、丑美、家庭状况等提出分手，你则更需要知道对方并不是出自真心爱你的内在，这样的人并不值得留恋。冷静地分析在上一段恋情中做得不够好的地方，吸取教训，尝试改变，失恋者必须要在每一段感情中都有所成长，这样才能成为更好的自己去面对下一段感情。

（三）摆正爱情的位置

失恋者尝试去理解，爱情并不是生活的全部内容，自己只是因为突然的失去了情感依靠而感到无所适从，才好像一切都变得一团糟，而实际上并不是这样。生活中的亲情依然美好而温暖，友情依然牢不可破，学习、事业依然需要去争取拼搏，为了爱情把一切生活的意义摧残是不可取的。

二、合理的情绪宣泄

有研究发现处于失恋状态的人内啡肽①分泌不足，痛苦、孤独、悲伤、空虚、寂寞、无奈等消极情绪会喷涌而出，这些负面情绪长期积压在心中很容易导致抑郁等心理疾病，失恋者需要合理地去宣泄这些负面情绪。

———————————

① 内啡肽：Endorphin，亦称胺多酚或脑内啡，一种脑下垂体分泌的类吗啡生物化学合成物激素，是由脑下垂体和脊椎动物的丘脑下部分泌的氨基化合物，有止痛和欣快感，是天然的止痛剂。

（一）哭

宣泄的途径有很多种，最直接的方法是大哭一场，把心中的痛苦、悲伤等消极情绪通过眼泪释放出去，研究发现，因悲伤而哭泣的泪水中含有两种重要的化学物质，即脑啡肽复合物及催产素，眼泪可以把体内积蓄的导致忧郁的化学物质清除掉，从而减轻心理压力。

（二）倾诉

失恋者可以找自己亲近的朋友、老师、家人或者心理咨询师诉说自己的烦恼和不愉快，把长期积压的想说的话都倾吐而出，这可以让自己感到轻松。2015年在《社会心理与人格科学》杂志上发表的一项研究发现，仅仅是参与分析分手就可以帮助人们克服痛苦的感受。将一群失恋的人分成两组，分别花时间与研究人员进行交谈，并填写了关于分手的调查问卷。通过比较，用时更多的那一组人员，痛苦程度比另一组有所减轻。她们很大程度上不再像另外一组一样沮丧，更能感受到自我。通常正在经历失恋的人的自我评价很低，自我价值感也很低，而家人和朋友的安慰以及鼓励可以让失恋者获得社会支持感，他们的正面评价可以帮助失恋者重塑自尊，提高自我价值感，提升自信。

（三）运动

失恋者如果不愿意向他人吐露心肠，可以尝试去做一些运动，比如跑步，健身等，将内心无处发泄的能量以运动形式宣泄掉，运动确实可以使人获得满足感。

失恋者可以选择其他不同的方式来宣泄自己的情绪，消除心理压力。但是情绪的宣泄也必须是有底线的，最好的方式是给自己一个限制，比如失恋第一周，允许哭泣 10 次，第二周 5 次，第三周 1 次，第四周不会再为失恋哭泣了。必须在每一次的宣泄之后告诉自己"这样该差不多，我该走出来了，该去看看父母了，该和老朋友打个电话了，该去跑个步了"。学会把控自己的情绪，把掌控生活的那个按钮拿回来。

三、转移注意力

现代研究证明，不断地回忆过去不仅无法使失恋者解除痛苦，还会使其变得更糟。当失恋者每一次回忆起让其非常痛苦的画面时，体内的肾上腺激素和皮质醇会大量分泌，使大脑变得非常兴奋，在每一次回忆的同时被迫对这段记忆进行了一次强化。持续而经常地想着对方并重复有关于他（她）的一成不变的画面,只会使这些痛苦记忆越来越容易被唤醒,并会把这样想念更强化、更持久、更牢固。因此最好的方式是转移注意力。失恋后,失恋者需要让自己忙碌起来,可以参加一些自己感兴趣的活动,做一些以前一直想做却没来得及做的事,比如旅游、看电影、学一门乐器、学习一项运动等等,提升自己,让自己变得更好。

四、让失恋升华

情绪调节的升华法是指改变不为社会所接受的动机和欲望,而使之符合社会规范和时代要求。这是对消极情绪的一种高水平的宣泄,是将消极情感引导到对人、对己、对社会都有利的方向去。著名物理学家居里夫人,从初恋失败的痛苦之中,毅然走上赴巴黎求学的道路,成为蜚声世界的科学巨匠,被后人誉为"一次幸运的失恋";歌德也是在失恋的痛苦之中,写出了脍炙人口的世界名著《少年维特之烦恼》。失恋者可以尝试将消极的失恋情绪转化到对学习或者工作的不懈追求中去,真正成功的人能够控制情绪,而不是被情绪控制。

五、重新规划生活与未来

失恋者应及时地树立起自信心,重新规划未来的生活。首先是改变之前与恋人相处时所养成的一些习惯,制定新的生活计划,培养其他习惯,并保持作息和生活节奏的规律。失恋者可以通过一些心理暗示来帮助自己重新面对生活,比如每天早晨醒来,大声地对自己说"我很棒,今天我会很努力地去拥抱生活",洗漱的时候给镜子里的自己一个大大的微笑,尝试换一个发型,换一种穿衣风格,等等来展示自己已经与过去变得不一样了。尝试在对自身的工作或学习一番评估后,分析是否需要调整,切合自身实际,满足自己的价值需求,追求自己的人生价值。正如海伦·凯勒所说:"一扇幸福之门对你关闭的同时,另一扇幸福之门却在你面前打开了。"只有勇敢地面对事实和未来,才能顺利地走出阴影。

时间能够磨平一切,在自己做了所有努力之后还是解决不了的苦痛,就交给时间。给自己一点时间,相信自己可以走出来,不要因为过度沉迷美好的过去而妨碍了自己对当下的感触。正如海伦·费雪(Helen Fisher)先前在 Business insider 网站所说的那样:"早晚有一天,那个住在你脑子里的人会离开,当你早上醒来,你才意识到昨天一整天你都没有想过他们。"

第四节　离婚的方式与条件

一、离婚的概念及特征

离婚又称为离异,是在夫妻双方生存期间,依照法定的条件和程序解除婚姻关系的法律行为。离婚是婚姻关系终止①的一种形式。离婚作为一种民事行为,具有以下特征:

1.离婚的主体只能是具有合法夫妻身份关系的男女。离婚是夫妻双方本人所为的法律行为,其他任何人都无权代替夫妻一方提出离婚,也不能对他人的婚姻提出离婚要求。

2.离婚只能在夫妻双方生存期间办理。如夫妻一方自然死亡或被宣告死亡的,则双方婚姻关系已经终止,无须离婚。

3.离婚的前提是男女双方存在合法有效的婚姻关系。因此,凡是违法婚姻,即使骗取了结婚证,也只能宣告婚姻关系无效或撤销,收回结婚证,不得按离婚处理。

4.离婚必须符合法定的条件和程序。离婚作为一种民事行为,必须具备法定的条件,并履行法定的程序,才能发生法律效力。双方当事人自行订立的离婚协议或基层组织主持调解所达成的离婚协议,都不能发生离婚的法律效力。

5.离婚的后果是导致婚姻关系的解除。夫妻双方离婚后,将引起夫妻财产关系、子女抚养关系、对外债务清偿等一系列的法律后果。所以,离婚既关系到双方当事人的利益,也会影响到子女的利益和社会的利益。

二、离婚的方式

根据我国婚姻法规定②,离婚的方式有两种:协议离婚和诉讼离婚。

---

①　婚姻终止是指合法、有效的婚姻关系因发生一定的法律事实而归于消灭。能引起婚姻关系终止的法律事实,称为婚姻终止原因。婚姻关系终止的原因有两种情况:一种是因配偶一方死亡(包括自然死亡和宣告死亡)而终止,即基于一定的自然事件死亡而终止;另一种是因夫妻双方离婚而终止。即因人为的原因(一定的法律行为)而终止。婚姻终止的原因不同,其法律后果也不尽相同。

②　《婚姻法》第24条规定:"男女双方自愿离婚的,准予离婚。双方须到婚姻登记机关申请离婚。"第25条规定:"男女一方要求离婚的,可由有关部门进行调解或直接向人民法院提出离婚诉讼。"

（一）协议离婚

协议离婚是我国法定的离婚方式之一,也称两愿离婚、登记离婚或非讼离婚,即双方自愿离婚。是指婚姻当事人通过双方协议依照行政程序解除婚姻关系的法律制度。法律将协议离婚这一法律行为规范化,即规定一定条件和程序,便形成了登记离婚制度（协议离婚制度）。

当事人在协议离婚过程中无须陈述离婚的原因,但须达成离婚的合意。协议离婚与诉讼离婚相比较,具有如下特征:第一,协议离婚在程序上具有简便、快捷的优势,可以减少离婚当事人在精力、时间、财力等方面的付出。第二,协议离婚是在当事人双方自愿的基础上达成的有关离婚事项的协议。该协议易于被当事人自觉地遵守和履行。第三,协议离婚倡导了好离好散、平静祥和的离婚氛围,有利于双方好聚好散,以及婚姻当事人隐私权的保护。

（二）诉讼离婚

又称裁判离婚,是指夫妻双方就离婚或离婚后子女抚养、财产分割等问题不能达成协议,由一方向人民法院提起诉讼,经人民法院审理、调解或判决的一种离婚制度。

诉讼离婚具有以下特征:①诉讼离婚只能由当事人一方本人提起。②诉讼离婚只能在夫妻双方不能达成离婚协议的情况下提起。③离婚诉讼只能由人民法院受理和管辖,人民法院独立行使审判管辖权。④法院审理离婚案件应当进行调解,如感情确已破裂,调解无效,才应准予离婚。

三、离婚的条件和程序

（一）协议离婚的条件和程序

1.协议离婚的条件。根据我国《婚姻法》第31条规定:"男女双方自愿离婚的,准予离婚。双方必须到婚姻登记机关申请离婚。婚姻登记机关查明双方确实是自愿并对子女和财产问题已有适当处理时,发给离婚证。"此条规定明确了协议离婚应具备的条件:①双方必须具有完全的民事行为能力。因为只有完全民事行为能力人才能独立、自愿地处理自己的婚姻问题。如果一方或双方当事人为限制民事行为能力或无民事行为能力的（如一方当事人因患精神病等丧失行为能力）,不得适用协议程序离婚,应依诉讼程序进行离婚。②双方同意离婚的意思表示真实。即当事人双方必须具有离婚的合意,所谓真实是指当事人双方对离婚的意愿而不是虚假的,不是受对方或第三方欺诈、胁迫或乘人之危以及因重大误解而造成的,不是一方或双方因发生争执而出于一时冲动和义愤所为,也不是双方为达到某种不良目的虚假性离婚①和其他非自愿的不正当离婚。③双方必须对离婚后子女的抚养和财产归属问题做出处理。双方离婚后对子女的监护、抚养、教育以及夫妻共同财产的分割、共同债务的清偿、一方是否需要对另一方予以经济帮助等事项应达成书面协议,协议的内容应当有利于保护妇女和子女的合法权益。

　　总之,对协议离婚来说"双方自愿"是"基本条件","对子女和财产问题已有适当处理"是必要条件,假若不具备以上基本条件和必要条件,则不能通过行政登记程序协议离婚,只能通过诉讼程序离婚。

　　2.协议离婚的机关和程序。我国《婚姻登记条例》对协议离婚的登记机关和程序做出了明确规定。①协议离婚的机关。按照我国《婚姻登记条例》第2条规定,内地居民办理婚姻登记的机关是县级人民政府民政部门或者乡(镇)人民政府,省、自治区、直辖市人民政府可以按照便民原则确定农村居民办理婚姻登记的具体机关。②协议离婚的程序。协议离婚的具体程序包括申请、审查、登记三个环节。一是申请。离婚是一种重要的身份法律行为,因此,当事人离婚时,男女双方应当共同到一方当事人常住户口所在地的婚姻登记机关办理离婚登记。办理离婚登记当事人应当出具下列证件和证明材料:本人的户口簿、身份证;本人的结婚证;双方当事人共同签署的离婚协议书。离婚协议书应当载明双方当事人自愿离婚的意思表示以及对子女抚养、财产及债务处理等事项协商一致的意见。二是审查。婚姻登记机关应当严格依照《婚姻法》和《婚姻登记条例》的规定办理,认真查明当事人是否符合离婚登记的条件。经审查办理离婚登记的当事人有下列情形之一的,婚姻登记机关不予受理:未达成离婚协议的;属于无民事行为能力人或者限制民事行为能力人的;其结婚登记不是在中国内地办理的。三是登记。婚姻登记机关应当对离婚登记当事人出具的证件、证明材料进行审
查并询问相关情况。对当事人确属自愿离婚,并已对子女抚养、财产、债务等问题达成一致处理意见的,应当当场予以登记,发给离婚证。

📷 离婚协议书范本

　　3.协议离婚后当事人又起诉情况的处理。根据《最高人民法院关于适用〈中

---

　　①　虚假性离婚也称假离婚,从离婚法律效力(后果)来讲,无假离婚之说。所谓假离婚是指夫妻一方或者双方本无离婚的真实意思而因双方通谋或受对方欺诈而做出离婚的意思表示。主要包括通谋离婚、欺诈离婚两种情形。通谋离婚,是指婚姻当事人双方为了共同的或各自的目的,串通暂时离婚,等目的达到后再复婚的离婚行为。

华人民共和国婚姻法〉若干问题的解释(二)》〔以下简称《婚姻法司法解释(二)》〕第8条①、第9条②的规定,离婚登记后,双方对财产、子女抚养引起纠纷,要求人民法院给予重新处理的,人民法院应当受理,并根据离婚登记时对子女和财产问题的处理情况、发生纠纷的原因和理由,给予审查处理。

(二)诉讼离婚的条件和程序

1. 诉讼离婚的法定条件。《婚姻法》第32条第1款规定:"男女一方要求离婚的,可由有关部门进行调解或直接向人民法院提出离婚诉讼,人民法院审理离婚案件,应当进行调解,如感情确已破裂,调解无效,应准予离婚。"

这一规定说明,我国诉讼离婚的法定条件有两个方面:(1)实质要件,夫妻感情确已破裂。《婚姻法》第32条第2款规定:"有下列情形之一,调解无效的,应准予离婚:①实施家庭暴力或虐待、遗弃家庭成员的;②重婚或有配偶者与他人同居的;③有赌博、吸毒等恶习屡教不改的;④因感情不和分居满2年的;⑤其他导致夫妻感情破裂的情形。一方被宣告失踪,另一方提出离婚诉讼的,应准予离婚。"上述条款将认定夫妻感情确已破裂准予离婚的法定理由予以具体化,从而使人民法院有了明确的认定夫妻感情确已破裂的统一标准。上述法定理由中,第①②③项界定的是离婚中一方的过错、违法或犯罪行为,至于该过错行为是否一定要受到法律制裁或构成犯罪被追究刑事责任,在所不问。第④项是因感情不和分居满2年的离婚情形,目的是给双方一个冷静思考和慎重对待离婚的机会。何谓分居,尚无统一解释,通常应以卧室、厨房和卫生间都分开使用才能认定为"分居"。第⑤项是兜底性规定,几乎涵盖其他导致感情破裂的所有情形。《关于适用〈中华人民共和国婚姻法〉若干问题的解释(三)》〔以下简称《婚姻法司法解释(三)》〕第9条规定:"夫以妻擅自中止妊娠侵犯其生育权为由请求损害赔偿的,人民法院不予支持;夫妻双方因是否生育发生纠纷,致使感情确已破裂,一方请求离婚的,人民法院经调解无效,应依照《婚姻法》第32条第3款第(五)项的规定处理。"这是因生育权导致感情破裂而离婚的规定。除此之外,司法实践中常见的如一方被判刑,其犯罪情节严重伤害夫妻感情的;婚前缺乏了解,婚后未建立起夫妻应有感情,难以共同生活的;登记

① 《婚姻法司法解释(二)》第8条规定:"离婚协议中关于财产分割的条款或者当事人因离婚就财产分割达成的协议,对男女双方具有法律约束力。当事人因履行上述财产分割协议发生纠纷提起诉讼的,人民法院应当受理。"
② 《婚姻法司法解释(二)》第9条规定:"男女双方协议离婚后一年内就财产分割问题反悔,请求变更或者撤销财产分割协议的,人民法院应当受理。人民法院审理后,未发现订立财产分割协议时存在欺诈、胁迫等情形的,应当依法驳回当事人的诉讼请求。"

结婚后未同居生活,无和好可能的;一方有生理缺陷及其他原因不能发生性行为,且难以治愈的;等,只要导致夫妻感情破裂,且调解无效的,一般都应准予离婚。《婚姻法》第 32 条还规定:"一方被宣告失踪,另一方提出离婚诉讼的,应准予离婚。"据此,对于夫妻一方已被宣告失踪,另一方提出离婚诉讼的,由于婚姻主体一方无法出庭表达意见,所以无须经过调解程序,即应准予离婚。(2)程序要件,经调解无效准予离婚。我国《婚姻法》第 32 条第 2 款规定:"人民法院审理离婚案件,应当进行调解;如感情确已破裂,调解无效,应准予离婚。"依据这一规定,人民法院对离婚案件进行调解,是审理离婚案件的必经程序,也是诉讼离婚的法定程序要件。

2.诉讼离婚的程序。根据我国《婚姻法》第 32 条第 2 款规定,人民法院对离婚案件进行调解,是审理离婚案件的必经程序。对离婚案件进行调解,必须坚持自愿、合法的原则,在查明事实、分清是非、做好当事人的思想工作的基础上,促使双方和好或达成离婚的协议,协议的内容不得违背法律的规定。离婚案件经人民法院调解后,可能会出现下列三种结果:调解后,双方当事人达成同意和好协议,由原告撤销离婚之诉。对调解和好的离婚案件,人民法院可以不制作调解书,但应将调解协议内容记入笔录存卷,由双方当事人、审判人员、书记员签名或者盖章后,本案即告审结。双方达成同意离婚的协议,由一方要求离婚转化为双方自愿离婚。人民法院应按离婚协议的内容,制作调解书,发给双方收执。离婚调解书经双方当事人签收后即发生法律效力,关系即告解除。调解无效,对于离婚或子女和财产的处理未达成协议或离婚调解书送达前一方反悔的,人民法院应当以事实为依据,以法律为准绳,及时判决,并制作准予或不准离婚的判决书。判决一经生效,即具有法律效力。宣告离婚判决必须告知当事人在判决发生法律效力前不得另行结婚。如果当事人对一审法院的判决不服的,有权在判决书送达之日起 15 日内向上一级人民法院提起上诉。第二审人民法院做出的判决为终审判决;判决不准离婚和调解和好的离婚案件,没有新情况、新理由,原告在 6 个月内又起诉的,人民法院不予受理。

第五节　离婚的法律效力

离婚的法律效力又称离婚的法律后果。是指离婚在夫妻身份关系、夫妻财产关系和父母子女关系等产生的一系列法律后果。

■ 离婚的法律效力

一、离婚在夫妻身份关系方面的效力

离婚使夫妻身份关系归于消灭,基于夫妻身份关系所产生的权利和义务随之终止。

(一)夫妻身份和称谓终止

离婚后,男女双方相互间不再享有夫妻的身份和丈夫或妻子的称谓。

(二)再婚自由权恢复

婚姻关系解除后,男女双方都享有再婚自由,彼此无权干涉。我国法律对再婚没有始期的限制。

(三)日常家事代理权终止

夫妻之间的代理权以夫妻身份为条件,在日常家事的范围内互为代理人,并承担由此而产生的法律后果。离婚后,基于夫妻身份而产生的夫妻之间的家事代理权即终止。

(四)同居义务终止

同居是夫妻共同生活的重要内容之一,离婚后,夫妻之间的同居义务归于终止。

二、离婚在夫妻财产方面的效力

离婚夫妻财产效力包括夫妻共同财产分割、夫妻债务清偿和离婚时的救济措施等内容。

(一)夫妻共同生活及扶养义务终止

夫妻离婚后,随着夫妻身份关系的解除,夫妻互相扶养的义务也同时解除,任何一方不再有要求对方扶养的权利,任何一方也不再承担扶养对方的义务。

(二)配偶法定继承人资格丧失

离婚后,夫妻双方失去了法定继承人的身份,彼此无权再以配偶身份继承对方遗产。

(三)夫妻共同财产制的终止

1.夫妻共同财产分割。《婚姻法》第 39 条规定:"离婚时,夫妻的共同财产由双方协议处理;协议不成时,由人民法院根据财产的具体情况,照顾子女和女方权益的原则判决。"按照此规定,离婚时可供夫妻分割的财产,只限于夫妻的共同财产,因此,准确划定夫妻共同财产的范围,是正确处理夫妻财产分割的前提。①准确界定夫妻共同财产的范围。根据我国《婚姻法》第 17 条规定及相关司法解释等规定①。夫妻共同财产包括以下内容:一是夫妻在婚姻关系存续期间所得的法定共有财产归夫妻共同所有,即一方或双方劳动所得的工资、奖金;一方或双方生产经营的收益;一方或双方知识产权的收益;一方或双方由继承或赠予所得的财产,但遗赠或赠予合同中确定只归夫或妻一方的除外;其他应当归夫妻共同所有的财产。二是夫妻分居两地分别管理、使用的婚后所得财产,应认定为夫妻共同财产。在分割财产时,各自分别管理,使用的财产归各自所有。双方所分财产相差悬殊的,差额部分,由多得财产的一方以与差额相当的财产抵偿另一方。三是已登记结婚,尚未共同生活,一方或双方受赠的礼金、礼物应认定为夫妻共同财产,具体处理时应考虑财产来源、数量等情况合理分割。四是对个人财产还是夫妻共同财产难以确定的,主张权利的一方有责任举证。当事人举不出有力证据,人民法院又无法查实的,按夫妻共同财产处理。五是婚后双方对婚前一方所有的房屋进行过扩建的,扩建部分的房屋按夫妻共同财产处理。六是婚姻关系存续期间,下列财产属于共同所有的财产:一方以个人财产投资取得的收益;男女双方实际取得或者应当取得的住房补贴、住房公积金;男女双方实际取得或者应当取得的养老保险金、破产安置补偿费。七是人民法院审理离婚案件,涉及分割发放到军人名下的复员费、自主择业费等一次性费用的,以夫妻婚姻关系存续年限乘以年平均值,所得数额为夫妻共同财产。②正确区分夫妻共同财产和家庭财产、夫妻个人财产的界限。家庭财产,是指家庭成员的共同财产和各自所有财产的总和,包括以下几个方面。一是夫妻一方的个人财产。主要包括:夫妻一方婚前个人所有财产;一方因身体受到伤害获得的医疗费、残疾人生活补助费等费用;遗嘱或赠予合同中确定只归夫或妻一方的财产;一方专用的生活用品;夫妻书面约定(或口头约定双方无争议)婚后所得归各自所有的部分;其他应当归一方的财产:婚前各自为结婚所准备的物品;军人的伤亡保险金、伤残补助金、医药生活补助费;婚后双方对婚前一方所有的房屋进行过修缮、装修、原拆原

---

① 最高人民法院 1993 年颁布的《关于人民法院审理离婚案件处理财产分割问题的若干具体意见》以及最高人民法院 1996 年颁布的《关于审理离婚案件中分房使用、承租若干问题的解答》、最高人民法院 2003 年颁布的《关于适用〈中华人民共和国婚姻法〉若干问题的解释(二)》等司法解释。

建,离婚时未变更产权的,房屋仍归产权人所有,增值部分中属于另一方应得的份额,由房屋所有人折价补偿另一方。二是夫妻婚后的共同财产。三是子女财产,即子女通过继承、受赠所得的财产或其他归子女个人所有的财产。四是其他家庭成员的财产,即双方父母、兄弟姐妹等家庭成员个人所有的财产。五是全体家庭成员共有的财产,即属于全体家庭成员共同所有的财产。

离婚时,夫妻分割的仅限于夫妻共同财产。对属于其他家庭成员共有的财产,应先分家析产,分割出属于夫妻共同所有的部分,然后夫妻双方再分割共同财产。

(四)离婚时的债务清偿

《婚姻法》第41条规定:"离婚时,原为夫妻共同生活所负的债务,应当共同偿还。共同财产不足清偿的,或财产归各自所有的,由双方协议清偿;协议不成时,由人民法院判决。"从本条款规定可以看出,分清债务的性质是正确处理离婚时债务清偿的关键。

1.夫妻共同债务的清偿。夫妻共同债务主要包括:①夫妻为共同生活或为履行抚养、扶养、赡养义务所负的债务;②个体工商户、农村承包经营户夫妻双方共同经营所欠的债务及一方从事经营,其收入主要用于家庭共同生活所欠的债务;③在婚姻关系存续期间,一方因分家析产所得的债务;④夫妻一方受另一方虐待,无法共同生活离家出走,出走方为日常生活所需开支及治疗疾病、抚养子女所欠债务。

夫妻共同生活所负的债务,应当共同偿还,主要分三种情况:一是财产归夫妻共同所有的,则由夫妻以共同财产来清偿;二是双方虽有共同财产,但不足以清偿共同债务,则由双方协议清偿,协议不成,由人民法院判决;三是财产归各自所有的,由双方协议清偿,协议不成,由人民法院判决。

2.夫妻个人债务的清偿。夫妻个人债务是指夫妻一方在婚前所负债务以及婚后与共同生活无关,为满足个人需要或为资助个人亲友所负的债务或夫妻双方约定应由个人所清偿的债务。夫妻的个人债务主要包括:①夫妻双方约定由个人所负担的债务,但以逃避债务规避法律为目的的除外;②一方未经对方同意,擅自资助没有扶养义务的亲朋所负的债务;③一方未经对方同意,独自筹资从事经营活动,其收入未用于共同生活所负的债务;④一方因个人实施违法行为所负的债务,一方为满足私欲而挥霍所负的债务;⑤婚姻关系存续期间,双方因关系恶化而分居,一方从事经营所负的债务,其收入也未用于家庭共同生活的,属个人债务。

《最高人民法院关于适用〈中华人民共和国婚姻法〉若干问题的解释(二)》就夫妻个人债务应由本人偿还问题做出了具体规定。第23条规定:"债权人就一方婚前所负个人债务向债务人的配偶主张权利的,人民法院不予支持。但债权人能够证明所负债务用于婚后家庭共同生活的除外。"第24条规定:"债权人就婚姻关系存续期间夫妻一方以个人名义所负债务主张权利的,应当按夫妻共同债务处理。但夫妻一方能够证明债权人与债务人明确约定为个人债务,或者能够证明属于《婚姻法》第19条第3款规定情形的除外。"此条款在适用过程中,围绕夫妻一方以个人名义借债到底应按夫妻共同债务处理,还是应由举债一方承担存在诸多争议,由此对《婚姻法司法解释(二)》第24条提出了质疑。最高人民法院2017年2月28日发布《婚姻法司法解释(二)补充规定》,在第24条的基础上增加两款,分别作为第24条的第2款和第3款,由此,第24条的完整表述为:"债权人就婚姻关系存续期间夫妻一方以个人名义所负债务主张权利的,应当按夫妻共同债务处理。但夫妻一方能够证明债权人与债务人明确约定为个人债务,或者能够证明属于《婚姻法》第19条第3款规定情形的除外。夫妻一方与第三人串通,虚构债务,第三人主张权利的,人民法院不予支持。夫妻一方在从事赌博、吸毒等违法犯罪活动中所负债务,第三人主张权利的,人民法院不予支持。"由此明确了明确虚假债务和非法债务不受保护。

2018年1月17日,最高人民法院发布《关于审理涉及夫妻债务纠纷案件适用法律有关问题的解释》①(以下简称《解释》)。《解释》进一步细化和完善夫妻共同债务认定标准,合理分配举证证明责任,以此指导各级法院准确认定夫妻共同债务,平等保护各方当事人利益。第25条规定:"当事人的离婚协议或者人民法院的判决书、裁定书、调解书已经对夫妻财产分割问题做出处理的,债权人仍有权就夫妻共同债务向男女双方主张权利。一方就共同债务承担连带清偿责任后,基于离婚协议或者人民法院的法律文书向另一方主张追偿的,人民法院应当支持。"第26条规定:"夫或妻一方死亡的,生存一方应当对婚姻关系存续期间的

---

①　最高人民法院发布《关于审理涉及夫妻债务纠纷案件适用法律有关问题的解释》规定:"第1条:夫妻双方共同签字或者夫妻一方事后追认等共同意思表示所负的债务,应当认定为夫同债。第2条:夫妻一方在婚姻关系存续期间以个人名义为家庭日常生活需要所负的债务,债权人以属于夫妻共同债务为由主张权利的,人民法院应予支持。第3条:夫妻一方在婚姻关系存续期间以个人名义超出家庭日常生活需要所负的债务,债权人以属于夫妻共同债务为由主张权利的,人民法院不予支持,但债权人能够证明该债务用于夫妻共同生活、共同生产经营或者基于夫妻双方共同意思表示的除外。第4条:本解释自2018年1月18日起施行。本解释施行后,最高人民法院此前做出的相关司法解释与本解释相抵触的,以本解释为准。"

共同债务承担连带清偿责任。"《最高人民法院关于适用〈中华人民共和国婚姻法〉若干问题的解释(三)》第 16 条规定:夫妻之间订立借款协议,以夫妻共同财产出借给一方从事个人经营活动或用于其他个人事务的,应视为双方约定处分夫妻共同财产的行为,离婚时可按照借款协议的约定处理。夫妻共同财产双方有共同处理的权利,法院当然是尊重协议,体现意思自治的原则。

三、离婚在父母子女关系方面的效力

离婚在父母子女关系方面的法律效力,我国《婚姻法》及最高人民法院《关于人民法院审理离婚案件处理子女抚养问题的若干具体意见》(以下简称《若干具体意见》)作了详细规定。

🎥 婚姻法司法解释(三)

📑 离婚时的救济措施

(一)离婚后的父母与子女关系

《婚姻法》第 36 条第 1 款规定:"父母与子女间的关系,不因父母离婚而消除。离婚后,子女无论由父或母直接抚养,仍是父母双方的子女。"这是离婚后父母子女身份关系在法律上的基本界定。

(二)离婚后子女的具体抚养

《婚姻法》第 36 条第 3 款规定:"离婚后,哺乳期后的子女,如双方因抚养问题发生争执不能达成协议时,由人民法院根据子女的权益和双方的具体情况判决。"《若干具体意见》对离婚后子女的抚养问题具体规定:

1.两周岁以下的子女,一般随母方生活。母方有下列情形之一的,可随父方生活:①患有久治不愈的传染性疾病或其他严重疾病,子女不宜与其共同生活的;②有抚养条件不尽抚养义务,而父方要求子女随其生活的;③因其他原因,子女确无法随母方生活的。父母双方协议两周岁以下子女随父方生活的,并对子女健康成长无不利影响的,可予准许。

2.优先条件考虑。父方与母方抚养子女的条件基本相同,双方均要求子女与其共同生活,但子女单独随祖父母或外祖父母共同生活多年,且祖父母或外祖父母要求并且有能力帮助子女照顾孙子女或外孙子女的,可作为子女随父或随母生活的优先条件予以考虑。父母双方对 10 周岁以上的未成年子女随父或随母生活发生争执的,应考虑该子女的意见。在有利于保护子女利益的前提下,父母双方协议轮流抚养子女的,可予准许。

3.父母再婚子女的抚养。生父与继母或生母与继父离婚时,对曾受其抚养

教育的继子女,继父或继母不同意继续抚养的,仍应由生父母抚养。

4.子女抚养的变更。父母双方协议变更子女抚养关系的,应予准许。

5.离婚诉讼期间子女抚养的现行裁定。在离婚诉讼期间,双方均拒绝抚养子女的,可先行裁定暂由一方抚养。

6.对拒不履行抚养子女的父母的强制措施。对拒不履行或妨害他人履行生效判决、裁定、调解中有关子女抚养义务的当事人或者其他人,人民法院可依照《中华人民共和国民事诉讼法》第102条的规定采取强制措施。

（三）离婚后子女抚养关系的变更

子女抚养关系确定后,如果父母的抚养条件发生了重大变化,或者子女要求改变抚养归属,可由双方协议变更抚养关系;协议不成时,人民法院可根据子女利益和双方的具体情况判决。一方要求变更子女抚养关系并有下列情况之一的,应予以支持:①与子女共同生活的一方因患严重疾病或因伤残无力继续抚养子女的;②与子女共同生活的一方不尽抚养义务或有虐待子女行为,或其与子女共同生活对子女身心健康确有不利影响的;③10周岁以上未成年子女愿随另一方生活,该方又有抚养能力的;④有其他正当理由需要变更的。

（四）离婚后子女抚育费的负担

《婚姻法》第37条规定:"离婚后,一方抚养的子女,另一方应负担必要的生活费和教育费的一部分或全部,负担费用的多少和期限的长短,由双方协议;协议不成时,由人民法院判决。关于子女生活费和教育费的协议或判决,不妨碍子女在必要时间向父母任何一方提出超出协议或判决原定数额的合理要求。"

这一规定在适用上包含以下几个方面的内容:

1.父母双方离婚后仍有共同负担子女抚育费的义务。抚育费,又称为抚养费,是生活费、教育费、医疗费等的总称。父母对未成年子女抚育费的负担是强制性的法定义务。父母离婚后,子女由母方抚养时,父方应负担必要的抚育费;子女由父方抚养时,母方也应负担必要的抚育费。只有在个别情况下,抚养子女的一方既有负担能力,又愿独自负担全部抚育费的,方可免除另一方的负担。

2.子女抚养费数额的确定。确定子女抚养费的数额,既要根据子女的实际需要,又要考虑父母的负担能力和当地的实际生活水平。给付抚育费可参照《若干具体意见》中比例性规定给付。有固定收入的,抚养费一般可按其月总收入的20%~30%的比例给付;负担两个以上子女抚养费的,比例可适当提高,但一般不得超过月总收入的50%;无固定收入的抚养费的数额可依据当年总收入或同行业平均收入,参照上述比例确定。有特殊情况的,可适当提高或降低上述比例。

3.子女抚养费的给付期限。抚养费的给付期限,自子女出生时起至子女能够独立生活时止。父母离婚,对未成年子女仍应履行抚养义务。16 岁以上不满 18 周岁,以其劳动收入为主要生活来源,并能维持当地一般生活水平的,父母可停止给付抚养费。对于"不能独立生活"的成年子女,父母仍应负担必要的抚养费。所谓"不能独立生活的子女",根据《最高人民法院关于〈适用中华人民共和国婚姻法〉若干问题的解释(一)》第 20 条的规定:"是指尚在校接受高中及其以下学历教育,或者丧失或未完全丧失劳动能力等非因主观原因而无法维持正常生活的成年子女。"

4.子女抚养费的给付方法。子女抚养费应定期给付,有条件的可一次性给付。在农村地区,可按收益季度或年度给付。对一方无经济收入或者下落不明的,可用其财物折抵子女抚养费。离婚时,应将子女抚养费的数额、给付期限和办法,明确具体地载入离婚调解协议书或判决书中。

5.子女抚养费可依法变更。《婚姻法》第 37 条第 2 款的规定,子女关于增加抚养费的合理请求,不受协议或判决原定数额的限制。最高人民法院《若干具体意见》中规定:子女要求增加抚养费有下列情形之一,父或母有给付能力的,应予支持:①原定抚育费不足以维持当地实际生活水平的;②因子女患病、上学,实际需要已超过原定数额的;③有其他正当理由应当增加的,如物价上涨、生活地域发生变化等。子女问题是离婚纠纷中的难点之一,除上述各项要求外,父母不得因子女变更姓氏而拒付子女抚养费。父或母方擅自将子女姓氏改为继父或继母姓氏而引起纠纷的,应责令恢复原姓氏。对拒不履行或妨碍他人履行生效判决、裁定、调解中有关子女抚养义务的当事人或者其他人,人民法院可根据民事诉讼法的有关规定采取强制措施。

(五)离婚后父或母的探望权

探望权是指离婚后不直接抚养子女的父或母定期或不定期看望未成年子女或与子女相处的权利。

《婚姻法》第 38 条规定:"离婚后,不直接抚养子女的父或母,有探望子女的权利,另一方有协助的义务。行使探望权的方式、时间由当事人协议;协议不成时,由人民法院判决。父或母探望子女,不利于子女身心健康的,由人民法院依法中止探望的权利;中止的事由消失后,应当恢复探望的权利。""另一方有协助的义务",是指随子女共同生活的一方,应提供必要的条件,使对方的探望权得以实现,不得无故予以阻止或设置障碍。父或母探望子女,不利于子女身心健康的,如行使探望权的父或母患有可能危害子女的精神疾病、严重传染性疾病的,或父母在探望子女时对子女有违法犯罪行为,严重损害子女身心健康的,或者教唆、胁迫、引诱未成年子女实施不良行为的,未成年子女、直接抚养子女的父或母及其他对未成年子女负担抚养、教育义务的法定监护人,有权向人民法院提出中止探望权的请求。当事人在履行生效判决、裁定或者调解书的过程中,请求中止行使探望权的,人民法院在征询双方当事人意见后,认为需要中止行使探望权的,依法做出中止探望权的裁定。中止探望的情形消失后,人民法院应当根据当事人的申请通知其恢复探望权的行使。

第六节 离婚的心理危机及调适

一、离婚的心理危机

离婚从法律意义上说是解除夫妻婚姻关系。而从家庭伦理的角度上,离婚,标志着一个家庭的支离破碎,也预示着一段感情的失败。人们常把离婚看成过去婚姻生活的彻底结束,也是解脱心灵痛苦的有效措施。但是,离婚带来的爱情与安全感的丧失、性生活的中断、社会角色的改变、子女教育问题的出现,都会对当事人的心理及身体健康产生严重的影响,会使人陷入感情和心理的新危机。

(一)自卑心理

离婚对当事人来说,往往是个不小的人生打击,并会在一定范围内产生震动效应。就算一个普通的离婚者,也会从默默无闻,成为所在单位的"新闻人物"。离婚者如果长久在自卑的重压下生活,将导致心灵扭曲。同时,离婚不可避免地要影响到孩子,使其承受家庭破碎的巨大痛苦和心灵创伤,并由此产生自卑感。

(二)孤僻心理

离婚者常常不愿意、实际上也难以做到与正常人进行心灵沟通,即使与自己最亲近的亲人也不例外。离婚后的独身者,从形式上看,似乎又回到了单身生活状态,但其内心世界却不像未婚前的轻松、愉快,心中积蓄有许多无法对人言说的愁苦和哀怨。这种精神上和感情上的自我封闭,极有害心理健康,也会使人丧失生活信念,产生逃避现实以至厌世情绪。

(三)仇恨心理

从主观愿望讲,大多数离婚者都想抛弃过去的一切重新开始,可事实上,因为所经历的已经成为个人生活史的一部分。尤其是如果一方伤害了另一方的感情，被伤害的一方会鄙视、憎恨对方，也会仇视第三者。仇恨心理容易酿出极端的暴力事件。

（四）痛苦心理

婚姻破裂不仅给离婚者带来感情痛苦，还要面临破碎的家的现实。首先是家庭经济收入减少，只能靠一个人维持生活；其次家务劳动也必须一人承担；需要抚养孩子的一方，更是异常艰辛。在如此的离婚重压之下，必然产生痛苦心理。

（五）再婚的随意和畏惧心理

离婚且随着年龄的增长，不仅失去了一些结婚的优越条件，还增加了不少再婚的不利条件，如孩子问题、财产问题等。所以不少再婚者，再婚时把感情因素放在次要条件，为了生存而随意结婚。经过失败婚姻的人，总希望在新的家庭中得到补偿。但是，现实与理想的差距很大，再婚家庭的矛盾远比初婚要复杂得多，如此使再婚者产生畏惧心理。

二、离婚心理危机调适对策

有结婚，自然就会有离婚。离婚是婚姻生活中发生的一个正常现象，因此，必须正确对待离婚，积极进行离婚心理调适。

（一）充分认识离婚是一种积极人生的选择

当感情破裂的时候，如果仍一味地紧抓住婚姻不放，结果只会让自己的婚姻陷入痛苦。人们在面对离婚时，第一个反应通常是想要打消离婚的念头，根源是畏惧众人异样的眼光。包括父母、兄弟姊妹、朋友或对方的父母……其次是离婚生活的不利因素，特别是结婚之后便不再工作的女性，离婚通常会面临经济上的问题。但是，不离婚，就必须一辈子忍受婚姻生活所造成的痛苦，相比较之下，实在不值得因畏惧众人异样的眼光或离婚生活的不利因素等让自己的人生受到煎熬。因此，应该以坚强的态度去面对离婚。因为，走出失败的婚姻，重新寻找人生下一站的幸福，让自己能够快乐满足地度过每一天，是一种积极人生的选择。

（二）乐观积极地进行离婚心理保养

绝大多数离婚者，离婚后表现出愤恨、自卑、痛苦、悔悟等消极心理。要走出这些不良心理的阴影，必须乐观积极地进行离婚心理保养，完成保养四部曲，一

定能走出离婚阴霾:

1. 倾诉,寻求感情支援。亲人是离婚者诉说内心痛苦的最好倾听者和最好的心理医生。在自己内心感到苦恼、哀怨时,可向自己的亲朋好友诉说,也可以通过写日记的方式,把心中的苦水从笔端流淌到纸上,再加上周围同事、朋友、闺蜜的主动热情关心,一定能摆脱苦闷的心理环境。

2. 改变,远离伤心环境。如果周围的人文环境对离婚表示出的异常使自己很不舒服,或者居住的房子有太多伤心的回忆,应毫不犹豫地远离伤心和是非之地,给自己一片安详、自由的天地。

3. 参加,融进社交活动。顾名思义,社交活动就是社会交往活动,人的本质是具有社会属性,也就是说必须要与社会上的人进行交往、互动。因此,离婚后更不应把自己封闭起来,应该积极走出去交朋友,像一些聚餐、KTV、联欢晚会、外出郊游等,把业余生活安排得丰富、紧凑、有趣,从而把心中的忧伤尽快排泄出去,逐渐恢复良好的心境。

4. 投入,开创自己的事业。离婚者要努力开创自己的事业,一旦有了自己的事业,全情投入时间、精力,自然就不会将心思放在不愉快的事情上,当事业取得进步的时候,离婚带来的一切痛苦也将灰飞烟灭。

(三)尽快求助专业心理咨询

如果通过自我心理保养始终无法消除离婚带来的伤痛,为了尽快恢复心理健康状态,避免产生抑郁症、焦虑症、失眠症等健康问题,应尽快向心理医生求助,进行离婚心理干预。

婚恋结语:爱情只需要相互吸引,而婚姻却需要彼此适应。离婚本无奈,分手都不是因为不爱,只是,不适合而已。认真面对离婚,摆脱离婚阴影,依法处理离婚法律问题,积极开始寻找新的幸福。但如果陷入离婚困境,消极逃避,可能是真正不幸的开始。愿离异者早日走出不良心理阴影,奔向快乐幸福的人生!

▶ 本章测试

失恋与离婚测试作业与答案。

🛡 测试作业与答案

▶ 本章问卷

失恋与离婚问卷调查。

👤 问卷调查

◉ 本章思考题

谈谈对待失恋的自我调适方法。

◉ 设计教学法——微视频采访调查作业

1. 如何对待失恋？

2. 离婚一定不幸吗？

◉ 本章推荐阅读书目

1. 黛博拉·菲利浦，罗伯特·贾德著，颜玮译：《爱的断舍离：让爱走出失恋的阴影》，新世界出版社 2016 年版。

2. 林子：《恋爱，从失恋开始》，武汉大学出版社 2013 年版。

3. 曹畅洲：《在我失恋后最难过的那段时间里》，湖南文艺出版社 2016 年版。

4. 张勇、马娟：《离婚——人类文明的进步》，中国政法大学出版社 2011 年版。

5. 危玉妹：《新世纪大学生婚恋》，福建人民出版社 2016 年版。

6. 杨大文：《婚姻家庭法》，中国人民大学出版社 2016 年版。

主要参考文献

[1] American Psychiatric Association. Diagnostic And Statistical Manual Of Mental Disorders，Fifth Editions[M]. 2013.

[2] Bogaert A F. Asexuality：Prevalence and associated factors in a national probability sample[J]. The Journal of Sex Research，2004(3).

[3] Bogaert A F. Toward a conceptual understanding of asexuality[J]. Review of General Psychology，2006(3).

[4] Brotto L A，Inskip KJ，Rhodes K，et al. Asexuality：A mixed－methods approach[J]. Archives of Sexual Behavior，2010(3).

[5] Carrigan M. There's more to life than sex? Difference and commonality within the asexual community[J]. Sexualities，2011(4).

[6] Dank B M，Fulda J S. Forbidden love：student-professor romances[J]. Sexuality&Culture，1997(1).

[7] Fisher H. Your Brain In Love[J]. Time International，2004(3).

[8] Gossett J L，Bellas M L. You can't put a rule around people's hearts…can you?：consensual relationships policies inacademia[J]. Sociological focus，2002(3).

[9] Helen Fisher，Anatomy of Love：A Natural History of Mating，Marriage，and Why We Stray[M]. New York：W. W. Norton & Company，2016.

[10] Julie M. Albright. Impression Formation and Attraction in Computer Mediated Communication[D]. Los Angeles：University of Southern California，2001.

[11] Kendler K S，Hettema J M，Butera F，Gardner CO，Prescott CA[M]. Life event dimensions of loss，humiliation，entrapment，and danger in the prediction of onsets of major depression and generalized anxiety. Arch. Gen. Psychiatry. 2003(60).

[12] Keller. E. Consensual relationships and institutional policy[J]. Academe：bulletin of the association of university professors,1990(76).

[13] M. Slavich,Tiffany Thornton, Leandro D. Torres, Scott M. Monroe, Ian H. Gotlib. Targeted rejection predicts hastened onset of major depression[J]. J Soc Clin Psychol. 2009(2).

[14] Pedersen, Paul. The Five Stages of Culture Shock：Critical Incidents Around the World[M]. Contributions in psychology, no. 25. Westport, Conn：Greenwood Press. 1995.

[15] Robak，Boyan and Griffin，Paul,"Dealing With Romantic Break-Up and Rejection：Understanding the Nature of Relationships and Romantic Break-Up"[J]. Student-Faculty Research Projects. 2012.

[16] Richards T N,Crittenden C,Garland T S,et. al. An exploration of policies governing faculty-to-student consensual sexual relationships on university campuses：current strategies and future directions[J]. Journal of college student development,2014(4).

[17] Sternberg, R J. A triangular theory of love. Psychological Review [M]. 1986.

[18] Storms M D. Theories of sexual orientation[J]. Journal of Personality and Social Psychology,1980(38).

[19] Yule M A,Brotto L A,Gorzalka BB. Sexual fantasy and masturbation among asexual individuals[J]. The Canadian Journal of Human Sexuality, 2014(8).

[20] Anastasia Sukhoretskaya. 在中国,我们约会吧[J]. 国际人才交流,2015 (3).

[21] 查尔斯·霍顿·库利. 人类本性与社会秩序[M]. 北京:华夏出版社,1999.

[22] D M 巴斯. 进化心理学[M]. 熊哲宏,张勇,译. 上海:华东师范大学出版社,2007.

[23] 恩格斯. 马克思恩格斯选集. 第 4 卷[M]. 人民出版社,1974.

[24] 菲利浦·阿里耶斯、安德烈·贝金. 西方人的性[M]. 上海:上海人民出版社,2003.

[25] 弗朗兹·博厄斯. 原始人的心智[M]. 北京:国际文化出版公司,1989.

[26] 亨德里克. 因为爱情:成长中的亲密关系[M]. 洪菲,译. 北京:世界图书出版公司,2014.

［27］罗伯特·斯·J.腾伯格,凯琳.斯腾伯格.爱情心理学［M］.李朝旭,等译.
北京:世界图书出版社,2010.

［28］罗兰·米勒,亲密关系［M］.6版.王伟平,译.北京:中国公信出版社,2015.

［29］鲁思·本尼迪克特.文化模式［M］.北京:社会科学文献出版社,2009.

［30］马克斯·韦伯.经济与社会(第一卷)［M］.上海:上海世纪出版集团、上海
人民出版社,2010.

［31］曼纽尔·卡斯特尔.网络社会的崛起［M］.北京:社会科学文献出版
社,2000.

［32］琼·瑞妮丝,露丝·毕思理.金赛性学报告［M］.北京:明天出版社,1993.

［33］桑德罗·斯奇巴尼.民法大全选译(Ⅱ)家庭［M］.费安玲,译.北京:中国政
法大学出版社,1995.

［34］塔尔科特·帕森斯.社会行动的结构［M］.北京:译林出版社,2012.

［35］陈苇.中国婚姻家庭法立法研究［M］.北京:群众出版社,2000.

［36］陈苇.婚姻家庭继承法学［M］.北京:高等教育出版社,2017.

［37］陈苇.婚姻家庭继承法学［M］.北京:高等教育出版社,2014.

［38］邓晓梅.国内异地联姻研究述评［J］.人口与发展,2011(4).

［39］代显华.大学生网恋及其问题研究［J］.重庆大学学报(社会科学版),2002
(3).

［40］董芳宁.网络婚姻的法律规制［D］.暨南大学,2011.

［41］付阳,周媛,梁竹苑,李纾.爱情的神经生理机制［J］.科学通报,2012(35).

［42］樊晓芳.网络婚姻的法律思考［J］.法制与社会,2008(31).

［43］冯友兰.中国哲学史上册［M］.北京:中华书局,1961.

［44］费孝通.美国人与中国人［M］.上海:三联书店,1985.

［45］桂芳.网恋伦理初探［D］.长沙:湖南师范大学硕士学位论文,2003.

［46］高燕宁.同性恋健康干预［M］.上海:复旦大学出版社,2006.

［47］黄金生,左学耕.理性视角下的网恋辨析［J］.襄樊职业技术学院学报,2009
(4).

［48］黄梅.解读"网恋"［J］.社会,2001(9).

［49］景军,王晨阳,张玉萍.同性恋的出柜与家本位的纠结［J］.青年研究,2014
(5).

［50］金西.金西报告:人类男性性行为［M］.北京:光明日报出版社,1989.

［51］李文跃.符号、教学符号与教学符号互动的探析——基于符号互动论的视
角［J］.教育理论与实践,2013(10).

[52] 卢桂桃. 对大学生网恋负面影响的分析[J]. 学校党建与思想教育,2010 (11).

[53] 张迎秀. 浅析网络婚姻的类别及危害[J]. 法制与社会,2009(29).

[54] 李银河. 酷儿理论面面观[J]. 国外社会科学,2002(2).

[55] 李银河. 他们的世界[M]. 太原:山西人民出版社,1992.

[56] 刘俊,张进辅. 同性恋认同发展的理论模型述评[J]. 心理科学进展,2009 (2).

[57] 刘润生. 台湾向师生恋说不[J]. 看世界,2011(23).

[58] 马宁. 大学生网络交往心理机制分析[J]. 广西社会科学,2005(1).

[59] 彭聃龄. 普通心理学(第4版)[M]. 北京:北京师范大学出版社,2012.

[60] 潘绥铭,黄盈盈. 性之变——21世纪中国人的性生活[M]. 北京:中国人民大学出版社,2013.

[61] 潘绥铭,黄盈盈. "主体建构":性社会学研究视角的革命及本土发展空间 [J]. 社会学研究,2007(3).

[62] 覃壁清. 有趣的心理学:心理学这样解读世界[M]. 北京:时事出版社.2016.

[63] 孙中兴. 爱情社会学[M]. 北京:人民出版社,2017.

[64] 沙永梅. 在实事与法律之间——论非婚同居的法律规制[C]. 民商法理论与审判实务研究. 北京:人民法院出版社,2003.

[65] 宋丽娜. 打工青年跨省婚姻研究[J]. 中国青年研究,2010(1).

[66] 孙媛媛. 评述美国同性婚姻合法性论争[D]. 长春:吉林大学,2007.

[67] 陶自祥. 中越边境跨国婚姻产生的社会基础——以广西龙州县G村为例[J]. 人口与社会,2017(3).

[68] 唐魁玉. 过程与结果:网恋现象的社会心理分析[J]. 哈尔滨工业大学学报. 2001(3).

[69] 危玉妹. 新世纪大学生婚恋[M]. 福州:福建人民出版社,2016.

[70] 张民安. 非婚同居在同居配偶之间的法律效力[J]. 中山大学学报(社会科学版).1999(2).

[71] 王金婷. 异地恋:爱的能力,恋的关系[J]. 检察风云,2016(17).

[72] 王德芳,余林. 虚拟社会关系的心理学研究及展望[J]. 心理科学进展,2006(3).

[73] 吴银涛. 社会转型期青年网恋行为的缘起、发生及研究结果[J]. 青年研究, 2009(4).

[74] 王晴锋. 认同而不"出柜"——同性恋者生存现状的调查研究[J]. 中国农业

大学学报(社会科学版),2011(4).

[75] 武琳悦,于慧如.无性恋研究的历史与现状——对 2004—2015 年 28 篇中英文学术文献的再分析[J].中国性科学,2017(10).

[76] 谢信森.农村异地婚妇女家庭地位探析——从"社会交换"的理论视角[D].武汉:华中科技大学,2014.

[77] 熊明洲,洪福昌,蔡于茂,等.同性恋心理社会学成因研究进展[J].医学与哲学,2015(5).

[78] 熊金才.同性结合法律认可研究[M].北京:法律出版社,2010.

[79] 熊金才.论同性结合的民法规范[J].北方法学,2012(2).

[80] 于茂河,王栩冬.男性同性恋成因的研究进展[J].中国性科学,2015(6).

[81] 朱宇.当前大学生恋爱问题及规范引导对策研究[D],重庆:西南大学,2011.

[82] 张秋丽,孙青青,郑涌.婚恋关系中的相似性匹配及争议[J].心理科学,2015(3).

[83] 周建芳.农村异地联姻婚姻质量研究——以江苏吴江为例[D].南京:南京大学,2011.

[84] 曾坚朋.虚拟与现实:对"网恋"现象的理论分析[J].中国青年研究,2006(2).

[85] 张艳辉,鲍宇刚,陈浩,等.男性同性恋人群的性取向成因研究[J].中华预防医学杂志,2013(11).

[86] 张秋丽,孙青青,郑涌.婚恋关系中的相似性匹配及争议[J],心理科学,2015(3).

[87] 翟学伟.爱情与婚姻:两种亲密关系的模式比较——关系向度上的理想型解释[J].社会学研究,2017(2).